■2025年度高等学校受験用

実践学園高等学校

収録内容一覧

★この問題集は以下の収録内容となっています。また、編集の都合上、解説・解答を省略させていただいている場合もございますのでご了承ください。

（〇印は収録、一印は未収録）

入試問題の収録内容			解説	解答	解答用紙
2024年度	第1回	英語・数学・国語	〇	〇	〇
	第2回	英語・数学・国語	―	〇	〇
	推薦	作文	―	―	―
2023年度	第1回	英語・数学・国語	〇	〇	〇
	第2回	英語・数学・国語	―	〇	〇
	推薦	作文	―	―	―
2022年度	第1回	英語・数学・国語	〇	〇	〇
	第2回	英語・数学・国語	―	〇	〇
	推薦	作文	―	―	―

★当問題集のバックナンバーは在庫がございません。あらかじめご了承ください。

●凡例●

【英語】

≪解答≫

〔　〕　①別解

②置き換え可能な語句（なお下線は置き換える箇所が2語以上の場合）

（例）I am〔I'm〕glad〔happy〕to～

（　）　省略可能な言葉

≪解説≫

1, 2…　本文の段落（ただし本文が会話文の場合は話者の1つの発言）

〔　〕　置き換え可能な語句（なお〔　〕の前の下線は置き換える箇所が2語以上の場合）

（　）　①省略が可能な言葉

（例）「（数が）いくつかの」

②単語・代名詞の意味

（例）「彼（＝警察官）が叫んだ」

③言い換え可能な言葉

（例）「いやなにおいがするなべにはふたをするべきだ（＝くさいものにはふたをしろ）」

//　訳文と解説の区切り

cf.　比較・参照

≒　ほぼ同じ意味

【数学】

≪解答≫

〔　〕　別解

≪解説≫

（　）　補足的指示

（例）（右図1参照）など

〔　〕　①公式の文字部分

（例）〔長方形の面積〕＝〔縦〕×〔横〕

②面積・体積を表す場合

（例）〔立方体ABCDEFGH〕

∴　ゆえに

≒　約、およそ

【社会】

≪解答≫

〔　〕　別解

（　）　省略可能な語

＿＿　使用を指示された語句

≪解説≫

〔　〕　別称・略称

（例）政府開発援助〔ODA〕

（　）　①年号

（例）壬申の乱が起きた（672年）。

②意味・補足的説明

（例）資本収支（海外への投資など）

【理科】

≪解答≫

〔　〕　別解

（　）　省略可能な語

＿＿　使用を指示された語句

≪解説≫

〔　〕　公式の文字部分

（　）　①単位

②補足的説明

③同義・言い換え可能な言葉

（例）カエルの子（オタマジャクシ）

≒　約、およそ

【国語】

≪解答≫

〔　〕　別解

（　）　省略してもよい言葉

＿＿　使用を指示された語句

≪解説≫

〈　〉　課題文中の空所部分（現代語訳・通釈・書き下し文）

（　）　①引用文の指示語の内容

（例）「それ（＝過去の経験）が～」

②選択肢の正誤を示す場合

（例）（ア，ウ…×）

③現代語訳で主語などを補った部分

（例）（女は）出てきた。

／　漢詩の書き下し文・現代語訳の改行部分

実践学園高等学校

所在地	〒164-0011 東京都中野区中央2-34-2
電　話	03-3371-5268(代)
ホームページ	https://www.jissengakuen-h.ed.jp/
交通案内	東京メトロ丸ノ内線・都営大江戸線 中野坂上駅 徒歩5分 JR総武線・中央線 東中野駅 徒歩10分

普通科

男女共学

くわしい情報はホームページへ

応募状況

年度	募集数		受験数	合格数	倍率
2024	推薦	130名	138名	138名	1.0倍
	一般	140名	358名	332名	1.1倍
2023	推薦	130名	162名	162名	1.0倍
	一般	140名	428名	401名	1.1倍
2022	推薦	130名	151名	151名	1.0倍
	一般	140名	424名	411名	1.0倍

※その他，帰国生募集あり。

試験科目　（参考用：2024年度入試）

［推薦］作文，面接(個人)

［一般］国語・英語・数学，面接(グループ)

［帰国生］

国語・英語・数学，面接(本人・保護者別)

建学の精神

「学問の修得をとおして，自己実現をめざし，人類・社会に役立つ人材づくりをする」を建学の精神とし，以下の教育目標を掲げている。

・倫理観，道徳心の涵養と実践

・教学の心と儀礼の養成教育の実践

・多様性を認め合う教育の実践

・自己実現への学力達成教育の実践

本校の特色

本校では，「特別進学(特進)コース」「リベラルアーツ＆サイエンス(LA&S)コース」「文理進学(文理)コース」「スポーツ・サイエンス(SS)コース」の４コース制を導入し，生徒一人ひとりの希望に合わせた指導を行っている。

また，グローバル人材の礎となる素養・教養を身につけるため，全コースで「大学模擬授業」や「文化芸術Day」などのリベラルアーツ＆サイエンス教育を行っている。

施設・環境

自由学習館(本館)：中野校舎に隣接する，『学びの館』であり，受験勉強に適した図書を配置し，講演会などもできる“自調自考”の拠点となる。

屋上庭園「実践の森・農園」：本校１号館屋上の南側に「実践の森」，北側に「実践農園」を設置。体験的学習を通じて環境教育の拠点となる。

共学館：スポーツ練習場・宿泊室・多目的交流スペース・カフェテリアなどを備えている。

高尾研修センター：校外施設。全面人工芝の総合グラウンド，インドアアスレチックフィールド(屋内運動場)，宿泊室，教育棟などを有している。

イベント日程

学校説明会：６月22日(土)　14：30〜
７月15日(月・祝)　14：00〜
９月28日(土)　14：30〜
10月19日(土)　14：30〜
11月30日(土)　14：00〜
12月７日(土)　14：00〜

体験授業：７月27日(土)　10：00〜16：00

※上履きをご持参ください。

★上記は予定です。詳細は本校ホームページでご確認ください。

編集部注─本書の内容は2024年4月現在のものであり，変更されている場合があります。正確な情報は，学校のホームページ等で必ずご確認ください。

出題傾向と今後への対策

英語

出題内容

	2024	2023	2022
大問数	6	6	6
小問数	43	43	43
リスニング	×	×	×

◎大問６題，小問数40問前後である。出題構成は，単語問題１題，文法問題１～２題，対話文完成１題，長文読解２題である。

2024年度の出題状況

Ⅰ 音声・語彙総合

Ⅱ 書き換え―適語補充

Ⅲ 整序結合

Ⅳ 対話文完成―適文選択

Ⅴ 長文読解総合

Ⅵ 長文読解総合―スピーチ

解答形式

2024年度	記　述／マーク／併　用

出題傾向

基本的な知識を問う問題構成である。単語問題は発音・アクセント，語句などである。文法問題は語形変化，書き換え，日本語付きの整序結合など。対話文完成は適文を選択する形式。長文は説明文，物語が多く図表の読み取りも出題されることがある。長さは短め。設問は適語選択，指示語，内容真偽など標準的な問題が中心である。

今後への対策

教科書を徹底的に復習していくことが肝心だ。授業で習ったことを確認しながら，教科書を何度も繰り返し音読しよう。同時に重要な構文を自分でまとめて，全て暗記しておくとよい。テストで間違った問題は見直し，疑問点を解消しておくこと。仕上げとして過去問題集を解き，問題形式と時間配分を確認しておきたい。

◆◆◆◆◆ 英語出題分野一覧表 ◆◆◆◆◆

分野		年度	2022	2023	2024	2025予想※
音声	放送問題					
	単語の発音・アクセント		●	●	●	◎
	文の区切り・強勢・抑揚					
語彙・文法	単語の意味・綴り・関連知識		●	●	●	◎
	適語(句)選択・補充					
	書き換え・同意文完成		●	●	●	◎
	語形変化		●	●	●	◎
	用法選択					
	正誤問題・誤文訂正					
	その他					
作文	整序結合		■	■	■	◎
	日本語英訳	適語(句)・適文選択				
		部分・完全記述				
	条件作文					
	テーマ作文					
会話文	適文選択		●	●	●	◎
	適語(句)選択・補充					
	その他					
長文読解	内容把握	主題・表題				
		内容真偽	●	●	●	◎
		内容一致・要約文完成				
		文脈・要旨把握	●	●	●	◎
		英問英答		●		△
	適語(句)選択・補充		■	■	■	◎
	適文選択・補充		●	●	●	◎
	文(章)整序					
	英文・語句解釈(指示語など)			●	●	◎
	その他(適所選択)		●	●	●	◎

●印：１～５問出題，■印：６～10問出題，★印：11問以上出題。

※予想欄　◎印：出題されると思われるもの。　△印：出題されるかもしれないもの。

出題傾向と今後への対策

数学

出題内容

2024年度

大問６題，19問の出題。①は小問集合で，計算問題が５問。②は小問集合で，方程式，因数分解，関数など計４問。③は小問集合で，数の性質，確率，データの活用，方程式の応用の４問。④は平面図形で，三角形と円でつくられた図について問うもの。会話文中の空欄に適するものを解答する形式。⑤は関数で，放物線と直線に関するもの。⑥は空間図形で，立方体について問うもの。

2023年度

大問６題，19問の出題。①は計算問題５問。②は小問集合で，方程式，因数分解，関数からの出題。③は小問集合で，規則性，確率，方程式の応用問題，データの活用，平面図形から計５問。④は空間図形の計量題で穴埋め式の問題。⑤は関数で，放物線と図形に関するもの。平行四辺形の性質の理解が問われた。⑥は空間図形から，立方体の一部を切り取ってできた三角錐に関する問題。三平方の定理の理解が問われた。

作…作図問題　証…証明問題　グ…グラフ作成問題

解答形式

2024年度	記　述／マーク／併　用

（記述に○印）

出題傾向

大問６題，総設問数20問前後の出題で，①～③は小問集合で各４～５問，④以降は関数と図形の出題となることが多い。数と式，方程式の計算はやや複雑な問題が多く，正確な計算力が求められている。他は標準レベルの問題中心で，教科書より少し高いレベルの力が求められている。

今後への対策

まずは教科書で基礎を確認し，そのうえで標準レベルの問題集で演習を多く積み，いろいろな考え方や解法を身につけていこう。できなかった問題はそのままにせずに時間をおいて改めて解き直すこと。やや複雑な計算にも対応できるように計算練習もおろそかにしないように。

◆◆◆◆◆ 数学出題分野一覧表 ◆◆◆◆◆

分野		2022	2023	2024	2025予想※
数と式	計算，因数分解	★	★	★	◎
	数の性質，数の表し方			●	◎
	文字式の利用，等式変形				
	方程式の解法，解の利用	■	■	■	◎
	方程式の応用	●	●	●	◎
関　数	比例・反比例，一次関数				
	関数$y=ax^2$とその他の関数	★	★	★	◎
	関数の利用，図形の移動と関数				
図　形	（平面）計　量	★	●	■	◎
	（平面）証明，作図				
	（平面）その他				
	（空間）計　量	■	★	■	◎
	（空間）頂点・辺・面，展開図				
	（空間）その他				
データの活用	場合の数，確率	●	●	●	◎
	データの分析・活用，標本調査	●	●	●	◎
その他	不 等 式				
	特殊・新傾向問題など	●	●		△
	融合問題				

●印：１問出題，■印：２問出題，★印：３問以上出題。
※予想欄　◎印：出題されると思われるもの。　△印：出題されるかもしれないもの。

出題傾向と今後への対策

国語

出題内容

2024年度

一 漢字　二 論説文　三 古文

課題文

二田中克彦『ことばとは何か』
三『今昔物語集』

2023年度

一 漢字　二 論説文　三 古文

課題文

二石原千秋
『教養としての大学受験国語』
三『十訓抄』

2022年度

一 漢字　二 論説文　三 古文

課題文

二細川英雄『対話をデザインする』
三浅井了意『浮世物語』

解答形式

2024年度	記述／マーク／併用

出題傾向

近年，出題傾向に大きな変化はない。設問は，漢字に10問，現代文と古文の読解問題に合計20問程度付されている。設問のレベルは標準で，読解問題の設問は，約８割が内容理解に関するものである。記述式の解答は，合計で100～200字程度となっている。課題文については，内容は標準であるが分量がやや多めである。

今後への対策

課題文の分量が比較的多いので，文章を速く読み，全体の論旨を正確につかむ力をつけておかなければならない。そのためには，問題集をできるだけたくさんこなすのがよい。また，記述式解答に対応するためには，問題集の課題文の要旨を簡単にまとめる練習なども効果的である。

◆◆◆◆◆ 国語出題分野一覧表 ◆◆◆◆◆

分野		年度	2022	2023	2024	2025予想※
現代文	論説文 説明文	主題・要旨	●		●	◎
		文脈・接続語・指示語・段落関係	●	●	●	◎
		文章内容	●	●	●	◎
		表現	●			△
	随筆 日記 手紙	主題・要旨				
		文脈・接続語・指示語・段落関係				
		文章内容				
		表現				
		心情				
	小説	主題・要旨				
		文脈・接続語・指示語・段落関係				
		文章内容				
		表現				
		心情				
		状況・情景				
韻文	詩	内容理解				
		形式・技法				
	俳句 和歌 短歌	内容理解				
		技法				
古典	古文	古語・内容理解・現代語訳	●	●	●	◎
		古典の知識・古典文法	●	●	●	◎
	漢文	(漢詩を含む)				
国語の知識	漢字 語句	漢字	●	●	●	◎
		語句・四字熟語		●	●	◎
		慣用句・ことわざ・故事成語				
		熟語の構成・漢字の知識				
	文法	品詞				
		ことばの単位・文の組み立て				
		敬語・表現技法				
	文学史		●	●	●	◎
作文・文章の構成・資料						
その他						

※予想欄　◎印：出題されると思われるもの。　△印：出題されるかもしれないもの。

合格を勝ち取るための

本書の使い方

本書に掲載されている過去問をご覧になって，「難しそう」と感じたかもしれません。でも，大丈夫。ほとんどの受験生が同じように感じるのです。高校入試の出題範囲は中学校の定期テストに比べて広いですし，残りの中学校生活で学ぶはずの，まだ習っていない内容からも出題されているかもしれません。
ですから，初めて本書に取り組む際には，点数を気にする必要はありません。点数は本番で取れればいいのです。

過去問で重要なのは「間違えること」です。自分の弱点を知るために，過去問に取り組むのです。当然，間違った問題をそのままにしておいては意味がありません。
本書には，長年にわたって高校受験に関わってきたベテランスタッフによる詳細な解説がついています。間違えた問題は重点的に解説を読み，何度も解きなおしてください。時にはもう一度，教科書で復習するのもよいでしょう。

別冊として，抜き取って使える解答用紙を収録しました。表示してあるように拡大コピーをとれば，実際の入試と同じ条件で，何度でも過去問に取り組むことができます。特に記述問題では解答欄の大きさがヒントになる場合があります。そうした，本番で使える受験テクニックの練習ができるのも，本書の強みです。

前のページにある「出題傾向と今後への対策」もよく読んで，本校の出題傾向に慣れておきましょう。

2024年度 実践学園高等学校（第１回）

【英　語】（50分）〈満点：100点〉

I　a）３つの単語の下線部の発音が全て同じものを３組選び、記号で答えなさい。

ア．teacher / chocolate / church

イ．wool / afternoon / spoon

ウ．eight / table / sail

エ．bath / thought / weather

オ．autumn / laugh / Australia

カ．laugh / enough / night

キ．played / enjoyed / called

ク．clear / learn / bear

ケ．animal / bus / lunch

コ．price / city / picture

b）次のア～コの中で、第２音節を最も強く発音するものを２つ選び、記号で答えなさい。

ア．ac-tive　　イ．um-brel-la　　ウ．ear-ly

エ．val-u-a-ble　　オ．math-e-mat-ics　　カ．u-ni-verse

キ．al-most　　ク．en-er-gy　　ケ．dif-fer-rent

コ．im-por-tant

c）次のように語義を説明できる英単語を答えなさい。
なお、その語は（　）内に示されたアルファベットで始まります。

1．a farm animal that is kept for its wool and its meat（s）

2．the sister of your father or mother, or the wife of your father's or mother's brother（a）

3．the part of a person's or animal's face used for smelling or breathing（n）

4．a game for two people or two pairs of people who use rackets to hit a ball on the ground（t）

5．a tool for cutting paper, cloth etc, made of two sharp blades（s）

Ⅱ **各組の英文が、ほぼ同じ意味になるように、それぞれ（　　）に最も適した単語を入れなさい。**

1．I like this book the best of all the books.
I like this book（　　）than（　　）other book.

2．I don't know what to do next.
I don't know（　　）I（　　）do next.

3．I have never met a person who is as smart as Tom.
Tom is the（　　）person I've（　　）met.

4．I like to play the piano.
I am（　　）（　　）playing the piano.

5．She can play the guitar.
She is（　　）（　　）play the guitar.

Ⅲ 日本語の意味になるように英語を並べかえたとき、〔　〕の中で２番目と４番目と６番目にくる語の記号を答えなさい。ただし、文頭にくるべき語も小文字で記してあります。

1．A：向こうにいる女の子を見て。彼女は誰ですか。
B：あなたは赤いジャケットを着ている女の子について話しているんですか？
彼女はメアリーです。
A：Look at that girl over there. Who is she?
B：〔ア．about ／ イ．is ／ ウ．talking ／ エ．the girl ／ オ．you ／ カ．wearing ／ キ．who ／ ク．are〕a red jacket?
She is Mary.

2．彼が作ったラーメンは辛すぎて私には食べられませんでした。
The ramen noodles〔ア．by him ／ イ．hot ／ ウ．me ／ エ．for ／ オ．made ／ カ．to ／ キ．too ／ ク．was〕eat.

3．彼は忙しすぎてその会議に参加することができなかった。
He〔ア．he ／ イ．so ／ ウ．could ／ エ．was ／ オ．busy ／ カ．join ／ キ．that ／ ク．not〕the meeting.

4．私の父はちょうど仕事から帰ってきたところです。
My〔ア．home ／ イ．has ／ ウ．back ／ エ．come ／ オ．from ／ カ．just ／ キ．work ／ ク．father〕.

5．あの箱はこれと同じくらい大きいと思います。
〔ア．is ／ イ．box ／ ウ．that ／ エ．as large ／ オ．think ／ カ．as ／ キ．this ／ ク．I〕one.

IV 次の対話文を読んで、（ ① ）～（ ⑤ ）に入れるのに最も適切なものを、下のア～キからそれぞれ１つ選び、記号で答えなさい。ただし、同じ記号を２度答えてはいけません。

A：Hi, I hear you have a dog.

B：Yes, I do. My family has a cat, a bird and fish, too.

A：That's nice. I have a question about your dog.（ ① ）

B：Yes, but my dog makes my family happy.（ ② ）
Do you have any pets?

A：No. I really want a dog. But my mother doesn't.

B：Really?（ ③ ）

A：Yes. I said so again and again. But she never says yes.

B：Well, what does your father say when you ask him about having a dog?

A：（ ④ ）

B：Why do you think your mother always says no?

A：（ ⑤ ）

ア．Did you tell your mother that you wanted to take care of the dog?

イ．How about you?

ウ．Is it hard to take care of the dog?

エ．He says all right to keep a dog if my mother agrees.

オ．Why does your mother want to keep a cat?

カ．Maybe she believes that we cannot take a trip if we have a dog.

キ．Your father likes a dog, doesn't he?

V a）次のグラフは日本の人口統計についてのものです。グラフと英文に関して、後の問いに答えなさい。

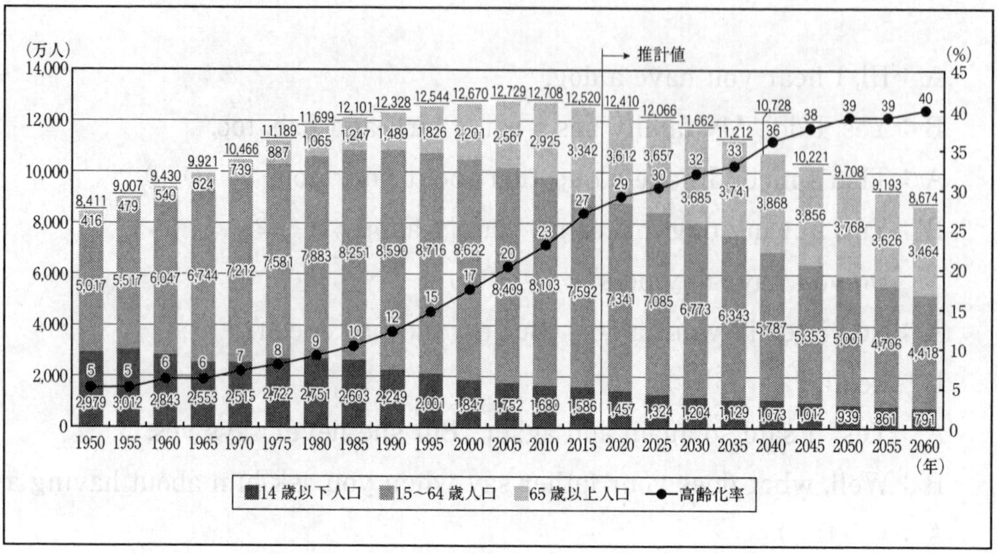

The graph shows population statistics in Japan. In 1960, the rate of old people was 6%. Twenty years later, the rate of people 14 years old or under was about (A). In 1990, the rate of old people was 12%. Ten years later, the rate of people aged 15 to 64 was about (B).

We live in aging society. In 2060, the rate of old people will be 40%. So, we will have to help each other.

問 1. 本文中の（　A　）に入る最も適切なものを、次のア～エの中から1つ選び、記号で答えなさい。

ア．3%　　イ．13%　　ウ．23%　　エ．33%

問 2. 本文中の（　B　）に入る最も適切なものを、次のア～エの中から1つ選び、記号で答えなさい。

ア．58%　　イ．68%　　ウ．78%　　エ．88%

問 3. 本文及びグラフの内容に合う文を、次のア～エの中から1つ選び、記号で答えなさい。

ア．In 1955, the rate of people aged 15 to 64 was about 10%.
イ．In 1965, the rate of people 14 years old or under was about 26%.
ウ．In 1975, the rate of people aged 15 to 64 was about 55%.
エ．In 1985, the rate of people 14 years old or under was about 15%.

b）次の英文は科学クラブの案内です。これを読んで、内容に当てはまる英文を次のページのア～オの中から２つ選び、記号で答えなさい。

Science Club Invitation

Do you like exploring and doing cool experiments? Are you interested in learning fun things about the world around you? If you say yes, then come join our Science Club!

Join us for exciting scientific adventures led by our leaders. You'll get to try out fun experiments and learn cool things about the world. It doesn't matter if you're just starting to learn about science or if you already know a lot – everyone is welcome to join our club!

Details

Activities :

Space Adventures :	Join us on a journey to learn about planets, stars, and outer space. Discover the mysteries of the cosmos and experience ※simulated space travel.
Amazing Animals :	Dive into the world of creatures and discover their unique ※habitats. Study their ※behaviors, habitats, and ※contribute to ※wildlife conservation projects.

Age Groups :

8-10 years	Limited to Space Adventures.
11-13 years	You can join Space Adventures or Amazing Animals.
14-16 years	Limited to Amazing Animals.

● Meetings : Our club meets every Saturday and the second Sunday of each month.

● Cost : The membership fee varies depending on your age.
The fee is $15 for those 16 and older and $5 for those younger than 16.

※ simulated　模擬の　　habitat　生息地　　behavior　行動
contribute to～　～に貢献する
wildlife conservation　野生動物保護

ア．12-year-olds pay $15 for participation
イ．You can cook in Amazing Animals.
ウ．They usually have meeting on every Sunday.
エ．You don't have to be good at science to join the program.
オ．Ages 11-13 can choose their program.

Ⅵ 次の文は、陽菜 (Haruna) さんが職場体験のあとに行ったスピーチの原稿です。この英文を読んで、後の問いに答えなさい。

Hello, everyone! My name is Haruna Tanaka. I'm a third year junior high school student. Do you know about work experience? Work experience is a learning activity in which students work in a workplace such as a business office, experience the reality of work, and ※interact with working people. 〔 あ 〕 I thought it was very hard, but that it was a chance to think about our future.

Mr. Yamanaka, my classroom teacher, told me that I was going to work at a flower shop. I was very happy because I like flowers. (A) them I like roses the most, for roses have an elegant and beautiful ※appearance and a pleasant ※fragrance, and are also a symbol of love. I thought I would like to sell roses. But (B) the same time I worried a little. I said, "Can I do a good job at the shop?" Mr. Yamanaka said, "Don't worry. 〔 ① 〕 Do your best. 〔 い 〕"

The next week my work experience started. 〔 ② 〕 Mr. Kinoshita, the shopkeeper, ③〔ア. beautiful イ. to ウ. me エ. flowers オ. keep カ. how キ. taught〕 and how to cut and wrap them. I didn't think that I could do it well. I took care of flowers as he told me, and watched how Mr. Kinoshita did his job. In the afternoon, when he was taking care of some ※customers, a woman came into the shop and talked to me. 〔 ④ 〕 She said, "I would like some roses," and asked me to choose some red ones. I was very happy that my first customer was someone who loved roses just (C) me. 〔 う 〕 However, then I took some and broke one by mistake, so ⑤I felt sad. When I tried to ※wrap them, I couldn't do it well. I thought, "Mr. Kinoshita, help me!" Then she smiled at me and said, "〔 ⑥ 〕 Take your time. I'll wait." 〔 え 〕 When I finished it, Mr. Kinoshita came and helped me to take the money from her. When she was ⑦(leave), ⑧I tried to say "Thank you very much" cheerfully because I knew her smile and kind words helped me. After she left, Mr. Kinoshita said, "Good job, Haruna! You were in trouble, but she looked very happy with your good attitude and your *Thank you.*" His words ※encouraged me to work very hard until my last day.

Sometimes my work experience was hard. But I found out a lot of things about flowers and learned what Mr. Kinoshita does in his shop. And also I have found out how happy I am when customers are happy. I still don't know what job I want to have (D) the future, but I hope I ⑨(have) good ※encounters with others in my jobs. Thank you.

※ interact 交流する　appearance 見かけ　fragrance 香り
customer 客　wrap 包む　encourage 促す
encounter 出会い

問１． 次の英文が入る最も適当な箇所を本文中の〔 あ 〕～〔 え 〕から１つ選び、記号で答えなさい。

A good attitude is important.

問２． 本文中の（ A ）～（ D ）に入れるのに最も適当なものを次のア～エからそれぞれ１つずつ選び、記号で答えなさい。ただし、同じ記号を２度答えてはいけません。また、文頭にくるべき語も小文字で記してあります。

ア．in　イ．of　ウ．at　エ．like

問3.〔 ① 〕に入る最も適当なものを次のア～エから1つ選び、記号で答えなさい。

ア. Anyone can do well from the beginning.
イ. If you can't do well from the beginning, the shopkeeper will be very angry.
ウ. No one can do things well from the beginning.
エ. You must do things well from the beginning.

問4. 本文中の〔 ② 〕、〔 ④ 〕、〔 ⑥ 〕にａ～ｃを入れるとき、最も適当な組み合わせを次のア～カから1つ選び、記号で答えなさい。

a. You don't have to do it quickly.
b. I tried hard to learn names of flowers.
c. It was my first time to help a customer!

ア. ②a. ④b. ⑥c.　イ. ②a. ④c. ⑥b.　ウ. ②b. ④a. ⑥c.
エ. ②b. ④c. ⑥a.　オ. ②c. ④a. ⑥b.　カ. ②c. ④b. ⑥a.

問5. 下線部③の〔　〕内の語句を適切に並びかえたとき、〔　〕内で2番目と4番目と6番目にくる語句の記号を答えなさい。

問6. 下線部⑤のような気持ちになった理由を日本語で答えなさい。

問7. 下線部⑦、⑨の語をそれぞれ適当な形にするとき、正しい組み合わせを次のア～エから1つ選び、記号で答えなさい。

ア. ⑦ leaving　⑨ had　イ. ⑦ left　⑨ will have
ウ. ⑦ left　⑨ had　エ. ⑦ leaving　⑨ will have

問8. 下線部⑧のような行動をとった理由を日本語で答えなさい。

問９．本文の内容と合う英文を次のア～カから２つ選び、記号で答えなさい。

ア．Haruna hopes to work at a flower shop when she becomes an adult.

イ．Mr. Kinoshita, Haruna's classroom teacher, was very kind.

ウ．Haruna learned how to take care of flowers from Mr. Kinoshita.

エ．When Haruna tried to wrap roses, Mr. Kinoshita helped her.

オ．It was difficult for Haruna to wrap roses, but she finished it without Mr. Kinoshita's help.

カ．Mr. Kinoshita wants Haruna to help him when she becomes a high school student.

【数　学】（50分）〈満点：100点〉

1　次の計算をしなさい。

(1)　$5-(-4)^2\div\left(-\dfrac{8}{3}\right)-6\times2$

(2)　$-\dfrac{1}{4}x^2y^6z^2\times\dfrac{2}{3}x^3yz\div\left(\dfrac{1}{2}xy^2z\right)^3$

(3)　$(5a^2b+10ab^3)\div\left(-\dfrac{5}{2}ab\right)$

(4)　$\sqrt{75}+\sqrt{112}-\dfrac{\sqrt{27}}{2}+\dfrac{\sqrt{28}}{5}$

(5)　$(1+\sqrt{2}+\sqrt{3})(1-\sqrt{2}+\sqrt{3})-(1+\sqrt{3})^2$

2　次の問いに答えなさい。

(1)　連立方程式$\begin{cases}2x-3(y+4)=3\\ \dfrac{3x-5}{2}-\dfrac{y-9}{3}=6\end{cases}$を解きなさい。

(2)　$(a+b)^2-(a+b)-12$ を因数分解しなさい。

(3)　2次方程式 $(x-1)^2=-3x+4$ を解きなさい。

(4)　関数 $y=ax^2$ において，x の値が -1 から 3 まで増加するときの変化の割合が，1次関数 $y=-\dfrac{3}{2}x+\dfrac{5}{3}$ の変化の割合と等しくなるとき，a の値を求めなさい。

3 次の問いに答えなさい。

(1) $\frac{1}{13}$ を小数で表したとき，小数第2024位の数字を求めなさい。

(2) 太郎さんと花子さんが１回じゃんけんをするとき，花子さんが勝つ確率を求めなさい。

(3) 下の表は，Ａ組７人とＢ組６人について100点満点のテストを行った点数をまとめたものである。この表から読み取れることのうち，次の①～④から正しいものを１つ選びなさい。

Ａ組（７人）	97	76	87	65	56	81	70
Ｂ組（６人）	76	78	62	83	90	68	

① Ｂ組の平均値はＡ組の平均値より小さい。

② Ａ組には最高点の97点の生徒がいるので，Ｂ組よりも成績が良いといえる。

③ Ａ組から56点の生徒を除くとＡ組の範囲はＢ組の範囲より小さくなる。

④ Ｂ組に76点以下の生徒が１人増えるとＡ組の中央値とＢ組の中央値は等しくなる。

(4) ４%の食塩水450ｇから水を蒸発させて，食塩を８ｇ加えて混ぜたところ，８%の食塩水ができた。水を何ｇ蒸発させたか求めなさい。

(5) 下の図の円Ｏにおいて，弧BCと弧DEの長さが等しいとき，$\angle x$ を求めなさい。

$\overset{\frown}{BC} = \overset{\frown}{DE}$

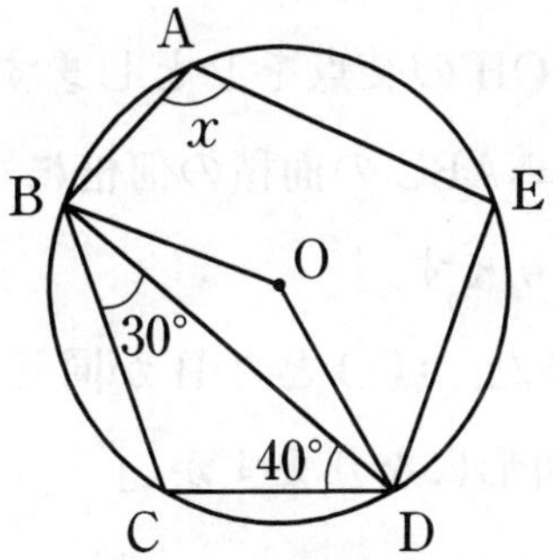

4 次の問題について先生と太郎さんが会話をしている。

会話の［ア］～［エ］にあてはまる数や比を答えなさい。ただし，比に関しては，最も簡単な整数比で答えなさい。また，［オ］に関しては，語群から選んで記号で答えなさい。

問　題

円 O は鋭角三角形 ABC の頂点を通る円である。点 A から辺 BC に垂線 AD を，点 C から辺 AB に垂線 CE をそれぞれ引き，その交点を H とする。

辺 BC の中点を M とするとき，

AH : OM

を求めなさい。

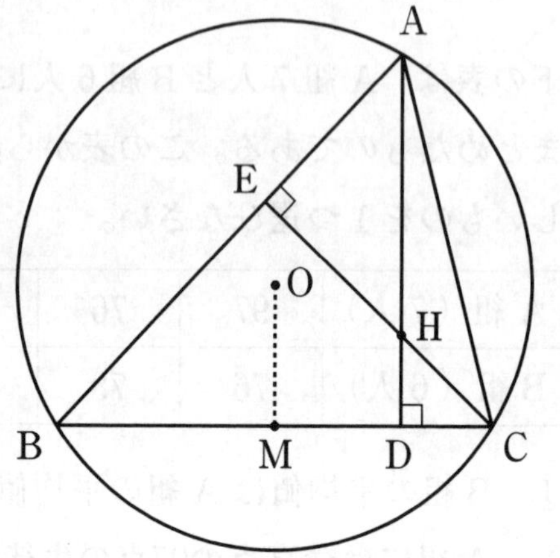

先生　　「まず 2 点 B，O を線で結び，その延長線と円 O との交点を F とおきましょう。すると，どんなことに気付きますか。」

太郎さん「∠FCB = ∠FAB = ［ア］°。………①

FC : OM = ［イ］　………②　となります。」

先生　　「そうですね。次に四角形 AFCH を見てみましょう。」

太郎さん「①より AH // FC，FA // CH であるから，四角形 AFCH は平行四辺形ということがわかります。

ということは，AH : OM = ［ウ］となりますね。」

先生　　「そうですね。正解です。

この問題から，いろいろ考えてみましょう。

線分 AM と線分 OH の交点を P とします。

△APC の面積は△ABC の面積の何倍になりますか。」

太郎さん「［エ］倍になります。」

先生　　「その通りです。また，点 O と点 H が同じ場所にあるとき，△ABC はどのような三角形になりますか。」

太郎さん「［ オ ］になります。」

先生　　「正解です。よくできました。」

［ オ ］の【語群】

① ∠A ＝ 90°の直角三角形

② AB ＝ ACの二等辺三角形

③ AB ＝ ACの直角二等辺三角形

④ 正三角形

5 右の図のように放物線 $y=\frac{1}{2}x^2$ と直線 $y=x+\frac{3}{2}$ が2点A，Bで交わっている。このとき，次の問いに答えなさい。

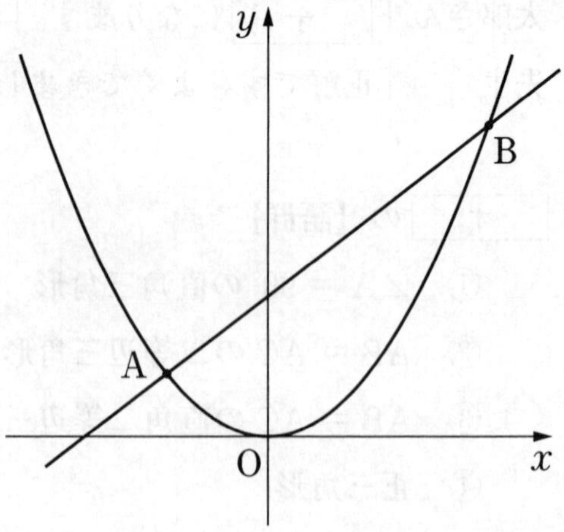

(1) 点Aの座標を求めなさい。

(2) 放物線上の2点A，B間に点Cをとると，△ABCの面積は $\frac{15}{4}$ となった。このとき，点Cの x 座標をすべて求めなさい。

6 下の図のような1辺の長さが2cmの立方体があり，この立方体を3点A，C，Fを通る平面で切断する。このとき，頂点Bを含む立体をVとするとき，次の問いに答えなさい。

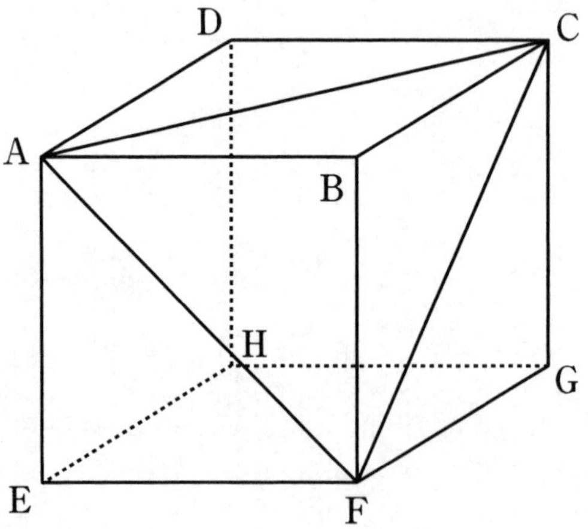

(1) △ACFの面積を求めなさい。

(2) 立体Vについて頂点Bから△ACFに垂線を下ろしたとき，この垂線の長さを求めなさい。

問九　――線部⑤「さは知りたりけるなりけり」とありますが、房主は、誰がどのようなことを知っていたと考えたのですか。主語を明確にして、簡潔に説明しなさい。

問十　本文の内容と合致する文を次の中から一つ選び、記号で答えなさい。

ア　二臈の僧は自らの企てが世間にばれることと、仏からどう思われるかが気がかりだったが、どうしようもないと開き直っていた。

イ　二臈の僧はたくさんの和太利を採るためにお供のものを連れて山に向かい、夕暮れ近くに部屋に帰ってきて料理をした。

ウ　二臈の僧は前の日にたまたま平茸をもらっていたので、それを利用して僧たちに和太利を食べさせることにした。

エ　二臈の僧は別当の好物が平茸だと知っていたので、味の似ている和太利で喜ばせて機嫌を取りたいと考えていた。

問十一　本文は平安時代に書かれた『今昔物語集』からの引用です。同じ時代の作品を次の中から一つ選び、記号で答えなさい。

ア　宇治拾遺物語　　イ　方丈記　　ウ　奥の細道　　エ　枕草子

問五　――線部①「強よ強よとして、死に気も無かりければ」の主語は誰ですか。次の中から一つ選び、記号で答えなさい。

ア　一臈なる僧　　イ　二臈なる僧　　ウ　二臈の供の僧　　エ　仏

問六　――線部②「思ひ侘びて、思ひ得る様」とありますが、この僧は何について「思ひ侘び」、どのような企みを思いついたのですか。五十字以上六十字以内で説明しなさい。

問七　――線部③「房主」とは誰のことを指しますか。次の中から一つ選び、記号で答えなさい。

ア　一臈なる僧　　イ　二臈なる僧　　ウ　二臈の供の僧　　エ　仏

問八　――線部④「すべてその気色もなければ」について次の問いに答えなさい。

(1)　「その気色」が指す内容を本文中から十五字以内で探し、抜き出して答えなさい。

(2)　「気色」がなかった理由を説明した文として最も適切なものを次の中から一つ選び、記号で答えなさい。

ア　美味しい和太利を食べたことがなかったから。
イ　毒茸を食べても毒が効かない体質だったから。
ウ　平茸を和太利とすり替えて調理していたから。
エ　和太利は炒めると毒が無効になる特性があるから。

問一　～～～線部A～Dの読みをそれぞれ現代仮名づかいに直して、すべてひらがなで答えなさい。

問二　＝＝＝線部a～dの語句の意味として適切なものを次の中から一つずつ選び、記号で答えなさい。

a「年頃」
ア　若い頃　　イ　近頃　　ウ　高齢　　エ　長い間

b「つとめて」
ア　努力して　　イ　早朝　　ウ　働いて　　エ　昼間

c「めでたき（めでたし）」
ア　すばらしい　　イ　めずらしい　　ウ　おめでたい　　エ　おいしい

d「いと」
ア　ひどく　　イ　簡単に　　ウ　とても　　エ　たくさん

問三　[X] には、「死ぬ」を活用した言葉が入る。正しく活用した言葉として適切なものを次の中から一つ選び、記号で答えなさい。
ア　死な　　イ　死に　　ウ　死ぬ　　エ　死ぬれ

問四　[Y] には、「私が別当になろう」という意味の表現が入る。本文中から同じ意味になる表現を七字で探し、抜き出して答えなさい。

喜びてうちCうなづきてゐたるに、※7編《ひめ》をして、この和太利の煎物を温めて、汁物にて食はせたれば、別当dいとよく食ひつ。房主は例の平茸を別に構へてぞ食ひける。

既に食ひはてて、湯など飲みつれば、房主、「今はし得つ」と思ひて、「今や物突き迷ひ、頭《かしら》を痛がり狂ふ」と心もとなく見ゐたるに、④すべてその気色もなければ、「いみじく怪《あや》し」と思う程に、別当歯も無き口を少しDほほゑみて云はく、「年頃、この老法師は未だかくめでたく調美せられたる和太利をこそ食ひ候はずなりぬれ」とうち云ひてゐたれば、房主、「⑤さは知りたりけるなりけり」と思ふに、あさましと云へばおろかなりや。恥づかしくて、更に物もえ云はずして、房主入りぬれば、別当も房へ返りにけり。※8早《はや》を、この別当は年頃和太利を※9役と食ひけれども酔はざりける僧にて有りけるを知らで、構へたりけることの支度違ひて止《や》みにけり。

然《しか》れば毒茸《どくたけ》を食へども、つゆ酔はぬ人の有りけるなりけり。

（『今昔物語集』による）

注※1　金峯山……奈良県にある金峯山寺のこと。
※2　別当……寺の責任者。
※3　一臈……最長老。この後の「次の臈」「二臈」は「一臈」に次ぐ長老。
※4　三宝……仏・法・僧のことをいうが、ここでは主に仏のこと。
※5　和太利……「ツキヨタケ」のこと。有毒で、平茸に似る。
※6　房……僧の私室のこと。
※7　編……炊いた米。ごはん。
※8　早を……なんと。
※9　役と……とくに。

三　次の文章を読んで、後の問いに答えなさい。（答えに字数制限がある場合には、句読点・記号等も一字として数えなさい。）

今は昔、※1金峯山《みたけ》の※2別当《べったう》にて有りける老僧有りけり。〈中略〉

それに、a年頃※3一臈《いちらふ》なる老僧、別当にて有りけるに、次の臈なる僧有りて、「この別当早う死ねかし。我別当にならむ」とねむごろに思ひけれども、①強《つ》よ強《つ》よとして、死に気《げ》も無かりければ、この二臈の僧、②思ひ侘《わ》びて、思ひ得る様、「この別当が年は八十に余《あまり》ぬれども、七十に無く強よ強よとして有るに、我れも既《すで》に七十に成りぬ。もし我《わ》れ別当にも成らで前《さき》に死ぬる事もぞ有る。されば、この別当を打ち殺させむにも聞こゑ現《あら》はなりぬべければ、ただ毒を食はせて殺してむ」と思ふ心付きぬ。「※4三宝の思し召さむ事ぞ怖ろしけれども、さりとては何《いか》がはせむ」と思ひて、その毒を思ひ廻《めぐ》らすに、「人の必ず死ぬることは、茸《たけ》の中に※5和太利《わたり》と云《い》ふ茸こそ、人それを食ひつれば、酔《ゑ》ひて必ず[X]。これを取りてえもいはず調美して、『平茸ぞ』と云ひてこの別当に食はせらば、必ず死なむとす。さて、『[Y]』」と謀《はか》りて、秋のころほひなりければ、自ら人も具せずして、山に行きて多く和太利を取り持て来にけり。夕暮方に※6房に返りて、人にも見せずして、皆鍋に切り入れつつ煎物《いりもの》にえもいはず調美してけり。

さて、夜明けて未《いま》だbつとめて、別当の許《もと》に人を遣《や》りて、「きとAおはしませ」と云はせたれば、別当程も無く杖を突きて出で来たり。③房主《ばうず》指し向かひBゐて云はく、「昨日、人のcめでたき平茸給ひたりしを煎物にして食《じき》せむ、とて申し候ひつるなり。年老いては此様《かやう》の美物《むまきもの》の欲しく侍るなり」など語らへば、別当

問九　次に示すのは、この文章を読んだ五人の生徒が、その内容について話している場面です。この中で、筆者の主張に最も近いことを述べている生徒を次の中から選び、記号で答えなさい。

【生徒ア】動植物が自らの分類上の立ち位置を知らないのと同様に、言語の分類も言語学によって後から作られたものだよ。たとえばフランス人は、自分がロマンス系の言語を話しているという意識を持っていないと思うよ。

【生徒イ】でも言語は、それを話す人間がいなければ存在しなかったのも事実だ。だから近代言語学も、言語それじたいと、その言語を使う人々の共同体とを、完全に切り離して考えることは出来なかったんじゃないかな。

【生徒ウ】人類の長い歴史のなかでは、使われなくなった言語もあったよね。このことは、今後の社会でも起こりうるから、たとえ少数民族だったとしても、国家として独立させることで言語を保護していく必要があるんだよ。

【生徒エ】特に十九世紀ヨーロッパでは、さまざまな民族が独立した国家をつくっていったんだ。その時に、言語の変種でしかなかった方言を捨てて、学問的に尊重される国語を創出したから、現在でも多くの言語が残っているんだね。

【生徒オ】やっぱり方言や民族語が一つの言語として認められるためには、それらを母語とする言語共同体が国家になる必要がありそうだね。そのことばは基本的には日常会話で使うものだから、書きことばである必要はないと思うよ。

問七　――線部④「言語そのものの研究にはじゃまものとして捨て去られ、視野からとり除かれる」とありますが、これはどういうことですか。その説明として最も適切なものを次の中から一つ選び、記号で答えなさい。

ア　言語学は、言語をまるで人間から自立した存在のように扱うため、それが使われる場の考察は必要ないと考えること。

イ　言語学は、共同体で最も使用されている標準語を研究の対象としているため、それ以外の方言は必要ないと考えること。

ウ　言語学は、すべての生物のなかで言語を使う人間にのみ価値を見出すため、他の生物の研究は必要ないと考えること。

エ　言語学は、言語がすでに完成された状態で存在してきたと仮定するため、人間の生きてきた歴史は必要ないと考えること。

オ　言語学は、話し手である人間がどのような意識を持っているかを重視するため、聞き手の意識は必要ないと考えること。

問八　――線部⑤「自然のことばが政治のことばになった」とありますが、これはどういうことですか。「民族」「国語」という言葉を必ず用いて、八十字以内で説明しなさい。

問六 ――線部③「近代言語学はこのことを無視したわけではない」とありますが、それはなぜですか。その理由として最も適切なものを次の中から一つ選び、記号で答えなさい。

ア すでに消滅してしまったシュメール語やアッカド語を研究しなければ、現在使われている言語を分類することができないから。

イ 生物学の分類と言語学の分類は非常に似ていたため、両者の違いを明確にしておかなければ言語学が学問として認められないから。

ウ 近代では各地で民族運動が起こり、一つの民族が他の国家から独立するためには言語学者による裏付けが必要とされたから。

エ 言語が成立するためには複数の話し手からなる言語共同体が必要であり、それがなければ言語を研究することさえできないから。

オ 言語はそれを話す人間がいなければ存在しなかったことになるので、生物学上の人間を分類することが言語研究の前提になるから。

問五　――線部②「言語学者は生物学者よりもより単純な確認で満足するつつましい人たちなのだ」とありますが、それはなぜですか。その理由として最も適切なものを次の中から一つ選び、記号で答えなさい。

ア　言語学者は、粘土板の原料の成分についてはは興味がなく、粘土板に焼き付けられて残っている言語の研究をすることだけで満足していたから。

イ　言語学者は、三千年前の社会や当時の環境については簡単な確認ですませ、何よりも消え去った文字が解読できることに満足していたから。

ウ　言語学者は、粘土板の中に化石として残っている昆虫や花粉をとり扱うのではなく、粘土板に残った文字だけを考えることで満足していたから。

エ　言語学者は、生物学者のように現在の環境問題など他の分野にまで興味を広げることはなく、言語の研究をすることだけで満足していたから。

オ　言語学者は、その言語をどんな人間がどんな社会で話していたかを問題にすることなく、言語そのものを考えることだけで満足していたから。

問三　次の一文を本文に挿入するとき、【A】～【E】のどこが最適ですか。記号で答えなさい。

この、「言語の増大」は、もっと正確に言えば、かくれていた方言や民族語が、堂々と世界に知られ、尊重される「国語」あるいはそれに準ずる「準国語」として姿を現したということにほかならない。

問四　――線部①「自然の存在」とありますが、これはどういうことですか。その説明として最も適切なものを次の中から一つ選び、記号で答えなさい。

ア　動植物が自然のなかでの分類が決まっているのと同様に、言語も話し手の意識のなかで自然と分類されているということ。

イ　動植物が別の種族との違いを本能的に認識しているのと同様に、言語も自らの系統の違いをはっきりと意識しているということ。

ウ　動植物が自らの分類上の地位を知らないのと同様に、言語そのものが系統の違いを意識しているわけではないということ。

エ　動植物も言語も、ともに自然のなかで進化してきたものであるから、その分類にあたっては共通する法則が存在するということ。

オ　動植物が言語も、ともに自然のなかで自由に存在するものであるから、人間が意識的に分類できるものではないということ。

問一 Ⅰ 〜 Ⅲ に入る言葉として適切なものを、次の中からそれぞれ一つずつ選び、記号で答えなさい。

ア ところが　イ もっとも　ウ たとえば　エ つまり　オ また

問二 〰〰線部a「かまえを見せる」、b「忽然」の本文中の意味として適切なものを、次の中からそれぞれ一つずつ選び、記号で答えなさい。

a 「かまえを見せる」

ア 事態に応じて自分の手の内を公開すること。
イ いままで秘密にしてきた方針を転換すること。
ウ 武器を用意して戦争ができるようにすること。
エ 敵味方がはっきりと区別できるようにすること。
オ 状況に対応できるように態勢を整えること。

b 「忽然」

ア 何事にもこだわらないさま。
イ 物事が急に起こるさま。
ウ 論理的な裏付けがないさま。
エ 未来が予測不能であるさま。
オ 事態に驚きあきれるさま。

の名にふさわしい国語（民族語）は一八〇〇年から一九〇〇年の間に十六から三十に増え、さらに二十世紀に入ると、一九〇〇年から三十七年の間に、五十三に増大したと述べている。【D】

方言や民族語が堂々たる風《ふう》貌《ぼう》をもって現れるためには、それを母語とする言語共同体が、国家あるいはそれに準ずる政治体として昇格することが前提であって、そのためには、これらの言語は「※7文章語」になっていなければならない。【E】

（田中克彦『ことばとは何か　言語学という冒険』による）

注※1　ロマンス系……インド・ヨーロッパ語族のうちの語派のひとつ。イタリア語・フランス語・スペイン語・ポルトガル語など。

※2　ゲルマン系……インド・ヨーロッパ語族のうちの語派のひとつ。英語・ドイツ語・オランダ語など。

※3　シュプラーハゲマインシャフト…言語共同体のこと。

※4　ソシュール……スイスの言語学者。

※5　コミュノテ・ランギスティク……言語共同体のこと。

※6　カール・ドイッチュ……アメリカの国際政治学者。

※7　文章語……筆者は日常語にもとづく書きことばのことを「文章語」と呼んでいる。

しかし言語のばあいは、そこにそれを話す人間がいなければ生まれもせず、存在もしなかったことは明らかだ。そして、言語を話す人間には、そこに複数の話し手からなる言語の共同体があるというのが前提条件である。たった一人だけの言語は存続しない。【B】

③近代言語学はこのことを無視したわけではない。ドイツ語圏では、この共同体は※3シュプラーハゲマインシャフトと呼ばれ、※4ソシュールも、その影響のもとに、※5コミュノテ・ランギスティクと呼んだのである。そもそもそれは、言語の存在の場であり、言語を支える場であり、それなくしては言語を研究することさえできないのである。しかしひとたび、そこから言語をとり出してしまえば、あとは用のない、むしろ④言語そのものの研究にはじゃまものとして捨て去られ、視野からとり除かれるのである。必要なのは言語それじたいなのだから。

［Ⅱ］、近代に入ってから、にわかにこの言語共同体を考えに入れないでは、言語研究も行えない状況が発生した。それは、言語共同体が、あるいはもっと正確に言えば、イディオーム共同体あるいは方言共同体が、意識的に自らを包み込んでいた言語共同体、もしくは隣接した極めて近い言語（もしかして方言）共同体から自らをはっきりと区別し、いわば、分離独立しようというaかまえを見せる機会が増してきたからである。【C】

十九世紀ヨーロッパでは、さまざまな民族が、他の国家の支配から離れて、独立の国家となる流れが湧《わ》き起こった。それに応じて、それぞれの国家は、かねてから、民族運動の中で育てられ、準備されていた、かれらの母語にもとづく国語を創出した。その典型例は、ノルウェー語、フィンランド語、セルビア語、クロアチア語、フリースランド語、ベラルーシ語などである。

これらの言語はもちろん、十九世紀になってb忽然《こつぜん》と現れたのではなく、それにさかのぼる数世紀を通じて育てられていたものが、それぞれの民族・政治状況によって、一挙に躍《おど》り出たのである。［Ⅲ］母語としてはすでに存在していたものが、国家という言語共同体の言語になったのである。別のことばでいえば、⑤自然のことばが政治のことばになったのである。この状況を※6カール・ドイッチュは、ヨーロッパの、そ

二　次の文章を読んで、後の問いに答えなさい。（答えに字数制限がある場合には、句読点・記号等も一字として数えなさい。なお設問の都合上、一部文章を改めた。）

動植物と言語の分類とは、似ているようでいて、決定的なちがいがある。それは、〔　Ⅰ　〕分類される蝶《ちょう》には、自分はどの仲間に似ていて、どの分類項目に属しているかという意識がないのに対して、言語には、話し手の意識があって、それがはたらくからである。いな、これはだいじな点であるから、もっとていねいに説明しなければならない。

ある言語が、ある言語に近く、いわば方言的な関係にあるのに、別のある言語とはまったくちがうという意識があらわれるのは、話し手である人間においてであって、言語そのものがそう思うわけではない。動植物が自らの分類上の地位を知らないのと同様に、言語もまた、自らが※1ロマンス系だの※2ゲルマン系だのと知っているわけではない。動植物においても言語においても、そのような意識はないので、その意味においては、どちらも「①自然の存在」として考えることができよう。

しかし言語が生物と異なるのは、後者がそれじたいとして、人間とかかわりなく存在しうるのに、言語は、それを話す人間なしには自立した存在としてはあり得ない点である。【A】

それにもかかわらず、言語学は、言語それじたいを、まるで自立したものであるかのような存在として扱ってきた。まるで話す人間がいなくても、存在したかのように。じじつ、消え去った、三千年も昔の言語、粘《ねん》土《ど》板に焼きつけられて残っている、シュメール語や、アッカド語などを扱う言語学者は、それをどんな人間がどんな社会で、話していたかということを、まったく、あるいはほとんど考えなくても、粘土板の上に残った文字から、言語そのものを考えるしかたは、ちょうど岩石の中に化石として残った昆虫や花粉をとり扱うのと同じである。もっとも、昆虫や花粉のばあい、生物学者は言語学者よりも、はるかにそれらが存在した環境を問題にしたのである。この点では、②言語学者は生物学者よりもより単純な確認で満足するつつましい人たちなのだ。

二〇二四年度　実践学園高等学校（第１回）

【国　語】（五〇分）〈満点：一〇〇点〉

一　次の１～10の――線部のうち、漢字はひらがなに、カタカナは漢字に直して書きなさい。

１　新しい先生が赴任してきた。

２　モーツァルトに心酔する。

３　小さい子供が拙い言葉で話す。

４　心の琴線にふれる恩師の手紙。

５　探偵は真相を喝破した。

６　冬の早朝にシモバシラを踏んで歩く。

７　血液のジュンカンについて研究する。

８　ノアの方舟《はこぶね》はコウズイ伝説の一つだ。

９　沈没船からキンカイが発見された。

10　障子をヘダてて相手と話す。

2024年度／実践学園高等学校(第１回)

英語解答

Ⅰ a）ア，ウ，キ　b）イ，コ
c）1　sheep　2　aunt　3　nose
4　tennis　5　scissors

Ⅱ 1　better，any　2　what，should
3　smartest，ever　4　fond of
5　able to

Ⅲ 1　２番目…オ　４番目…ア
６番目…キ
2　２番目…ア　４番目…キ
６番目…エ
3　２番目…イ　４番目…キ
６番目…ウ
4　２番目…イ　４番目…エ
６番目…ア
5　２番目…オ　４番目…イ
６番目…エ

Ⅳ ①　ウ　②　イ　③　ア　④　エ
⑤　カ

Ⅴ a）問1　ウ　問2　イ　問3　イ
b）エ，オ

Ⅵ 問1　い
問2　A…イ　B…ウ　C…エ　D…ア
問3　ウ　問4　エ
問5　２番目…ウ　４番目…イ
６番目…エ
問6　(例) 私は何本かバラを取り，誤って１本折ってしまったから。
問7　エ
問8　(例) 彼女の笑顔と優しい言葉が私を助けてくれたことをわかっていたから。
問9　ウ，オ

Ⅰ〔音声・語彙総合〕

a）<単語の発音>

ア．teacher[tʃ]　chocolate[tʃ]　church[tʃ]
イ．wool[u]　afternoon[uː]　spoon[uː]
ウ．eight[ei]　table[ei]　sail[ei]
エ．bath[θ]　thought[θ]　weather[ð]
オ．autumn[ɔː]　laugh[æ]　Australia[ɔː]
カ．laugh[f]　enough[f]　night[黙字]
キ．played[d]　enjoyed[d]　called[d]
ク．clear[iər]　learn[əːr]　bear[eər]
ケ．animal[æ]　bus[ʌ]　lunch[ʌ]
コ．price[ɑi]　city[i]　picture[i]

b)<単語のアクセント>

ア．ác-tive　イ．um-brél-la　ウ．éar-ly　エ．vál-u-a-ble　オ．math-e-mát-ics
カ．ú-ni-verse　キ．ál-most　ク．én-er-gy　ケ．díf-fer-rent　コ．im-pór-tant

c）<単語の定義>

1．「羊毛と食肉のために飼われている家畜」―「羊」
2．「父または母の姉〔妹〕，あるいは父または母の兄〔弟〕の妻」―「おば」
3．「においをかいだり呼吸したりするために使われる，人または動物の顔の部分」―「鼻」

4．「ラケットを使ってボールを地面の上で打つ，２人または２人組のゲーム」―「テニス」

5．「２枚の鋭い刃でできている，紙や布などを切るための道具」―「はさみ」

Ⅱ〔書き換え―適語補充〕

1．「私は全ての本の中でこの本が一番好きだ」→「私は他のどの本よりもこの本が好きだ」 'the＋最上級＋of all the＋名詞の複数形'「全ての～の中で最も…」を'比較級＋than any other＋名詞の単数形'「他のどの～よりも…」の形に書き換える。

2．「私は次に何をすべきかわからない」 上は'疑問詞＋to不定詞'の形で，この形は疑問詞に応じて「何を〔いつ・どこに・どのように〕～したらよいか」といった意味を表す。これを'疑問詞＋主語＋should ～'の間接疑問の形に書き換える。

3．「私はトムと同じくらい頭のいい人に一度も会ったことがない」→「トムは私が今までに会った中で最も頭のいい人だ」 上は'have/has never＋過去分詞'「一度も～したことがない」と'as ～ as …'「…と同じくらい～」を使った文。これを，'the＋最上級＋名詞(＋that)＋主語＋have ever＋過去分詞'「〈主語〉が今まで～した中で最も…」の形で書き換える。 smart－smarter－smartest

4．「私はピアノを弾くのが好きだ」 like to ～≒be fond of ～ing「～することが好きだ」

5．「彼女はギターが弾ける」 can ～≒be able to ～「～できる」

Ⅲ〔整序結合〕

1．「あなたは女の子について話しているんですか」をAre you talking about the girl? とまとめる。「女の子」を修飾する「赤いジャケットを着ている」はwhoを主格の関係代名詞として使って，who is wearing a red jacketとし，先行詞the girlの後に置く。 Are you talking about the girl who is wearing a red jacket?

2．主語の「彼が作ったラーメン」は「彼によって作られたラーメン」なので，The ramen noodles made by himと'名詞＋過去分詞＋語句'の形でまとめる(過去分詞の形容詞的用法)。その後は'too ～ for ― to …'「―が…するには～すぎる，～すぎて―は…できない」の形にする。 The ramen noodles made by him was too hot for me to eat.

3．'so ～ that＋主語＋cannot …'「とても～なので〈主語〉は…できない」の構文を過去形で使う。 He was so busy that he could not join the meeting.

4．「ちょうど～したところだ」は'have/has just＋過去分詞'で表せる('完了'用法の現在完了)。「仕事から帰る」はcome back home from work(backとhomeはともに副詞)。 My father has just come back home from work.

5．「～と思います」なのでI think (that) ～の形にする。「*A*は*B*と同じくらい～だ」は，'*A* is as ～ as *B*'の形で表せる。ここでの'*A*'は「あの箱」＝that box，'*B*'は「これ」＝「この箱」＝this oneである。 I think that box is as large as this one.

Ⅳ〔対話文完成―適文選択〕

≪全訳≫❶Ａ：こんにちは，犬を飼ってるんだってね。❷Ｂ：うん，飼ってるよ。私の家族は，猫と鳥と魚も飼ってるんだ。❸Ａ：それはいいね。犬について質問があるんだ。①犬の世話をするのは大変？❹Ｂ：うん，でも私の犬は家族を幸せにしてくれるの。②あなたはどう？ 何かペットを飼ってるの？

❺Ａ：いや。実は犬を飼いたいんだ。でも，母は飼いたがらない。❻Ｂ：本当に？ ③犬の世話をしたいって，お母さんに言った？❼Ａ：うん。何度もそう言ったよ。でも，母は決して賛成しないんだ。❽Ｂ：うーん，お父さんは，犬を飼うことについて尋ねると何て言うの？❾Ａ：④母が賛成するなら，犬を飼ってもいいと父は言うんだ。❿Ｂ：なぜお母さんはいつも反対するのだと思う？⓫Ａ：⑤もしかしたら彼女は，犬を飼ったら旅行に行けないと思っているのかもしれない。

＜解説＞①直前の文の a question about your dog「犬に関する質問」に当てはまるものを選ぶ。take care of ～「～の世話をする」 ②直後で，何かペットを飼っているのかと相手にきき返していることから判断できる。 ③この後に続くＡの発言 Yes. I said so ...の so はアの that 以下の内容を指している。 ④what does your father say ...？という疑問文に対応するのは，He says で始まるエ。 ⑤Ｂの質問に対し，母親が犬を飼うことに反対する理由をＡが述べた部分。質問文の your mother をカの she で受けている。

V〔長文読解総合〕

ａ)＜グラフを見て答える問題―説明文＞≪全訳≫❶このグラフは日本の人口統計を示している。1960 年，高齢者の比率は６％だった。20 年後，14 歳以下の比率は約 23% だった。1990 年の高齢者の比率は 12% だった。10 年後，15 ～ 64 歳の比率は約 68% だった。❷私たちは高齢化社会に生きている。2060 年，高齢者の比率は 40% になるだろう。したがって，私たちはお互いに助け合わなければならないだろう。

問１＜適語選択＞前文より，Twenty years later とは 1980 年のこと。グラフより，1980 年の全人口に対する 14 歳以下の人口の比率は，(2751÷11699)×100≒23(%)となる。

問２＜適語選択＞前文より，Ten years later とは 2000 年のこと。グラフより，2000 年の全人口に対する 15 ～ 64 歳の人口の比率は，(8622÷12670)×100≒68(%)となる。

問３＜内容真偽＞ア.「1955 年，15 ～ 64 歳の比率は約 10% だった」…× 1955 年の 15 ～ 64 歳の比率は，(5517 ÷ 9007)×100 ≒ 61(%)となる。 イ.「1965 年，14 歳以下の比率は約 26% だった」…○ (2553÷9921)×100≒26(%) ウ.「1975年，15～64歳の比率は約55%だった」…× 1975 年の 15 ～ 64 歳の比率は，(7581÷11189)×100≒68(%)となる。 エ.「1985 年，14 歳以下の比率は約 15% だった」…× 1985 年の 14 歳以下の比率は(2603÷12101)×100≒22(%)となる。

ｂ)＜内容真偽―案内を見て答える問題＞≪全訳≫科学クラブの招待❶あなたは，探究したり，クールな実験をしたりするのは好きですか？ 身の回りの世界について楽しいことを学ぶことに興味はありますか？ もしイエスであれば，科学クラブに入りましょう！❷私たちのリーダー率いるわくわくする科学の冒険に参加しましょう。楽しい実験に挑戦して，世界に関するクールなことを学ぶことができます。科学について学び始めたばかりでも，すでにたくさん知っていても，かまいません。このクラブへの参加は全員歓迎です！／詳細／活動：／宇宙の冒険：／私たちと一緒に，惑星・星・宇宙空間を学ぶ旅に出かけましょう。宇宙の謎を発見し，宇宙旅行を疑似体験しましょう。／驚きの動物：／動物の世界に飛び込んで，そのユニークな生息地を発見しましょう。動物の行動や生息地を学んで，野生動物保護プロジェクトに貢献しましょう。／年齢：／８～ 10 歳：／「宇宙の冒険」限定。／11 ～ 13 歳：／「宇宙の冒険」または「驚きの動物」に参加できます。／14 ～ 16 歳：／「驚きの動物」限定。／●ミーティング：私たちのクラブは毎週土曜日と毎月第２日曜日に集まります。／●費用：会費は年齢によって異なります。会費は16歳以上は15ドル，16歳未満は５ドルです。

＜解説＞ア.「12歳の参加費は15ドルである」…×　●費用の第２文参照。12歳は５ドル。　イ.「驚きの動物では料理ができる」…×　そのような記述はない。　ウ.「通常，毎週日曜日にミーティングがある」…×　●ミーティング参照。毎週土曜日と毎月第２日曜日にある。　エ.「このプログラムに参加するためには，科学が得意でなくてもよい」…○　第２段落最終文に一致する。　オ.「11～13歳はプログラムを選択できる」…○　年齢の表の11-13 yearsの内容に一致する。

Ⅵ〔長文読解総合―スピーチ〕

≪全訳≫❶皆さん，こんにちは！　私の名前はタナカ・ハルナです。中学３年生です。皆さんは職場体験について知っていますか？　職場体験は学習活動の１つで，生徒がオフィスなどの職場で働いて，仕事の現実を経験し，社会人と交流します。それはとても大変でしたが，私たちの将来について考える機会だと思いました。❷担任のヤマナカ先生が，私は花屋で働くことになったと教えてくれました。私は花が好きなので，とてもうれしかったです。私は花の中ではバラが一番好きです。というのも，バラは優雅で美しい見た目と，心地よい香りを持っており，愛の象徴でもあるからです。私はバラを売りたいと思いました。でも同時に，少し心配にもなりました。「私はお店でいい仕事ができますか？」と私はききました。ヤマナカ先生は「心配しなくていいよ。①誰だって最初からうまくはできないんだ。ベストを尽くしなさい。い良い態度が大事だよ」と言いました。❸翌週，私の職場体験が始まりました。②私は花の名前を覚えようと一生懸命がんばりました。店主のキノシタさんは，③花を美しく保つ方法や，花を切って包む方法を私に教えてくれました。私はそれをうまくできるとは思いませんでした。私はキノシタさんが言ったように花の世話をし，彼の仕事のやり方を観察しました。午後に，キノシタさんがお客さんの相手をしていると，１人の女性がお店に入ってきて，私に話しかけてきました。④お客さんを手伝うのは初めてでした！　彼女は「バラをください」と言って，私に赤いバラを何本か選ぶように頼みました。私の初めてのお客さんが，まさに私のようにバラが大好きな人だったので，私はとてもうれしかったです。でも，それから私が何本かバラを取り，誤って１本折ってしまったので，私は悲しく感じました。バラを包もうとしたら，うまくできませんでした。「キノシタさん，助けて！」と私は思いました。すると，彼女は私に笑いかけて，「⑥早くやらなくていいですよ。ゆっくりやってください。待ちますから」と言いました。私が包み終えると，キノシタさんがやってきて，私が彼女からお金を受け取るのを手伝ってくれました。彼女が店を出るとき，私は彼女の笑顔と優しい言葉が私を助けてくれたとわかっていたので，「どうもありがとうございました」と元気よく言おうとしました。彼女が店を出た後，キノシタさんは「よくやったね，ハルナさん！　あなたは困っていましたが，彼女はあなたの良い態度と『ありがとうございました』という言葉にとてもうれしそうでしたよ」と言いました。彼の言葉で私は，最後の日まで一生懸命働こうという気持ちになりました。❹職場体験では大変なこともありました。でも，私は花について多くのことを知りましたし，お店でキノシタさんがやっていることも学べました。さらに，お客さんがうれしいと，自分もどんなにうれしいかがわかりました。私は将来どんな仕事につきたいかはまだわかりませんが，仕事の中で他の人たちとの良い出会いを持てることを望んでいます。ありがとうございました。

問１＜適所選択＞脱落文は「良い態度は大切だ」という意味。ヤマナカ先生がハルナにしたアドバイスとして適切な内容である。

問２＜適語選択＞A．I like roses the most of them.「私は花の中ではバラが一番好きです」の of them が強調されて文頭に出た形。　B．at the same time「同時に」　C．(just) like 〜で「(まさに)〜のように」。ここでの like は前置詞として使われている。　D．in the future「将来」

問３＜適文選択＞心配しているハルナを励ます表現が入る。なお，アの anyone は「誰でも」という意味を表し，「誰でも最初からうまくやることができる」という意味になる。

問４＜適文選択＞②職場体験が始まったばかりの様子を表す文として適切なものを選ぶ。try hard to 〜「〜しようと一生懸命がんばる」　④ c の a customer「客」とは直前の文の a woman のことである。　⑥客の女性が店員のハルナにかけた言葉が入る。　don't/doesn't have to 〜「〜しなくてもよい」

問５＜整序結合＞与えられた語句から，キノシタさんがハルナに教えたことを表した文になると考え，主語の後に，'teach＋人＋物事'「〈人〉に〈物事〉を教える」の形を続ける。'物事' の部分は，２つの how to 〜「〜する方法」が and で並んだ形になると考え，１つ目の how to の後を 'keep＋目的語＋形容詞'「〜を…(の状態)で保つ」の形にまとめる。　Mr. Kinoshita, the shopkeeper, taught me how to keep flowers beautiful and how to cut and wrap them.

問６＜文脈把握＞下線部の前にある so は「だから」という意味の接続詞で，その前後は '理由' → '結果' の関係になる。よって，文前半の内容を，some，one が指すものを明らかにしながらまとめればよい。　by mistake「誤って，間違って，うっかり」

問７＜語形変化＞⑦直後の After she left の主語と動詞の関係をふまえると，When she was leaving と過去進行形にするのが適切。　⑨hope (that) 〜「〜を望んでいる」の that 節の時制は，通常，現在または未来である。

問８＜文脈把握＞直後の because 以下が理由になっているので，この内容をまとめればよい。

問９＜内容真偽＞ア．「ハルナは大人になったら，花屋で働くことを望んでいる」…×　第４段落第４文参照。将来つきたい仕事はまだわからない。　イ．「ハルナの担任のキノシタ先生はとても親切だった」…×　第２段落および第３段落参照。ハルナの担任はヤマナカ先生で，キノシタさんは花屋の店主。　ウ．「ハルナは花を世話する方法をキノシタさんから習った」…○　第３段落第３文の内容に一致する。'learn *A* from *B*'「*A* を *B* から習う」　エ．「ハルナがバラを包もうとしたとき，キノシタさんが手伝った」…×　第３段落中盤参照。キノシタさんがやってきたのはバラを包み終えた後。　オ．「ハルナがバラを包むのは難しかったが，彼女はキノシタさんの助けなしにバラを包み終えた」…○　第３段落中盤の内容に一致する。　カ．「キノシタさんは，ハルナが高校生になったら，手伝ってほしいと思っている」…×　そのような記述はない。

2024年度／実践学園高等学校（第１回）

数学解答

1 (1)　-1　(2)　$-\dfrac{4}{3}x^2y$

(3)　$-2a-4b^2$　(4)　$\dfrac{7\sqrt{3}}{2}+\dfrac{22\sqrt{7}}{5}$

(5)　-2

2 (1)　$x=3,\ y=-3$

(2)　$(a+b+3)(a+b-4)$

(3)　$x=\dfrac{-1\pm\sqrt{13}}{2}$　(4)　$-\dfrac{3}{4}$

3 (1)　7　(2)　$\dfrac{1}{3}$　(3)　④

(4)　133g　(5)　110°

4 ア…90　イ…2：1　ウ…2：1　エ…$\dfrac{1}{3}$

オ…④

5 (1)　$\left(-1,\ \dfrac{1}{2}\right)$　(2)　$\dfrac{1}{2},\ \dfrac{3}{2}$

6 (1)　$2\sqrt{3}\ \mathrm{cm}^2$　(2)　$\dfrac{2\sqrt{3}}{3}\mathrm{cm}$

1〔独立小問集合題〕

(1)＜数の計算＞与式$=5-16\times\left(-\dfrac{3}{8}\right)-12=5-(-6)-12=5+6-12=-1$

(2)＜式の計算＞与式$=-\dfrac{1}{4}x^2y^6z^2\times\dfrac{2}{3}x^3yz\div\dfrac{1}{8}x^3y^6z^3=-\dfrac{x^2y^6z^2}{4}\times\dfrac{2x^3yz}{3}\times\dfrac{8}{x^3y^6z^3}=-\dfrac{x^2y^6z^2\times2x^3yz\times8}{4\times3\times x^3y^6z^3}$ $=-\dfrac{4}{3}x^2y$

(3)＜式の計算＞与式$=(5a^2b+10ab^3)\times\left(-\dfrac{2}{5ab}\right)=5a^2b\times\left(-\dfrac{2}{5ab}\right)+10ab^3\times\left(-\dfrac{2}{5ab}\right)=-\dfrac{5a^2b\times2}{5ab}+\left(-\dfrac{10ab^3\times2}{5ab}\right)=-2a-4b^2$

(4)＜数の計算＞与式$=\sqrt{5^2\times3}+\sqrt{4^2\times7}-\dfrac{\sqrt{3^2\times3}}{2}+\dfrac{\sqrt{2^2\times7}}{5}=5\sqrt{3}+4\sqrt{7}-\dfrac{3\sqrt{3}}{2}+\dfrac{2\sqrt{7}}{5}=\dfrac{10\sqrt{3}}{2}+\dfrac{20\sqrt{7}}{5}-\dfrac{3\sqrt{3}}{2}+\dfrac{2\sqrt{7}}{5}=\dfrac{7\sqrt{3}}{2}+\dfrac{22\sqrt{7}}{5}$

(5)＜数の計算＞与式$=\{(1+\sqrt{3})+\sqrt{2}\}\{(1+\sqrt{3})-\sqrt{2}\}-(1+\sqrt{3})^2$として，$1+\sqrt{3}=A$とおくと，与式$=(A+\sqrt{2})(A-\sqrt{2})-A^2=A^2-(\sqrt{2})^2-A^2=-2$となる。

2〔独立小問集合題〕

(1)＜連立方程式＞$2x-3(y+4)=3$……①，$\dfrac{3x-5}{2}-\dfrac{y-9}{3}=6$……②とする。①より，$2x-3y-12=3$，$2x-3y=15$……①′　②×6より，$3(3x-5)-2(y-9)=36$，$9x-15-2y+18=36$，$9x-2y=33$……②′　①′×2－②′×3より，$4x-27x=30-99$，$-23x=-69$　∴$x=3$　これを①′に代入して，$2\times3-3y=15$，$6-3y=15$，$-3y=9$　∴$y=-3$

(2)＜式の計算—因数分解＞$a+b=A$とおくと，与式$=A^2-A-12=(A+3)(A-4)$となる。Aをもとに戻して，与式$=(a+b+3)(a+b-4)$である。

(3)＜二次方程式＞$x^2-2x+1=-3x+4$，$x^2+x-3=0$となるので，二次方程式の解の公式を用いて，$x=\dfrac{-1\pm\sqrt{1^2-4\times1\times(-3)}}{2\times1}=\dfrac{-1\pm\sqrt{13}}{2}$である。

(4)＜関数—比例定数＞関数$y=ax^2$において，$x=-1$のとき$y=a\times(-1)^2=a$，$x=3$のとき$y=a\times3^2=9a$だから，xの値が-1から3まで増加するときの変化の割合は，$\dfrac{9a-a}{3-(-1)}=2a$と表せる。また，一次関数$y=-\dfrac{3}{2}x+\dfrac{5}{3}$の変化の割合は，常に一定で，$-\dfrac{3}{2}$である。$x$の値が$-1$から3まで増加するときの変化の割合が等しくなるとき，$2a=-\dfrac{3}{2}$が成り立ち，$a=-\dfrac{3}{4}$となる。

3〔独立小問集合題〕

(1)＜数の性質＞$\frac{1}{13}=1\div13=0.076923076923\cdots$となるので，$\frac{1}{13}$を小数で表したとき，小数点以下は，0，7，6，9，2，3の6個の数字がこの順に繰り返される。$2024\div6=337$あまり2より，小数第2024位までは，0，7，6，9，2，3の6個の数字が337回繰り返され，その後に，0，7の2個の数字が並ぶ。よって，小数第2024位の数字は，7である。

(2)＜確率―じゃんけん＞太郎さんと花子さんが1回じゃんけんをするとき，出し方は，それぞれ，グー，チョキ，パーの3通りだから，全部で$3\times3=9$(通り)ある。このうち，花子さんが勝つのは，(太郎さん，花子さん)＝(グー，パー)，(チョキ，グー)，(パー，チョキ)の3通りだから，求める確率は$\frac{3}{9}=\frac{1}{3}$である。

(3)＜データの活用―正誤問題＞①…誤。A組の平均値は$(97+76+87+65+56+81+70)\div7=532\div7=76$(点)，B組の平均値は$(76+78+62+83+90+68)\div6=457\div6=76.16\cdots$(点)だから，平均値はB組の方が大きい。　②…誤。最高点の生徒がA組にいるからといって，A組の成績の方がよいとはいえない。　③…誤。A組から56点の生徒を除くと，最小値は65点，最大値は97点だから，A組の範囲は，$97-65=32$(点)となる。B組の最小値は62点，最大値は90点だから，B組の範囲は，$90-62=28$(点)である。よって，A組から56点の生徒を除いたときの範囲は，A組の方が大きくなる。　④…正。A組の7人の点数は，小さい順に，56，65，70，76，81，87，97となる。7人なので，中央値は，小さい方から4番目の点数であり，76点である。また，B組の6人の点数は，小さい順に，62，68，76，78，83，90となる。B組に76点以下の生徒が1人加わって7人になると，小さい方から4番目が76点となるので，中央値は76点となる。よって，B組に76点以下の生徒が1人加わったとき，A組とB組の中央値は等しくなる。

(4)＜一次方程式の応用＞蒸発させた水の量をxgとする。4%の食塩水450gから水をxg蒸発させて，食塩を8g加えたので，できた8%の食塩水の量は，$450-x+8=458-x$(g)となる。また，4%の食塩水450gに含まれる食塩の量は$450\times\frac{4}{100}=18$(g)で，食塩を8g加えているので，できた8%の食塩水に含まれる食塩の量は，$18+8=26$(g)である。よって，8%の食塩水$458-x$gに含まれる食塩の量が26gより，$(458-x)\times\frac{8}{100}=26$が成り立つ。これを解くと，$(458-x)\times8=2600$，$3664-8x=2600$，$-8x=-1064$，$x=133$となるので，蒸発させた水の量は133gである。

(5)＜平面図形―角度＞右図で，点Aと2点C，Dを結ぶ。$\overset{\frown}{BC}$に対する円周角より，$\angle BAC=\angle BDC=40^\circ$となり，$\overset{\frown}{CD}$に対する円周角より，$\angle CAD=\angle CBD=30^\circ$となる。また，$\overset{\frown}{BC}=\overset{\frown}{DE}$より，$\overset{\frown}{BC}$，$\overset{\frown}{DE}$に対する円周角は等しいから，$\angle DAE=\angle BAC=40^\circ$である。よって，$\angle x=\angle BAC+\angle CAD+\angle DAE=40^\circ+30^\circ+40^\circ=110^\circ$となる。

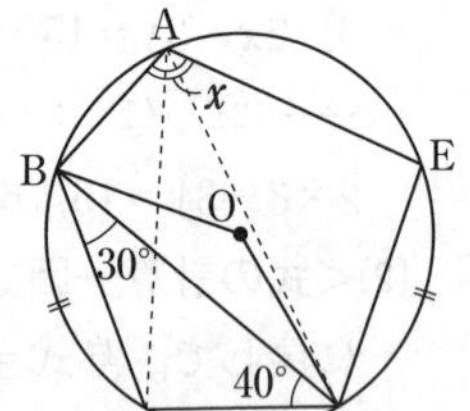

4　〔平面図形―円と三角形〕

右図1で，線分BFは円Oの直径となるから，①は，$\angle FCB=\angle FAB=90^\circ$である。点Oは線分BFの中点，点Mは線分BCの中点であるから，△FBCで中点連結定理より，$OM=\frac{1}{2}FC$である。$FC:OM=FC:\frac{1}{2}FC=2:1$となるから，②は，$FC:OM=2:1$である。四角形AFCHが平行四辺形より，$AH=FC$である。②より，$FC:OM=2:1$だから，$AH:OM=2:1$となる。また，$BM=MC$より，$\triangle ABM=\triangle AMC=\frac{1}{2}\triangle ABC$である。さらに，点Mが弦BCの中点より，$OM\perp BC$であり，$AD\perp BC$だから，$AD/\!/OM$となる。平行線の

図1

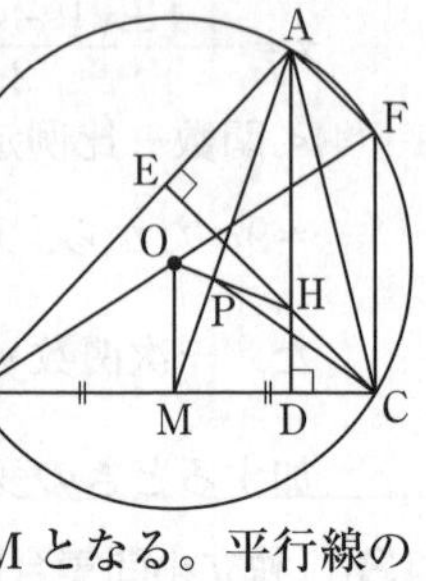

錯角より，∠AHP＝∠MOP，∠HAP＝∠OMP だから，△AHP∽△MOP となり，AP：MP＝AH：OM＝2：1 である。これより，△APC：△MPC＝AP：MP＝2：1 となるので，△APC＝$\frac{2}{2+1}$△AMC＝$\frac{2}{3}\times\frac{1}{2}$△ABC＝$\frac{1}{3}$△ABC となり，△APC の面積は△ABC の面積の$\frac{1}{3}$倍である。次に，右図 2 で，点 H は線分 AD と線分 CE の交点なので，点 O と点 H が同じ位置にあるとき，点 O は線分 AD 上，線分 CE 上の点となり，点 D は点 M と同じ位置になる。これより，AD は線分 BC の垂直二等分線となるから，AB＝AC である。OE⊥AB より，点 E は線分 AB の中点であり，CE も線分 AB の垂直二等分線となるから，AC＝BC である。よって，AB＝BC＝AC となるので，△ABC は正三角形である。

図2

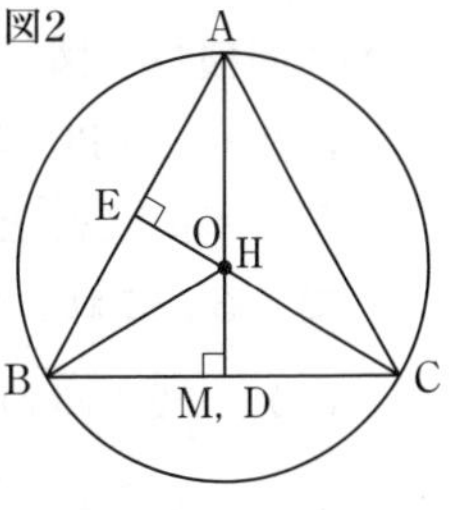

5〔関数―関数 $y=ax^2$ と一次関数のグラフ〕

≪基本方針の決定≫(2)　y 軸上の点と，2 点 A，B を結んでできる三角形で，△ABC と面積の等しいものを考える。

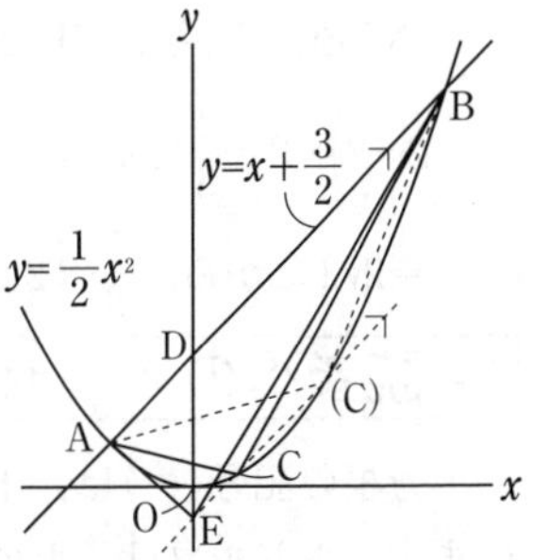

(1)＜座標＞右図で，点 A は放物線 $y=\frac{1}{2}x^2$ と直線 $y=x+\frac{3}{2}$ の交点のうち，x 座標が小さい方である。この 2 式より，$\frac{1}{2}x^2=x+\frac{3}{2}$，$x^2-2x-3=0$，$(x+1)(x-3)=0$ となり，$x=-1$，3 となる。小さい方は $x=-1$ なので，点 A の x 座標は -1 である。y 座標は $y=\frac{1}{2}\times(-1)^2=\frac{1}{2}$ となるから，$\mathrm{A}\left(-1,\ \frac{1}{2}\right)$ である。

(2)＜x 座標＞右図で，直線 AB と y 軸の交点を D とし，y 軸上の点 D より下側に，△ABE＝$\frac{15}{4}$となる点 E をとる。△ABC＝$\frac{15}{4}$だから，△ABE＝△ABC となり，△ABE，△ABC の底辺を AB と見たときの高さは等しい。よって，AB∥EC となる。直線 AB の式が $y=x+\frac{3}{2}$ より，直線 AB の傾きは 1 なので，直線 EC の傾きも 1 である。また，点 B は放物線 $y=\frac{1}{2}x^2$ と直線 $y=x+\frac{3}{2}$ の交点のうち，x 座標が大きい方だから，(1)より，その x 座標は 3 である。直線 AB の切片は$\frac{3}{2}$だから，$\mathrm{D}\left(0,\ \frac{3}{2}\right)$ である。$\mathrm{E}(0,\ e)$ とすると，DE＝$\frac{3}{2}-e$ と表せ，△ADE と△BDE において，DE を底辺と見ると，2 点 A，B の x 座標より，△ADE の高さは 1，△BDE の高さは 3 となる。これより，△ABE＝△ADE＋△BDE＝$\frac{1}{2}\times\left(\frac{3}{2}-e\right)\times1+\frac{1}{2}\times\left(\frac{3}{2}-e\right)\times3=3-2e$ と表せるので，$3-2e=\frac{15}{4}$が成り立ち，$-2e=\frac{3}{4}$，$e=-\frac{3}{8}$となる。したがって，$\mathrm{E}\left(0,\ -\frac{3}{8}\right)$となり，直線 EC の切片は$-\frac{3}{8}$だから，直線 EC の式は $y=x-\frac{3}{8}$ となる。点 C は放物線 $y=\frac{1}{2}x^2$ と直線 $y=x-\frac{3}{8}$ の交点となるから，$\frac{1}{2}x^2=x-\frac{3}{8}$，$4x^2-8x+3=0$ より，$x=\frac{-(-8)\pm\sqrt{(-8)^2-4\times4\times3}}{2\times4}=\frac{8\pm\sqrt{16}}{8}=\frac{8\pm4}{8}$ となり，$x=\frac{8-4}{8}=\frac{1}{2}$，$x=\frac{8+4}{8}=\frac{3}{2}$ となる。点 C は放物線 $y=\frac{1}{2}x^2$ 上の点 A と点 B の間にあることより，点 C の x 座標は $-1<x<3$ だから，$x=\frac{1}{2}$，$\frac{3}{2}$はともに適する。以上より，求める点 C の x 座標は，$\frac{1}{2}$，$\frac{3}{2}$である。

6 〔空間図形―立方体〕

≪基本方針の決定≫(1)　△ACFの3辺の長さを求める。　(2)　点Bから平面ACFに引いた垂線は，立体Vの底面を△ACFと見たときの高さである。立体Vの体積を利用する。

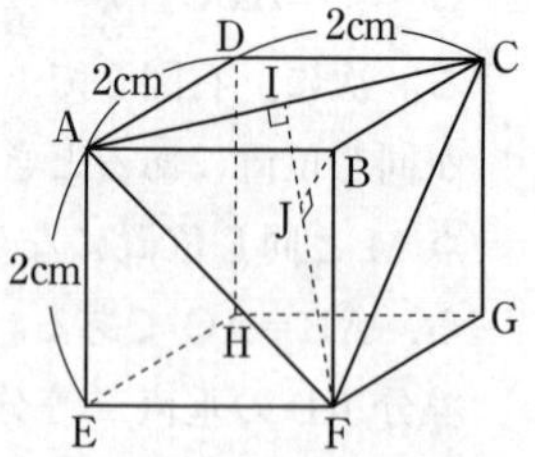

(1)<面積>右図で，立方体ABCD-EFGHの面は正方形だから，△ABCは直角二等辺三角形となり，$\mathrm{AC}=\sqrt{2}\,\mathrm{AB}=\sqrt{2}\times2=2\sqrt{2}$となる。同様に，$\mathrm{AF}=\mathrm{CF}=2\sqrt{2}$となるので，AC＝AF＝CFとなり，△ACFは正三角形である。これより，点FからACに垂線FIを引くと，△AFIは3辺の比が$1:2:\sqrt{3}$の直角三角形となるから，$\mathrm{FI}=\dfrac{\sqrt{3}}{2}\mathrm{AF}=\dfrac{\sqrt{3}}{2}\times2\sqrt{2}=\sqrt{6}$である。よって，$\triangle\mathrm{ACF}=\dfrac{1}{2}\times\mathrm{AC}\times\mathrm{FI}=\dfrac{1}{2}\times2\sqrt{2}\times\sqrt{6}=2\sqrt{3}\,(\mathrm{cm}^2)$となる。

(2)<長さ>右上図で，立体Vは，三角錐ABCFである。点Bから平面ACFに引いた垂線をBJとすると，線分BJは，立体Vの底面を△ACFとしたときの高さに当たる。また，立体Vは，底面を△ABC，高さをBFとする三角錐と見ることもできるので，体積は，$\dfrac{1}{3}\times\triangle\mathrm{ABC}\times\mathrm{BF}=\dfrac{1}{3}\times\left(\dfrac{1}{2}\times2\times2\right)\times2=\dfrac{4}{3}$である。よって，立体Vの体積について，$\dfrac{1}{3}\times\triangle\mathrm{ACF}\times\mathrm{BJ}=\dfrac{4}{3}$である。(1)より，$\triangle\mathrm{ACF}=2\sqrt{3}$だから，$\dfrac{1}{3}\times2\sqrt{3}\times\mathrm{BJ}=\dfrac{4}{3}$が成り立ち，$\mathrm{BJ}=\dfrac{2\sqrt{3}}{3}\,(\mathrm{cm})$となる。

＝読者へのメッセージ＝

平方根の記号($\sqrt{}$)は，ドイツの数学者ルドルフによる1525年の著書で使われたのが最初といわれています。ルドルフは，上の横線のない記号(√)を使っていました。後に，フランスの数学者デカルトによって，今のような形になりました。

国語解答

一 1 ふにん 2 しんすい
3 つたな 4 きんせん
5 かっぱ 6 霜柱 7 循環
8 洪水 9 金塊 10 隔

二 問一 Ⅰ…ウ Ⅱ…ア Ⅲ…エ
問二 a…オ b…イ 問三 D
問四 ウ 問五 オ 問六 エ
問七 ア
問八 さまざまな民族が，他の国家の支配から離れて独立の国家をつくる際に，自分たちの言語共同体の言語として，すでに存在した母語に基づく国語を新たに創出したということ。(79字)
問九 ［生徒］イ

三 問一 A おわしませ B いて
C うなずきて D ほほえみて
問二 a…エ b…イ c…ア d…ウ
問三 エ 問四 我別当にならむ
問五 ア
問六 二臈なる僧はこのまま一臈なる僧が生きていたら自分が別当になれないと思い，一臈なる僧に毒を食べさせて殺すことをたくらんだ。
(60字)
問七 イ
問八 (1) 今や物突き迷ひ，頭を痛がり狂ふ
(2)…イ
問九 二臈なる僧が自分を和太利の毒で殺害しようとしていることを一臈なる僧が知っていたと考えた。
問十 ア 問十一 エ

一〔漢字〉

1.「赴任」は，仕事で任命された土地へおもむくこと。 2.「心酔」は，誰かに心から憧れて尊敬すること。 3.音読みは「巧拙」などの「セツ」。 4.「琴線にふれる」は，すばらしいものに出会って感動する，という意味。 5.「喝破」は，間違った考えを正して真実を明らかにすること。 6.「柱」の音読みは「電柱」などの「チュウ」。 7.「循環」は，ひと回りしてもとのところや状態に戻ることを繰り返すこと。 8.「洪水」は，川の水かさが増してあふれ出ること。 9.「金塊」は，貨幣などに加工される前の黄金のかたまりのこと。 10.音読みは「間隔」などの「カク」。

二〔論説文の読解―芸術・文学・言語学的分野―言語〕出典：田中克彦『ことばとは何か 言語学という冒険』。

≪本文の概要≫動植物と言語の分類の違いは，動植物は自分の分類上の地位についての意識がないのに対して，言語には話し手の意識がはたらくという点である。言語学は，言語それ自体を，自立したものであるかのように扱ってきたが，言語は，話す人間なしには自立した存在ではありえず，複数の話し手からなる言語の共同体があるというのが，成立の前提条件である。言語の共同体なくしては，言語を研究することはできない。近代言語学は，言語の共同体の存在を無視してはいないが，そこから言語を取り出した後は研究から除外していた。だが，近代に入ってから，言語共同体を考えに入れないでは，言語研究も行えない状況が発生した。十九世紀ヨーロッパで，さまざまな民族が，他

の国家の支配から離れて独立国家となり，彼らの母語に基づく国語を創出し，それを国家という言語共同体の言語としたのである。方言や民族語が堂々と現れるための前提は，言語共同体が国家やそれに準ずる政治体となり，これらの言語が「文章語」になっていることである。

問一＜接続語＞Ⅰ．「動植物」の分類のあり方の例として，「分類される蝶には，自分はどの仲間に似ていて，どの分類項目に属しているかという意識がない」ということが挙げられる。　Ⅱ．言語の研究において，「必要なのは言語それじたい」であって，「言語の共同体」ではなかったが，それに反して，「近代に入ってから，にわかにこの言語共同体を考えに入れないでは，言語研究も行えない状況」が発生した。　Ⅲ．「これらの言語」は，「数世紀を通じて育てられていたものが，それぞれの民族・政治状況によって，一挙に踊り出た」のであり，言い換えれば，「母語としてはすでに存在していたものが，国家という言語共同体の言語になった」ということである。

問二＜語句＞ａ．「かまえ」は，予想される状況に対応するための準備のこと。　ｂ．「忽然」は，突然物事が発生するさま。

問三＜文脈＞「ヨーロッパの，その名にふさわしい国語(民族語)」が，「一九〇〇年から三十七年の間に，五十三に増大した」ということは，「かくれていた方言や民族語」が，「堂々と世界に知られ，尊重される『国語』あるいはそれに準ずる『準国語』として姿を現した」ことを意味する。

問四＜文章内容＞動植物は，「自分はどの仲間に似ていて，どの分類項目に属しているか」という「自らの分類上の地位」を知らない。同様に，言語そのものも，「ロマンス系だのゲルマン系だの」と，自らの言語系統を意識するわけではないという意味で，どちらも「自然の存在」である。

問五＜文章内容＞生物学者は，「昆虫や花粉」だけでなく，「それらが存在した環境」までも研究対象として問題にした。だが，言語学者は，「言語そのもの」だけを研究対象として，その言語を「どんな人間がどんな社会で，話していたか」を，生物学者が環境を対象にしたほどには問題にしなかったのである。

問六＜文章内容＞言語は，「複数の話し手からなる言語の共同体がある」ことが，成立の前提条件であり，「言語の共同体」がなければ，「言語を研究することさえできない」ため，近代言語学の研究においても，その共同体を無視することはできなかったのである。

問七＜文章内容＞言語学者は，言語それ自体を「自立したものであるかのよう」に考えて研究していたため，言語が使われる場については考察せずに，研究対象から除外してしまったのである。

問八＜文章内容＞十九世紀のヨーロッパでは，「さまざまな民族が，他の国家の支配から離れて，独立の国家となる流れ」が起こる中，それぞれの国家が，自分たちの「言語共同体の言語」として，「数世紀を通じて」育てられていた，「母語としてはすでに存在していた」言語に基づいて，「国語を創出した」のである。

問九＜要旨＞動植物は，「自らの分類上の地位」を意識することはないが，言語は「話し手の意識」がはたらき，「話し手である人間」に，言語の分類に対する意識が現れる(生徒ア…×)。言語は，「それを話す人間なしには自立した存在」としてはありえず，言語の成立には「複数の話し手からなる言語の共同体がある」ことが前提となるため，近代言語学も，言語と共同体との結びつきを無視することはできなかった(生徒イ…〇)。近代に入ると，言語共同体が，「自らを包み込んでいた言語共同体，もしくは隣接した極めて近い言語(もしかして方言)共同体」と自らを区別して独立する動きを見せ始めたが，そのことと，少数民族を国家として独立させることで言語を保護していくことは，関係がない(生徒ウ…×)。十九世紀のヨーロッパでは，さまざまな民族が独立国家を成立させ，すでに存在していた民族の母語に基づく国語を創出した(生徒エ…×)。方言や民族語が認められるためには，その言語共同体が「国家あるいはそれに準ずる政治体として昇格」しなければならず，そのためには，その言語が「文章語」になっている必要がある(生徒オ…×)。

三〔古文の読解―説話〕出典：『今昔物語集』巻第二十八ノ第十八。

≪現代語訳≫今はもう昔のことだが，金峯山寺の別当であった老僧(＝一臈なる老僧)がいた。(中略)／そこで，長い間最長老である老僧が，別当であったのだが，それに次ぐ長老である僧(＝二臈の僧)がいて，「この別当は早く死んでくれよ。私が別当になろう」とひたすら思っていたが，(別当である老僧は)頑健な様子で，死ぬ気配もなかったので，この二臈の僧は，思い悩んで，思いついたことには，「この別当の年は八十歳を超えたけれども，七十歳にも見えないほど頑健な様子であるのに，私もすでに七十歳になった。もしかしたら，私は別当にもならずに先に死ぬこともあるかもしれない。それゆえ，この別当を殴り殺させるのもうわさが立ってことが明らかになってしまうだろうから，ただ毒を食わせて殺そう」と思う気持ちが生まれた。／(二臈の僧は)「仏がお思いになることも恐ろしいが，そうはいってもどうしようか(，どうしようもない)」と思って，その毒について思案して，「人が必ず死ぬということであれば，きのこの中でも，和太利というきのこは，人がそれを食べてしまうと，毒に当たって必ず〈死んでしまう〉。これをとって何とも言いようがないほどにおいしく調理して，『平茸です』と言ってこの別当に食わせたならば，必ず死ぬだろう。そうして，〈私が別当になろう〉」とくわだてて，秋の時分だったので，自ら人も連れずに，山へ行って多くの和太利をとって持ってきた。夕暮れ時に房に帰って，人にも見せずに，全て鍋に切って入れていためものとして何とも言いようがないほどおいしく調理したのだった。／そうして，夜が明けてまだ早朝のうちに，別当のもとに人をやって，「すぐにおいでください」と言わせたところ，別当は間もなく杖《つえ》をついてやってきた。房の主人(＝二臈の僧)が差し向かいに座って言うことには，「昨日，人がすばらしい平茸をくださったのをいためものにして食べよう，と思ってお呼び申し上げたのです。年老いるとこのようなうまいものが欲しくなるものでございます」などと語ると，別当は喜んでうなずきながら座っているので，(二臈の僧は)ご飯を用意して，この和太利のいためものを温めて，汁物で食べさせたところ，別当はとてもよく食べた。房の主人は普通の平茸を別に用意して食べた。／すっかり食べ終わって，湯など飲んでいたので，房の主人は，「とうとううまくやった」と思って，「今に食べたものを吐き出して，頭を痛がって激しく暴れる」と，じれったい思いで見ていると，全くその気配もなかったので，「何とも妙だ」と思っていたところ，別当は歯もない口で少しほほ笑んで言うことには，「長年，この老法師はまだこのようにすばらしくおいしく調理された和太利を食べたことがございませんでした」と言って座っていたので，房の主人は，「それでは知っていたのだなあ」と思って，驚いたどころではなかった。恥ずかしくて，全くものも言うことができないで，房の主人は(奥に)入ってしまったので，別当も自分の房へ帰ってしまった。なんと，この別当は長年和太利を特に食べていたが毒に当たらなかった僧であったのを(二臈の僧は)知らなくて，計画したことの思惑が外れて終わってしまったのだった。／そういうわけで毒きのこを食べても，全く毒に当たらない人がいたのであったよ。

問一＜歴史的仮名遣い＞A．歴史的仮名遣いの語頭以外のハ行は，原則として現代仮名遣いでは「わいうえお」になる。　B．歴史的仮名遣いの「ゐ」は，現代仮名遣いでは「い」になる。　C．歴史的仮名遣いの「づ」は，現代仮名遣いでは「ず」になることが多い。　D．歴史的仮名遣いの「ゑ」は，現代仮名遣いでは「え」になる。

問二＜古語＞a．「年頃」は，長年のこと。　b．「つとめて」は，早朝のことで，夜が明けて日が出てきた時間帯のこと。　c．「めでたし」は，すばらしいさま，りっぱであるさま。　d．「いと」は，非常に，たいそう，という意味。

問三＜古典文法＞係助詞「こそ」に呼応して，係り結びの法則により，文末は已然形の「死ぬれ」となる。

問四＜古文の内容理解＞二臈の僧は，「我別当にならむ」と強く思い，現在の別当である一臈なる老僧を毒殺しようと図ったのである。

問五＜古文の内容理解＞現在の別当である一臈なる老僧が元気で「死に気」もないため，二臈の僧に別当の座が回ってこないのである。

問六＜古文の内容理解＞二臈の僧は，現在の別当である一臈なる老僧が生き続ければ，自分は別当になることもできずに，「前に死ぬる事」もあると思い悩んだ。そこで，和太利という毒きのこを一臈なる老僧に食わせれば，「必ず死なむ」と思いついたのである。

問七＜古文の内容理解＞毒きのこの和太利を調理した二臈の僧は，自分の「房」に一臈なる老僧を呼び出し，差し向かいで座った。「房主」は，僧の私室である僧房の主人のこと。

問八＜古文の内容理解＞(1)二臈の僧は，一臈なる老僧に毒きのこを食べさせたが，老僧は毒が回ったときに見られる，「物突き迷ひ，頭を痛がり狂ふ」ような「気色」もなかった。　(2)一臈なる老僧は，長年和太利を食べていたが，その毒に「酔はざりける」体質で毒が効かず，死ぬことはなかったのである。

問九＜古文の内容理解＞一臈なる老僧は，このように「めでたく調美せられたる和太利」を食べたことがないと言った。それを聞いて，二臈の僧は，自分が一臈なる老僧に毒きのこである和太利を食べさせて殺そうとしたことを，一臈なる老僧が知っていたのだと考えた。

問十＜古文の内容理解＞二臈の僧は，一臈なる老僧を殴り殺させると，世間でうわさになってしまうと思い，「毒を食はせて」殺そうと考えた。その行為を仏がどのように思うかと恐ろしく思ったが，「さりとては何がはせむ」と開き直った(ア…○)。二臈の僧は，毒きのこである和太利をとるため，お供も連れずに一人で山へ行った(イ…×)。そして私室で和太利を調理し，「平茸」だとうそをついて，一臈なる老僧に食わせて毒殺しようと考えた(ウ・エ…×)。

問十一＜文学史＞『枕草子』は，平安時代に清少納言によって著された随筆。『宇治拾遺物語』は，鎌倉時代に成立した説話集。『方丈記』は，鎌倉時代に鴨長明によって著された随筆。『おくのほそ道』は，江戸時代に松尾芭蕉によって著された俳諧紀行文。

2024年度 実践学園高等学校（第２回）

【英　語】（50分）〈満点：100点〉

Ⅰ

a）３つの単語の下線部の発音が全て同じものを３組選び、記号で答えなさい。

ア．method / health / think

イ．blood / flood / floor

ウ．able / April / neighbor

エ．children / chemistry / school

オ．found / mouth / aunt

カ．rough / daughter / through

キ．started / decided / added

ク．juice / suit / guide

ケ．cat / Sunday / butter

コ．try / library / diary

b）次のア～コの中で、第２音節を最も強く発音するものを２つ選び、記号で答えなさい。

ア．un-cle　　イ．com-put-er　　ウ．el-der-ly

エ．treat-ment　　オ．ad-ver-tise　　カ．ac-tion

キ．use-ful　　ク．com-mu-ni-ca-tion　　ケ．beau-ti-ful

コ．im-pos-si-ble

c）次のように語義を説明できる英単語を答えなさい。
なお、その語は（　）内に示されたアルファベットで始まります。

1．a large area of land that is covered with trees（f）

2．the man that a woman is married to（h）

3．a mixture of raw vegetables such as lettuce, cucumber, and tomato（s）

4．a thing that you use to protect yourself against rain or hot sun（u）

5．a set of pages that show the days, weeks, and months of a particular year, that you usually hang on a wall（c）

Ⅱ　各組の英文が、ほぼ同じ意味になるように、それぞれ（　　）に最も適した単語を入れなさい。

1．She reads an English-language newspaper every day.
She reads a newspaper（　　）（　　）English every day.

2．We walked to church.
We went to church（　　）（　　）.

3．I am so tired that I can't walk fast.
I am（　　）tired（　　）walk fast.

4．He didn't say good-bye and went out of the room.
He went out of the room（　　）（　　）good-bye.

5．If you don't hurry up, you'll miss the train.
（　　）up,（　　）you'll miss the train.

Ⅲ 日本語の意味になるように英語を並べかえたとき、〔　　　〕の中で２番目と４番目と６番目にくる語の記号を答えなさい。ただし、文頭にくるべき語も小文字で記してあります。

1．A：昨日カフェ JG にいきました。
　B：先週末にオープンした新しいレストランのことですか？
　　良い店みたいですね。
　A：I went to Café JG yesterday.
　B：Do〔ア．mean　/　イ．new　/　ウ．restaurant　/　エ．opened　/　オ．the　/　カ．last　/　キ．you　/　ク．which〕weekend?
　　I heard it's good.

2．この川の水は飲むのに適している。
　The water〔ア．good　/　イ．for　/　ウ．us　/　エ．of　/　オ．this river　/　カ．to　/　キ．drink　/　ク．is〕.

3．私の父は先月からずっと病気で入院しています。
　My father〔ア．in　/　イ．has　/　ウ．hospital　/　エ．since　/　オ．ill　/　カ．been　/　キ．the　/　ク．last〕month.

4．飢えに苦しむたくさんの人々が世界中にいます。
　〔ア．from　/　イ．there　/　ウ．hunger　/　エ．suffer　/　オ．many　/　カ．people　/　キ．who　/　ク．are〕around the world.

5．水は地球上で最も重要なものです。
　Water〔ア．any　/　イ．is　/　ウ．other　/　エ．more　/　オ．than　/　カ．important　/　キ．on　/　ク．thing〕the earth.

Ⅳ　次の対話文を読んで、（ ① ）～（ ⑤ ）に入れるのに最も適切なものを、下のア～キからそれぞれ１つ選び、記号で答えなさい。ただし、同じ記号を２度答えてはいけません。

A：Hello.（ ① ）

B：To the bookstore over there. I want to buy a book about Australia. I'm going to visit Sydney during summer vacation.

A：（ ② ）

B：Have you ever been there?

A：（ ③ ）I have a sister living there and I visited her last year.

B：I'll buy a present for you.

A：No, you don't have to, but take some pictures and show them to me after you come back to Japan.

B：（ ④ ）

A：Which places will you visit in Sydney?

B：I'll visit a famous bridge. After that, I'll swim in the sea if I can.

A：You shouldn't do that.（ ⑤ ）

ア．It's a nice city and has many things you should see.

イ．Sure. I'll take a lot of pictures.

ウ．Where are you going?

エ．Yes, I do.

オ．You'll feel cold.

カ．What are you doing?

キ．Many times.

V　a）次のグラフは日本の婚姻件数と出生数についてのものです。グラフと英文に関して、後の問いに答えなさい。

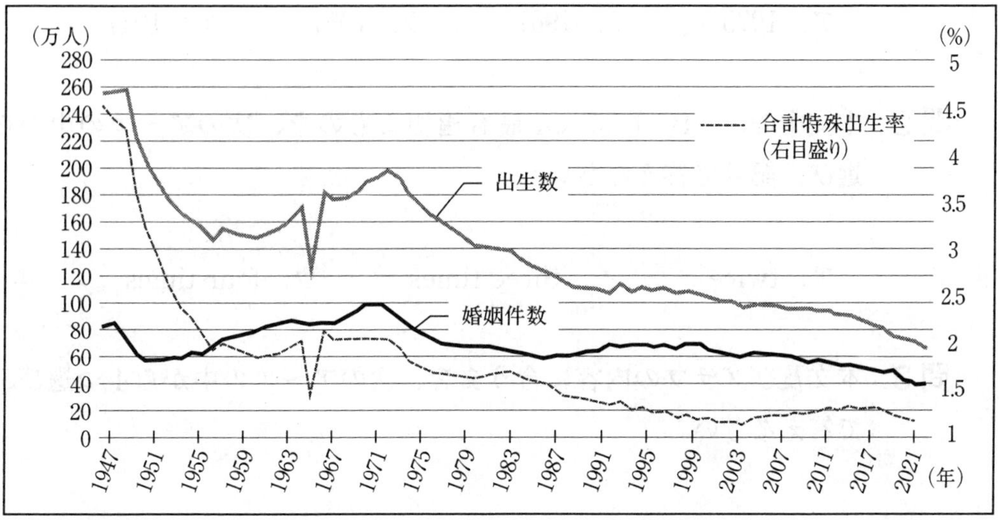

The graph shows the number of marriages and births. From 1947 to 1979, the number of marriages in （ A ） was the smallest. In 1955, the number of births was about three times as large as the number of marriages. Twenty years later, the number of marriages was about （ B ） as high as the number of births.

We live in low birthrate and aging society. In the future, we will have to help each other.

問1. 本文中の（ A ）に入る最も適切なものを、次のア〜エの中から1つ選び、記号で答えなさい。

ア. 1975　　イ. 1967　　ウ. 1951　　エ. 1947

問2. 本文中の（ B ）に入る最も適切なものを、次のア〜エの中から1つ選び、記号で答えなさい。

ア. twice　　イ. three times　　ウ. four times　　エ. half

問3. 本文及びグラフの内容に合う文を、次のア〜エの中から1つ選び、記号で答えなさい。

ア. From 1971 to 1983, the number of births in 1979 was the largest.

イ. From 1983 to 1995, the number of marriages in 1995 was the largest.

ウ. From 1999 to 2017, the number of births in 2011 was the smallest.

エ. In the future, the number of either marriages or births will be larger.

ｂ）次の英文は科学クラブの案内です。これを読んで、内容に当てはまる英文を次のページのア～オの中から２つ選び、記号で答えなさい。

Nature Hiking Group

Do you enjoy being outdoors and exploring nature? If you do, our Nature Hiking Group is perfect for you!

Join us for hikes led by experienced guides who will teach you about nature's secrets. You'll get to explore beautiful ※landscapes, learn about plants and animals, and make new friends who share your love for the outdoors.

Details

Course Types：

Forest Adventure	Experience the ※wonders of the forest and its ※creatures.
Mountain ※Expedition	Climb mountains and enjoy beautiful views. Learn about mountain ※ecosystems.

Age Groups：

10-14 years	Limited to Forest Adventure.
15-18 years	Choose between Forest Adventure or Mountain Expedition.
19 and up	Limited to Mountain Expedition.

● Meeting Times :

Our group meets three times a month on all Sundays ※except the second Sunday.

● Participation Fee :

Different for age groups. The fee is $20 for those 19 and older, and $10 for those younger than 19.

● Contact Us :

For more information or to join the group, please email us at hikeinfo@example.com or call us at (555) 123-4567.

※ landscapes　景色　　wonder　驚くべきこと　　creature　生き物
expedition　探検　　ecosystem　生態系　　except　～以外

ア. Only children can join the group.
イ. Mountain Expedition has the study of nature.
ウ. They usually have meetings on the second Sunday of each month.
エ. The fee is the same for all participants.
オ. Ages 15-18 can join either course.

VI 次の英文を読んで、後の問いに答えなさい。

On March 10, 1876, in America, Alexander Graham Bell spoke to his machine. "Mr. Watson, come here. I want to see you." 〔 ① 〕 His assistant, Watson came into Bell's room and said, "I ②(hear) your voice." The telephone was finally born (A) many years of study. It changed our way of communication. (あ)

Bell is known as an ※inventor of the telephone, but he was also a teacher of ※deaf people. All his life he kept thinking of speech and communication. (い)

Bell's father was a teacher who studied speech. He was famous for making the symbols to show every sound a mouth could make. ③They were used to teach deaf people how to speak. Bell's mother was deaf, but Bell had a special way of communicating with her. He put his mouth near her ※forehead and then spoke to her. She could understand him (B) a ※hearing aid. (う)

Through his mother, Bell knew that deaf people wanted to have more communication with people around them. He believed that ④〔ア. be イ. easier ウ. for エ. it オ. messages カ. send キ. to ク. them ケ. their コ. would〕 if they could speak. When he moved to America in 1871, he was ⑤(give) a chance to teach deaf children in school. He taught them how to speak (C) the symbols he learned from his father. When they could speak words through his teaching, he felt happy. 〔 ⑥ 〕 He worked hard as a teacher and became famous for his way of teaching. He also began to study the science of speech to help them. (え)

In 1886, ten years after Bell invented the telephone, he met a six-year-old girl. Her name was Helen Keller. She was deaf and ※blind. She couldn't speak and often became angry when her family couldn't understand how she felt, so ⑦her father went to see Bell with her to get advice from him. Bell gave her a chance to meet the woman who became her teacher. Her name was Anne Sullivan. Helen's life changed. Helen learned words and how to communicate with the world (D) her. So she wrote a letter to

Bell when she was seven years old. 〔 ⑧ 〕

Bell kept helping Helen until he died in 1922. She went to many places with him to meet many people. He said to her, "〔 ⑨ 〕 You should talk about your ideas." She had the ※courage to tell her ideas to other people. She worked for deaf and blind people around the world.

Helen wrote about Bell in her first book like this, "He taught deaf people to speak and ※enabled people to hear voices from different places."

※inventor 発明家　deaf 耳の不自由な　forehead 額
hearing aid 補聴器　blind 目の不自由な　courage 勇気
enable 可能にする

問１. 本文中の〔 ① 〕、〔 ⑥ 〕、〔 ⑧ 〕に a ～ c を入れるとき、最も適当な組み合わせを次のア～カから選び、記号で答えなさい。

a. She began to have hope for her life.
b. This was the first telephone call in the world.
c. From then, teaching deaf people became special in his life.

ア. ① a. ⑥ b. ⑧ c.　イ. ① a. ⑥ c. ⑧ b.　ウ. ① b. ⑥ a. ⑧ c.
エ. ① b. ⑥ c. ⑧ a.　オ. ① c. ⑥ a. ⑧ b.　カ. ① c. ⑥ b. ⑧ a.

問２. 下線部②、⑤の語をそれぞれ適当な形にするとき、正しい組み合わせを次のア～エから１つ選び、記号で答えなさい。

ア. ② hear　⑤ giving　イ. ② hear　⑤ given
ウ. ② heard　⑤ giving　エ. ② heard　⑤ given

問3. 本文中の（ A ）～（ D ）に入れるのに最も適当なものを次のア～エからそれぞれ1つずつ選び、記号で答えなさい。ただし、同じ記号を2度答えてはいけません。

ア. without　　イ. around　　ウ. with　　エ. after

問4. 次の英文が入る最も適当な箇所を本文中の〔 あ 〕～〔 え 〕から1つ選び、記号で答えなさい。

Those studies led to his later work on the telephone.

問5. 下線部③が示すものを具体的にどのようなものか説明しなさい。

問6. 下線部④の〔　　〕内の語句を適切に並びかえたとき、〔　　〕内で2番目と4番目と6番目にくる語句の記号を答えなさい。

問7. 下線部⑦の理由を日本語で答えなさい。

問8. 〔 ⑨ 〕に入る最も適当なものを次のア～オから1つ選び、記号で答えなさい。

ア. All the ideas of yourself are right.
イ. You should control your feeling.
ウ. Go out from your own small world.
エ. I think your ideas are always great.
オ. You must do things well from the beginning.

問9．本文の内容と合う英文を次のア～カから2つ選び、記号で答えなさい。

ア．Mr. Watson helped Bell to invent the machine and changed the world.

イ．Helen wanted to study more at home because she began to learn words.

ウ．Bell worked hard as a teacher and felt happy when deaf students could speak.

エ．Bell communicated with her deaf mother and knew the importance of communication with others.

オ．Helen learned the words from Bell and could have hope for her life.

カ．Anne Sullivan was once Bell's student and became Helen's teacher.

【数　学】（50分）〈満点：100点〉

1 次の計算をしなさい。

(1) $-3^3\times\left(-\frac{2}{5}\right)\div(-3)^2+\frac{4}{5}$

(2) $\frac{3}{4}x^2y^3\div(-2xy)^3\times\left(-\frac{2}{3}xy^2\right)^2$

(3) $\frac{3x+5y-1}{2}-\frac{-x+y}{3}+x$

(4) $\sqrt{20}-3\sqrt{2}-\sqrt{\frac{5}{9}}-\sqrt{50}$

(5) $(\sqrt{7}+2\sqrt{2}+\sqrt{15})(\sqrt{7}+2\sqrt{2}-\sqrt{15})$

2 次の問いに答えなさい。

(1) 連立方程式 $-2x+4y=4x+y-12=x+2y-3$ を解きなさい。

(2) $(x^2+4)^2-(x^2+4)-20$ を因数分解しなさい。

(3) 2次方程式 $4x^2-8\sqrt{3}x-96=0$ を解きなさい。

(4) 関数 $y=\frac{1}{2}x^2$ について，x の値が -8 から -6 まで増加するとき，変化の割合を求めなさい。

3 次の問いに答えなさい。

(1) $\frac{3}{7}$ を小数で表したとき，小数第2024位の数字を求めなさい。

(2) 大小２個のさいころを同時に投げ，大きい方の目と小さい方の目の差が２となる確率を求めなさい。

(3) ある高校の吹奏楽部の部員は，昨年度は合計で40人であった。今年度は，昨年度に比べ男子が15%減り，女子が25%増えたので，合計で42人になった。今年度の女子の人数を求めなさい。

(4) 20人で５点満点のテストをしたところ，点数の分布は次の表のようになった。５点満点の生徒の人数を求めなさい。

点	0	1	2	3	4 以上	平均点
人数	0	1	2	4	□	3.8

(5) 右の図で∠BAE ＝ 73°，∠ACB ＝ 52°，
線分 BD は円 O の直径である。
このとき，$\angle x$ を求めなさい。

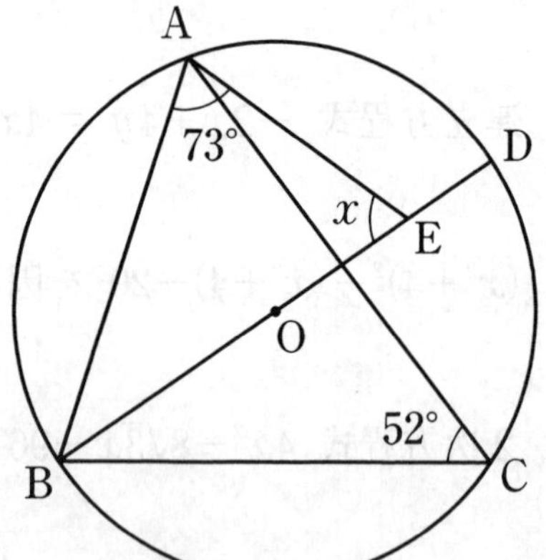

4　先生と花子さんと太郎さんの３人が会話をしている。

会話の $\boxed{\text{ア}}$ ～ $\boxed{\text{オ}}$ にあてはまる式または数を答えなさい。ただし，円周率は π とする。

先生　「今日は四角形の中に半径が１cm の円を入れることを考えます。このとき，四角形の面積を L，四角形に入っている円の面積の和を S とした場合，次のように占有率というものを定義します。」

$$\text{占有率} = \frac{S}{L}$$

先生　「まずは図１の占有率を求めてみましょう。」

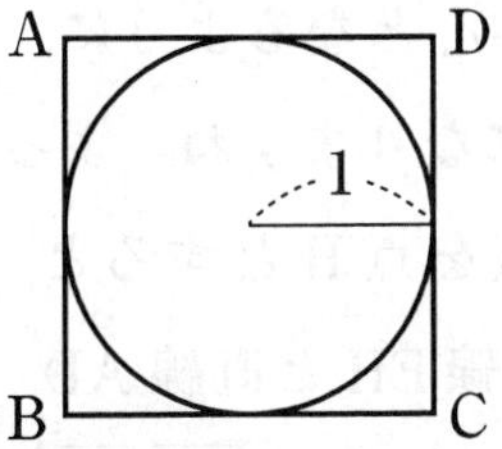

（四角形 ABCD は正方形）

図１

花子さん「この場合の円の面積が $\pi\,\text{cm}^2$ で，条件から正方形の面積を求めれば，占有率は $\boxed{\text{ア}}$ となりますね。」

先生　「その通りです。同様に図２と図３についても求めてみましょう。このとき図２，３どちらの図においても，それぞれの円は互いに接しており，さらに四角形 ABCD の各辺が円の接線になっています。」

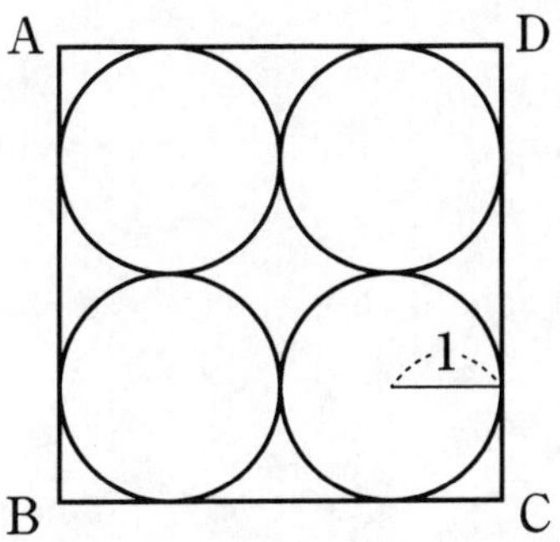

（四角形 ABCD は正方形）

図２

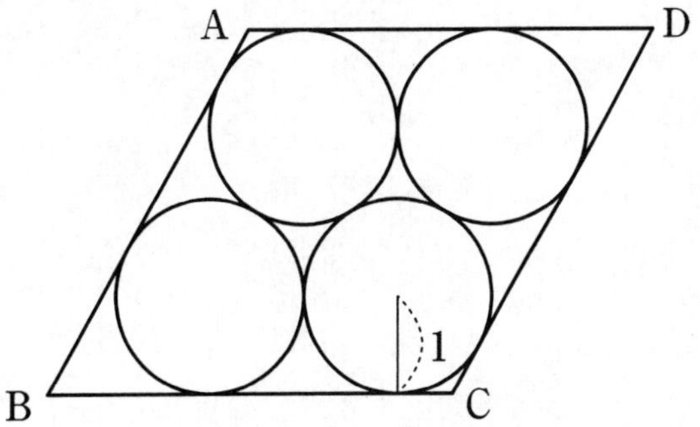

（四角形 ABCD はひし形）

図３

太郎さん「図2では占有率が［イ］ですね。次は図3の占有率を一緒に考えてみましょう。」

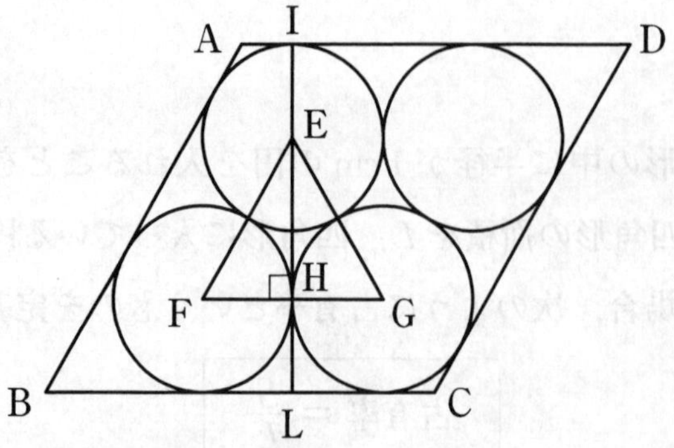

図4

花子さん「図4のようにそれぞれが円の中心となるように，3点E，F，Gを考えると△EFGは正三角形になりますね。よって点Eから辺FGに垂線を下ろし，その交点を点Hとすると，EH＝［ウ］(cm) となりますね。さらに直線EHと直線AD，直線BCとの交点をそれぞれ点I，Lとすると，IL＝［エ］(cm) となります。この線分ILの長さがちょうど△ABCの高さと等しくなるので，ひし形の面積が求められそうですね。」

太郎さん「そうするとひし形の面積は［オ］cm^2ですね。」

先生　「その通りです。このことから，図4の占有率を求めると$(14\sqrt{3}-24)\pi$となります。」

5 右の図のように，放物線 $y=\dfrac{3}{2}x^2$ 上に点A，x 軸上に点B，y 軸上に点Cをとる。

点Aの座標は（a，a），点Bの x 座標は -2，点Cの y 座標は -6 である。ただし $a \neq 0$ とする。

このとき，次の問いに答えなさい。

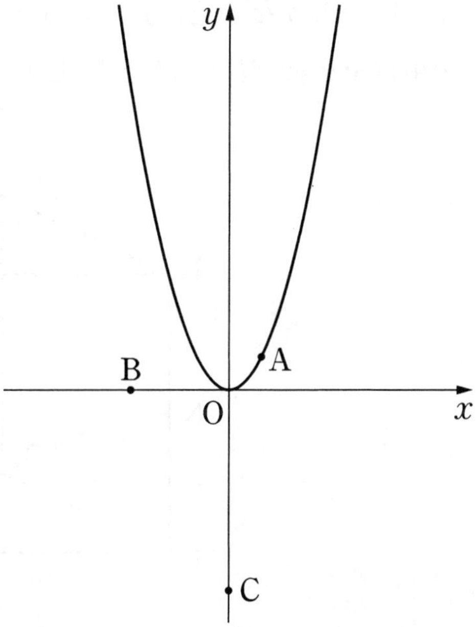

(1) a の値を求めなさい。

(2) この放物線上に点Aと異なる点Pをとる。△ABCと△PBCの面積が等しくなるとき，点Pの座標を求めなさい。

6 下の図のような１辺の長さが６cm の立方体があり，辺 AB，辺 AD，辺 BF の中点をそれぞれ L，M，N とするとき，次の問いに答えなさい。

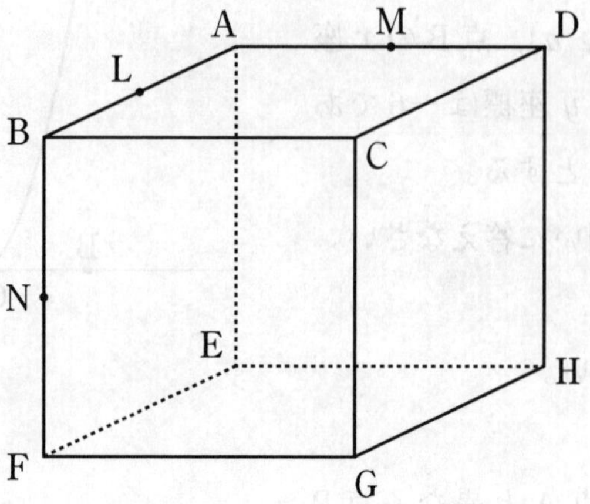

(1) 線分 MN の長さを求めなさい。

(2) 点 L，M，N を通る平面でこの立方体を切ったとき，切り口の図形の面積を求めなさい。

問九　――線部⑧「わらひつる人々もにがりてぞ見えける」とありますが、それはなぜですか。その理由として適切なものを次の中から一つ選び、記号で答えなさい。

ア　笑ったことを御家人にとがめられ、大いに騒がれてしまったから。
イ　泰時がほめたたえた人物の所作を、笑ってしまったから。
ウ　御家人を笑ったことを泰時に叱られ、逃げたくなってしまったから。
エ　泰時の言葉にすっかり同情し、御家人を苦々しく思ったから。

問十　――線部⑪「これこそ、負けたればこそ勝ちたれの風情なれ」とありますが、どのような点についてこのように評しているのですか。その説明として最も適切なものを次の中から一つ選び、記号で答えなさい。

ア　御家人は問答に負けてしまったが、それが泰時や問答の相手から称賛や利益を得ることになった点。
イ　領家の代官は問答に負けたからこそ、勝った御家人や泰時に対して寛大な態度で接することができるようになったという点。
ウ　泰時は、領家の代官が勝ったからこそ、負けた御家人をかばうことができたのだという点。
エ　御家人が問答の勝敗にこだわらず、泰時の言葉をきちんと受け止めたことで、のちの世までたたえられるようになった点。

問十一　この文章は鎌倉時代に作られた『沙石集』の一部です。これと同じジャンルの作品を、次の中から一つ選び、記号で答えなさい。

ア　今昔物語集　　イ　伊勢物語　　ウ　源氏物語　　エ　平家物語

問五　――線部③「云ひたりける」、⑦「讃られければ」、⑨「許してけり」の動作を行っている人物を、次の中からそれぞれ一つずつ選び、記号で答えなさい。

ア　御家人（地頭）　　イ　領家の代官　　ウ　泰時　　エ　筆者

問六　――線部④「前の問答は、互ひにさもと聞えき」の現代語訳として最も適切なものを次の中から一つ選び、記号で答えなさい。

ア　前にしていた問答は、お互いの声が全く聞こえませんでした
イ　眼前で行われた問答は、互いに言っていることが食い違って聞こえました
ウ　先に行われた問答は、互いに卑しく聞こえました
エ　先ほどの問答は、互いになるほどと聞こえました

問七　――線部⑤「正直の人」、⑩「情けありける人」は、誰を示していますか。次の中からそれぞれ一つずつ選び、記号で答えなさい。

ア　御家人（地頭）　　イ　領家の代官　　ウ　泰時　　エ　筆者

問八　――線部⑥「涙ぐみて」とありますが、それはなぜですか。本文をもとに三十字以内で説明しなさい。

問一　〰〰線部A〜Cの読みをそれぞれ現代仮名づかいに直して、すべてひらがなで答えなさい。

問二　══線部a〜cの語句の意味として適切なものを次の中から一つずつ選び、記号で答えなさい。

a　「いみじく」

ア　みっともなく　イ　縁起が悪く　ウ　おそろしく　エ　みごとに

b　「年久しく」

ア　久しぶりに　イ　長年　ウ　永遠に　エ　短期間

c　「ひが事」

ア　間違い　イ　うらみ　ウ　時間のかかること　エ　いつわり

問三　——線部①「下総国」の示す場所として最も適切なものを次の中から選び、記号で答えなさい。

ア　東京都　イ　千葉県　ウ　青森県　エ　滋賀県

問四　——線部②「事ゆかずして」の意味として、最も適切なものを次の中から一つ選び、記号で答えなさい。

ア　どうしようもなくなって　イ　事件にはふれないで

ウ　どこにもいかないで　エ　理解が及ばなくて

三　次の文章を読んで、後の問いに答えなさい。（答えに字数制限がある場合には、句読点・記号等も一字として数えなさい。）

①下総国に※1御家人《ごけにん》ありけり。※2領家《りょうけ》の代官と※3相論《さうろん》する事あつて、度々《たびたび》問答しけれども、②事ゆかずして、鎌倉にて対決しけり。泰時《やすとき》、※4御代官の時なりけるに、地頭、領家の代官と重々《ぢゅうぢゅう》問答して、領家の方に肝心の道理を申し述べたりける時、地頭手をはたはたと打ちて、泰時の方《かた》へ向きて、「あら負けや」と③云《い》ひたりける時、座席の人々一同に、「は」とAわらひけるを、泰時うちうなづきて、「aいみじく負け給ひぬる物かな。泰時御代官として、b年久しく、かくの如く成敗仕るに、『Bあはれ負けぬる物を』と聞く人も、叶はぬ物Cゆゑに、一言も陳《ちん》じ申す事にて、よそよりこそ負けに落とさるれ、我《われ》と負けたる人未だ承《うけたまは》らず。④前の問答は、互ひにさもと聞《きこ》えき。今領家の御代官の申さる所肝心と聞こゆるに、陳状なく負け給ひぬること、返す返すいみじく聞こえ候ふ。⑤正直の人にておはするにこそ」とて、⑥涙ぐみて⑦讃《ほめ》られければ、⑧わらひつる人々もにがりてぞ見えける。さて、領家の代官、「日来《ひごろ》の道理を聞きほどき給ひ、ことさらのcひが事にはなかり」とて、六年が※5未進《みしん》の物、三年をば⑨許してけり。⑩情けありける人なり。⑪これこそ、負けたればこそ勝ちたれの風情なれ。

（『沙石集』による）

注※1　御家人……将軍直属の家臣である武士。地頭のこと。
※2　領家の代官……荘園の領主の代理として現地で仕事をする者。
※3　相論……所有権などで争う。
※4　御代官……執権。
※5　未進……未納。

〈選択肢〉

ア　一見すると頑強な姿をしているが、強い風には耐え切れずに折れてしまう

イ　しつこく増殖はできても、大型植物の生い茂る場所では生息できない

ウ　踏まれることに耐えられても、その後に発芽が出来る種類は限られている

エ　環境に関係なく芽を出すことができるが、時間の経過でいずれは枯れてしまう

オ　どんなに繁殖しても、人間の手によって簡単に排除されてしまう

カ　踏まれることで種子を運んだり、草刈りや耕起をされることで増殖する

問十　次に示すのは、この文章を読んだ三人の生徒が、――線部「本当に雑草は弱くて強い存在であり、また強くて弱い存在なのだ」について話し合っている場面です。次の空欄 X 、 Y に入る言葉として適切なものを、後の**〈選択肢〉**の中からそれぞれ一つずつ選び、記号で答えなさい。

【生徒A】筆者は植物の持つ「強さ」について、様々な植物の具体例を挙げて考察しているね。

【生徒B】ヨシやカシ、オオバコなどの名前が挙がっているよ。あと、文章の後半では、オオバコを含めた雑草の戦略について説明している。その特徴として「弱くて強い存在であり、また強くて弱い存在」とまとめているんだ。

【生徒C】何か説明が矛盾しているみたいね。本文に照らし合わせて詳しく考えてみましょう。まず、雑草が「弱くて強い存在」ってどういうことかしら。

【生徒A】これは、本文にある雑草の X ことに、対応していると思うな。

【生徒B】なるほどね。たしかに雑草には弱い面もあるけど、逆境を逆手にとる強さもあるってことだね。

【生徒C】じゃあ、今度は、雑草が「強くて弱い存在」ってどういうことかしら。

【生徒A】これは雑草の Y ということに、対応してるんじゃないかな。

【生徒B】そうすると、強い存在である雑草も、自分の生存できない環境では、あえて自然に逆らわないようにしているのかもね。

【生徒C】こう考えてみると、植物の本当の「強さ」って、見た目の強弱じゃなくて、自然や環境に合わせてそれぞれの長所を生かしているところにあるのね。

問八　——線部⑤「こうなると」とありますが、これは具体的にオオバコがどうなることを指していますか。その説明として適切なものを、次の中から一つ選び、記号で答えなさい。

ア　多くの動物や車に踏まれるうちに、オオバコが柔らかさと硬さの両方を兼ね備えた構造を手に入れること。

イ　動物などに踏まれることでオオバコの茎がちぎれても、そこから根を出して新たな芽を出すようになること。

ウ　厳しい環境になればなるほど種子が強くなるので、オオバコがどのような場所でも発芽できるということ。

エ　種子が車のタイヤなどに踏まれることで運ばれ、オオバコが道に沿ってどこまでも生えるようになること。

オ　水辺に生えるヨシより繁殖するために、オオバコが水に濡れるとゼリー状の粘着液を出して膨張すること。

問九　——線部⑥「そんなしつこい雑草」とありますが、「雑草」のどのような点がしつこいのですか。本文中の語句を用いて百字以内で説明しなさい。

問五　――線部②「ファーブル」は、十九世紀後半にフランスで活躍した昆虫学者ですが、同時期に活躍したフランスの作家にヴィクトル・ユゴーがいます。そのヴィクトル・ユゴーの作品として適切なものを、次の中から一つ選び、記号で答えなさい。

ア　車輪の下　　イ　戦争と平和　　ウ　クリスマス・キャロル
エ　グレート・ギャツビー　　オ　レ・ミゼラブル

問六　――線部③「本当の強さ」とありますが、筆者は植物にとっての「本当の強さ」をどのようなことだと考えていますか。その説明として適切なものを、次の中から一つ選び、記号で答えなさい。

ア　様々な種類に分化したことで、水辺や突風が吹き荒れる場所など、あらゆる環境で生きられること。
イ　突発的な事故で枝が折れてしまっても、実や種を遠くに運ぶことで、安全な場所に子孫を残すこと。
ウ　一見すると細くて弱そうな草や枝でも、正面から強い風を受け止めて、それを柔らかくかわすこと。
エ　頑強な枝や幹をもつ大木が、しっかりと根をはることで、強風の中でも折れずに立ち続けること。
オ　はじめは細い草でしかなくても、成長することで強く立派になり、何千年も生きる樹木になること。

問七　[　④　] に入る言葉として適切なものを、次の中から一つ選び、記号で答えなさい。

ア　重圧を押し返す　　イ　足の裏で運ぶ　　ウ　無限に増殖する
エ　道に残した車の跡　　オ　無数の動物の足

問一 [A]、[B]に入る漢字二字の熟語を、[　　]内の漢字を組み合わせてそれぞれ答えなさい。

＊[　　]内の漢字は一度しか使用できません。

大　拡　惑　根　理　政　膨　由　説　折　神　出　摂　域　発

問二 [Ⅰ]～[Ⅳ]に入る言葉として適切なものを、次の中からそれぞれ一つずつ選び、記号で答えなさい。

ア　つまり　　イ　たとえば　　ウ　しかし　　エ　なぜなら　　オ　また

問三 次の一文は文章中から抜き出したものです。この一文を元の場所に戻すとき、【ア】～【オ】のどの場所に戻すのが適切ですか。記号で答えなさい。

そのため、地面の下の雑草の種子は、チャンス到来とばかりに我先にと芽を出し始めるのである。

問四 [①]に入るのに適切な漢字一字を、考えて答えなさい。

に雑草が増えてしまうのである。【ウ】

草刈りや草むしりは、雑草を除去するための作業だから、雑草の生存にとっては逆境だが、雑草はそれを逆手に取って、増殖してしまうのである。何というしつこい存在なのだろう。【エ】

⑥そんなしつこい雑草をなくす方法など、あるのだろうか。

じつは、一つだけ雑草をなくす方法があると言われている。それは、あろうことか「雑草をとらないこと」だという。【オ】

雑草は、草刈りや草取りなど逆境によって繁殖する。草取りをやめてしまえば、雑草だけでなく、さまざまな植物が生えてくる。そうなると、競争に弱い雑草は、立つ瀬がない。だんだんと大きな草が生え、やがて、※2灌木《かんぼく》が生えてくる。そして、長い年月を経て、森となっていくのである。人の手が入らなければ、いわゆる「※3遷移《せんい》」が起こるのである。競争に弱い雑草は、大型の植物や木々が生い茂る場所では、生存することができない。そして、ついに雑草はなくなってしまうのである。

本当に雑草は弱くて強い存在であり、また強くて弱い存在なのだ。

（稲垣栄洋『植物はなぜ動かないのか』による）

注※1　オオバコ……オオバコ科の多年草。道端などの踏み固められた所に生える。
※2　灌木…………低木《ていぼく》。丈が低く幹が発達しない木。ツツジやサザンカなど。
※3　遷移…………生物学用語。草原が森になるように、一定地域の植物群落が環境の推移や時間の経過によって、一定の方向に変化していくこと。

オオバコの種子は、雨などの水に濡れるとゼリー状の粘着液を出して膨張する。そして、人間の靴や動物の足にくっついて、種子が運ばれるようになっているのである。オオバコの学名はPlantago。これは、[④]という意味である。タンポポが風に乗せて種子を運ぶように、オオバコは踏まれることで、種子を運ぶのである。

よく、道に沿ってどこまでもオオバコが生えているようすを見かけるが、それは、種子が車のタイヤなどについて広がっているからなのだ。

⑤こうなると、オオバコにとって踏まれることは、耐えることでも、克服すべきことでもない。もはや踏まれないと困るくらいまでに、踏まれることを利用しているのである。

「逆境をプラスに変える」というと、「物事を良い方向に考えよう」というポジティブシンキングを思い出す人もいるかも知れない。

しかし、雑草の戦略は、そんな気休めのものではない。もっと具体的に、逆境を利用して成功するのである。

[Ⅱ]、雑草が生えるような場所は、草刈りされたり、耕されたりする。ふつうに考えれば、草刈りや耕起は、植物にとっては生存を危ぶまれるような大事件である。しかし、雑草は違う。草刈りや耕起をして、茎がちぎれちぎれに切断されてしまうと、ちぎれた断片の一つ一つが根を出し、新たな芽を出して再生する。[Ⅲ]、ちぎれちぎれになったことによって、雑草は増えてしまうのである。

[Ⅳ]、きれいに草むしりをしたつもりでも、しばらくすると、一斉に雑草が芽を出してくることもある。じつは、地面の下には、[B]な雑草の種子が芽を出すチャンスをうかがっている。一般に種子は、暗いところで発芽をする性質を持っているものが多いが、雑草の種子は光が当たると芽を出すものが多い。【ア】草むしりをして、土がひっくり返されると、土の中に光が差し込む。光が当たるということは、ライバルとなる他の雑草が取り除かれたという合図でもある。【イ】

こうして、きれいに草取りをしたと思っても、それを合図にたくさんの雑草の種子が芽を出して、結果的

二　次の文章を読んで、後の問いに答えなさい。（答えに字数制限がある場合には、句読点・記号等も一字として数えなさい。）

「柔よく［①］を制す」という言葉がある。

見るからに強そうなものが強いとは限らない。柔らかく見えるものが強いことがあるかも知れないのである。

昆虫学者として有名な②ファーブルは、じつは『ファーブル植物記』もしたためている。その植物記のなかで、ヨシとカシの木の物語が出てくる。

ヨシは水辺に生える細い草である。ヨシは突風に倒れそうになったカシの木にこう語りかける。カシはいかにも立派な大木だ。しかし、ヨシはカシに向かってこう語りかける。

「私はあなたほど風が怖くない。折れないように身をかがめるからね。」

日本には「柳に風」ということわざがある。カシのような大木は頑強だが、強風が来たときには持ちこたえられずに折れてしまう。ところが、細くて弱そうに見える柳の枝は風になびいて折れることはない。弱そうに見えるヨシが、強い風で折れてしまったという話は聞かない。柔らかく外からの力をかわすことは、強情に力くらべをするよりもずっと強いのである。

柔らかいことが強いということは、若い読者の方にはわかりにくいかも知れない。正面から風を受け止めて、それでも負けないことこそが、本当の強さである。ヨシのように強い力になびくことは、ずるい生き方だと若い皆さんは思うことだろう。

しかし、風が吹くこともまた自然の［A］である。風は風で吹き抜けなければならない。自然の力に逆らうよりも、自然に従って自分を活かすことが大切である。

この自然を受け入れられる「柔らかさこそ」が、③本当の強さなのである。

※1オオバコは、柔らかさと硬さを併《あわ》せ持って、踏まれに強い構造をしている。

［Ⅰ］、オオバコのすごいところは、踏まれに対して強いというだけではない。

二〇二四年度 実践学園高等学校（第2回）

【国語】（五〇分）〈満点：一〇〇点〉

一 次の1～10の――線部のうち、漢字はひらがなに、カタカナは漢字に直して書きなさい。

1 霧が晴れて霊峰富士が姿を現す。

2 彼は社長としての経験が乏しい。

3 祖父は危篤状態を脱した。

4 城内の敵を兵糧攻めにする。

5 新たな政党が政権を覆す。

6 シコンの優勝旗が高々と揚がる。

7 歳入不足でコクサイが発行された。

8 ケンヤクを旨とする我が家の家訓。

9 快速電車のジョコウ運転区間。

10 ゆるやかなキュウリョウ地帯が続く。

2024年度／実践学園高等学校（第２回）

英語解答

Ⅰ a）ア，ウ，キ　b）イ，コ

c）１ forest　２ husband

３ salad　４ umbrella

５ calendar

Ⅱ １ written in　２ on foot

３ too, to　４ without saying

５ Hurry, or

Ⅲ １ ２番目…ア　４番目…イ　６番目…ク

２ ２番目…オ　４番目…ア　６番目…ウ

３ ２番目…カ　４番目…ア　６番目…ウ

４ ２番目…ク　４番目…カ　６番目…エ

５ ２番目…エ　４番目…オ　６番目…ウ

Ⅳ ① ウ　② ア　③ キ　④ イ　⑤ オ

Ⅴ a）問１ ウ　問２ エ　問３ イ

b）イ，オ

Ⅵ 問１ エ　問２ エ

問３ A…エ　B…ア　C…ウ　D…イ

問４ え

問５ （例）口から発することができるあらゆる音を示すための記号

問６ ２番目…コ　４番目…イ　６番目…ク

問７ （例）ヘレン・ケラーが話すことができず，家族がどのように彼女が感じているかを理解できないとき，よく怒ったから。

問８ ウ　問９ ウ，エ

数学解答

１ (1) 2　(2) $-\frac{1}{24}xy^4$

(3) $\frac{17x+13y-3}{6}$

(4) $-8\sqrt{2}+\frac{5\sqrt{5}}{3}$　(5) $4\sqrt{14}$

２ (1) $x=5,\ y=6$

(2) $(x+1)(x-1)(x^2+8)$

(3) $x=-2\sqrt{3},\ 4\sqrt{3}$　(4) -7

３ (1) 2　(2) $\frac{2}{9}$　(3) 25人

(4) 7人　(5) 69°

４ ア…$\frac{\pi}{4}$　イ…$\frac{\pi}{4}$　ウ…$\sqrt{3}$

エ…$2+\sqrt{3}$　オ…$\frac{24+14\sqrt{3}}{3}$

５ (1) $\frac{2}{3}$　(2) $\left(-\frac{8}{3},\ \frac{32}{3}\right)$

６ (1) $3\sqrt{6}$ cm　(2) $27\sqrt{3}$ cm^2

国語解答

一　1　れいほう　2　とぼ
3　きとく　4　ひょうろう
5　くつがえ　6　紫紺　7　国債
8　倹約　9　徐行　10　丘陵

二　問一　A　摂理　B　膨大
問二　Ⅰ…ウ　Ⅱ…イ　Ⅲ…ア　Ⅳ…オ
問三　イ　問四　剛　問五　オ
問六　ウ　問七　イ　問八　エ
問九　オオバコが踏まれることで種を運び，雑草が草刈りや耕起で茎がちぎれることで断片一つ一つが根を出し，土の中に光が入ることで種子が発芽をするなど，植物の生存を脅かす事態を利用して雑草が増えてしまうこと。(98字)
問十　X…カ　Y…イ

三　問一　A　わらい　B　あわれ
C　ゆえ
問二　a…エ　b…イ　c…ア
問三　イ　問四　ア
問五　③…ア　⑦…ウ　⑨…イ
問六　エ　問七　⑤…ア　⑩…イ
問八　御家人が自分から負けたと潔く言ったことに感動したから。(27字)
問九　イ　問十　ア　問十一　ア

二〇二四年度　実践学園高等学校（推薦）

【作　文】（五〇分）

次の一～四の課題のうち一つ選択し、原稿用紙に書きなさい。

一．中学校の学習指導要領が改訂され、学びのあり方について「何を学ぶか」「どのように学ぶか」「何ができるようになるか」ということが重要視されています。そこで、あなたが中学校生活において経験した授業や行事、課外活動において、「どのような目標を持ち」、「何を身につけたか」を、具体的に六〇〇字以内で述べなさい。

二．ＣｈａｔＧＰＴに代表される生成系ＡＩが急速に人々の生活に浸透し始めています。生成ＡＩだけでなく、あらゆるテクノロジーの進化はこれまでの「学び」を大きく変えています。そこで、あなたが、「テクノロジーを使用して、便利だと感じたり、学ぶことが楽しいと感じたりした経験」、または、「テクノロジーを使用した学校でのこれからの学びのあり方」について、具体的に六〇〇字以内で述べなさい。

三．近年、大学受験の方法も多様化し、進路も海外大学も含めて様々な選択が可能になっています。このような変化の中で、高校での学びも、より主体的、探究的であることが求められています。そこで、あなたが高校三年間の学校生活の中で、特に学習面でチャレンジしたい課題とイメージしている高校卒業後の進路について、具体的に六〇〇字以内で述べなさい。

四．「ＶＵＣＡ（ブーカ）時代」という言葉があります。これは、Volatility（変動性）、Uncertainty（不確実性）、Complexity（複雑性）、Ambiguity（曖昧性）の四つの単語の頭文字をとり「目まぐるしく変動する予測困難な時代」を意味します。そこで、「ＶＵＣＡ時代」において、あなたが高校在学中に身につけておかなければならない力とは、どのようなものだと思いますか。具体的に六〇〇字以内で述べなさい。

〈編集部注：作文の解答例は省略してあります。〉

2023年度 実践学園高等学校（第１回）

【英　語】（50分）〈満点：100点〉

Ⅰ　a）３つの単語の下線部の発音が全て同じものを３組選び、記号で答えなさい。

ア．blow / cow / throw

イ．home / someone / often

ウ．chair / there / care

エ．health / clean / head

オ．useful / station / soon

カ．double / country / cousin

キ．even / ready / equal

ク．father / work / caught

ケ．cloth / smooth / thought

コ．dream / break / ready

b）次のア～コの中で、第２音節を最も強く発音するものを２つ選び、記号で答えなさい。

ア．pop-u-la-tion　　イ．re-mem-ber　　ウ．in-ter-view

エ．pho-to-graph　　オ．Jap-a-nese　　カ．sci-en-tist

キ．bas-ket-ball　　ク．mag-a-zine　　ケ．class-room

コ．de-li-cious

c）次の語句によって定義されている英単語を答えなさい。
なお、その語は（　）内に示されたアルファベットで始まります。

1．the brother of someone's mother or father（u）

2．a place where meals are prepared and served to customers（r）

3．a large animal with four legs that people ride on or use for carrying things（h）

4．a large area of land covered with trees and plants, usually larger than a wood（f）

5．the part of a plant that is often brightly colored and has a good smell（f）

Ⅱ　**各組の英文が、ほぼ同じ意味になるように、それぞれ（　　）に最も適した単語を入れなさい。**

1．I lost my umbrella, and I don’t have it now.
　I（　　）（　　）my umbrella.

2．Swimming in the sea is a lot of fun.
　（　　）（　　）a lot of fun to swim in the sea.

3．You must not speak Japanese in this room.
　（　　）（　　）Japanese in this room.

4．She took this picture yesterday.
　This picture（　　）（　　）by her yesterday.

5．Mary is the best tennis player in our school.
　No one in our school plays tennis（　　）（　　）Mary.

Ⅲ 日本語の意味になるように英語を並べかえたとき、〔 〕の中で２番目と４番目と６番目にくる語の記号を答えなさい。ただし、文頭にくるべき語も小文字で記してあります。

1．時間は私たちの生活の中で一番大切なものです。
〔ア．is / イ．our / ウ．important / エ．time / オ．in / カ．most / キ．the / ク．thing〕lives.

2．その女の子は、町のみんなに知られている。
〔ア．in / イ．girl / ウ．her / エ．the / オ．is / カ．to / キ．known / ク．everyone〕town.

3．東京には見るべきところがたくさんあります。
〔ア．many / イ．to / ウ．places / エ．there / オ．see / カ．Tokyo / キ．are / ク．in〕.

4．彼はギターを弾くのがとても上手だ。
〔ア．at / イ．he / ウ．very / エ．is / オ．playing / カ．guitar / キ．good / ク．the〕.

5．彼がどこでそのお金を見つけたか知っていますか。
〔ア．money / イ．do / ウ．found / エ．know / オ．the / カ．you / キ．where / ク．he〕?

Ⅳ 次の対話文を読んで、（　①　）～（　⑤　）に入れるのに最も適切なものを、下のア～キからそれぞれ１つ選び、記号で答えなさい。ただし、同じ記号を２度答えてはいけません。

ユキが、海外から引っ越ししてきたマークと会話をしています。

Mark：Hello. My name is Mark. I came to Japan last week.

Yuki：Hi, my name is Yuki. Welcome to Tokyo.

Mark：Thank you.（　①　）I came here with my parents. My father is going to work at a company in Tokyo. So we had to leave Sydney.

Yuki：I see.（　②　）

Mark：I'm a high school student. I will go to Jissen Gakuen High School from January.

Yuki：Oh, that's my school. Then, we will be students at the same high school.

Mark：Really?（　③　）

Yuki：I usually go to school by bike. But I take a bus when it rains.

Mark：Is it far from your house to school?

Yuki：（　④　）It's only about 20 minutes by bike.

Mark：Oh, that's not bad.

Yuki：How about you? Are you going to go to school by bike?

Mark：Yes, I am. Well, I have to go now. Actually, I'm going to buy my new bike this afternoon.

Yuki：（　⑤　）Have a good afternoon. See you at school.

ア．What do you do?

イ．I lived in Japan.

ウ．I'm from Australia.

エ．Sounds exciting.

オ．How far is it?

カ．Not really.

キ．How do you go to school?

V　a）次のグラフは国ごとの人口と、高齢者の割合を示しており、英文はそれについて言及したものです。グラフと英文に関して、後の問いに答えなさい。

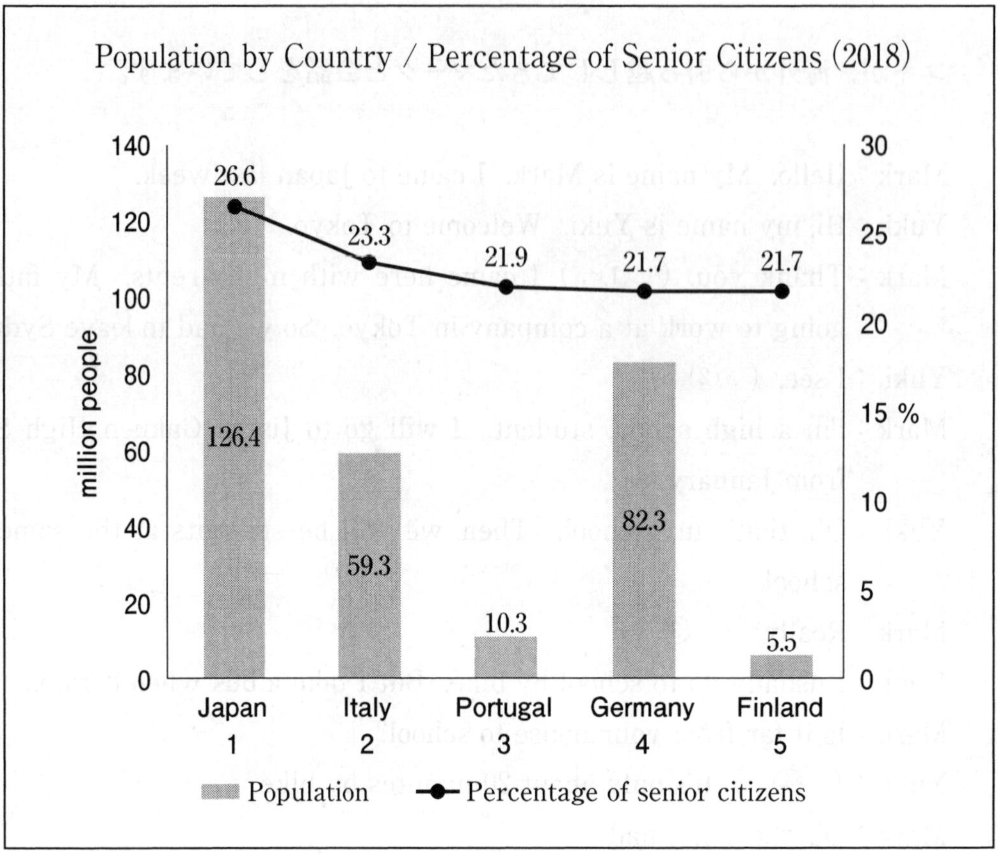

The graph shows the population by country and ※percentage of senior citizens, with data collected in 2018. Here, the word "senior citizens" is used to call people aged 65 years or over.

The graph is ※ordered by the〔　X　〕, from left to right.

Let's take a look at the example of Japan. The population of Japan is〔　A　〕million, and 26.6% of the population is 65 years old or over. This percentage is the highest in the world. That means Japan is the most aged society in the world. About〔　B　〕million senior citizens live in Japan.

The graph shows the top five countries with the highest〔　X　〕.

Here, Japan is followed by Italy, Portugal, Germany, and Finland. We can see many European countries in the graph.

※ percentage　割合　　　order　順番に並べる

問1. What is the correct answer to match〔　X　〕?

ア. number of senior citizens
イ. number of the population
ウ. percentage of senior citizens in the population

問2. What are the correct numbers to match〔　A　〕and〔　B　〕?

ア. A. 26.6　　B. 33.6
イ. A. 26.6　　B. 126.4
ウ. A. 126.4　　B. 33.6
エ. A. 126.4　　B. 126.4

問3. What is true about the graph?

ア. If the population is smaller, the percentage of senior citizens becomes higher.
イ. Portugal has more than two million senior citizens.
ウ. Every country in the graph is in Europe.
エ. There are three times as many people in Japan as in Italy.

b）次の英文はスキー合宿の案内です。これを読んで、内容に当てはまる英文を次のページのア～オの中から２つ選び、記号で答えなさい。

Ski Camp in Nagano

Schedule	February 7th – February 8th [2 days]
Fee	17,000 yen（including rental fee）
Time schedule	Day 1 : 8:00 Shinjuku bus terminal 11:00 Arrival at Shiga Ski Park 12:00-16:00 Ski lesson Day 2 : 8:00-12:00 Free skiing 14:00 Departure from Shiga Ski Park 17:00 Shinjuku bus terminal
Hotel	Shiga Mount Hotel
Guide	2 official ski instructors 1 tour guide
※Capacity	Max 20 / Min 4
Reservation : Tour Desk	0120-445-000（*Only accepted by phone*）

★ ***FOR BEGINNERS !!*** ★

Let's enjoy skiing ;

— you can use all ※equipment for rental.

— the instructors will teach you carefully in small groups.

Please be sure to make a reservation by phone.

※Briefing Session

〈January 15th, 14:00～15:00, at Student Hall〉

All students who join the ski camp must come to this session.

Online session is also possible.

If you join the online session,
please sign up on the website ;
https://www.sunnyhills.jhs.skicamp/

※ capacity　定員　　equipment　装備　　briefing session　説明会

ア．To join the camp, you should sign up on the website.

イ．You don't have to prepare for all equipment before the camp.

ウ．If you join the camp, you must join the briefing session at the meeting room.

エ．If you want to join the briefing session, you have to call the tour desk.

オ．If you want to join the briefing session, you can choose the online session.

Ⅵ 次の英文は、高校生のトム（Tom）が、学校の修学旅行（school trip）で、同級生のマイク（Mike）とのできごとを振り返って書いたものである。後の問いに答えなさい。

Mike and I first met three years ago. 〔 ① 〕 We always wanted to do the same things. We thought we understood everything (A) each other before the school trip in Okinawa.

Two weeks before the trip, our teacher made seven groups of four students in our class. Mike and I were in the same group. Each group talked about what to do in the free time during the trip. I wanted to go to a beach. So I said, "I think we should go to a beach. It'll be a lot of fun! What do you think, Mike?" I thought Mike would agree (B) me. But he said, "I don't like beaches. I think shopping is better." The other students in my group also wanted to go shopping. 〔 あ 〕 I was shocked and ②(feel) sad. After that, Mike and I didn't speak to each other.

The trip started. Our group went shopping, ③but I wasn't happy because Mike and I haven't talked to each other after we decided what we should do during the free time. We visited many stores to buy ※souvenirs. Later, we decided to go to a ※local restaurant for lunch. But we had to walk for a long time to find the restaurant. 〔 ④ 〕 We were happy and said, "We've made it!" Then, we began to be better (C) a team. At the restaurant, I sat next to Mike. I wanted to talk to him, but I couldn't. Soon, the lunch was ready. He had ※a bowl of soup which had a lot of pork in it, and he shared the soup with me. 〔 い 〕 Mike also wanted to talk to me again, I guessed. I tried the pork and said, "Delicious! This is ⑤〔ア. in イ. best ウ. eaten エ. the オ. ever カ. I've キ. soup〕 my life."

After lunch, our group visited a famous park. I sat next to Mike and said, "Thank you for the pork in the soup. You remembered that I loved it." He smiled and said, "When I was young, I went to a beach to swim in the sea with my father. I slipped and got injured. 〔 う 〕 I was in a hospital (D) a month. So, I don't like beaches." Then I understood why he didn't want to go to beaches. I said, "Thank you for ⑥(tell) me about it, Mike. I didn't know ⑦the reason. I'm sorry." He said, "I'm sorry, too. 〔 え 〕 I had to tell you about that." We smiled at each other.

Mike then said, "When I was in the hospital, the doctors were very kind. So I decided to be a doctor and help people who are sick or injured to make them happy. 〔 ⑧ 〕 How about you?" I answered, "My dream is to become a singer. I want to make people happy with my songs." Mike said, "I didn't know that! We share one dream! You want to make people happy as a singer, and I as a doctor. 〔 ⑨ 〕"

Now Mike and I are true friends. I hope our dreams will come true.

※ souvenir(s) おみやげ　　local 地元の　　a bowl of 一杯の

問1. 本文中の〔 ① 〕〔 ④ 〕〔 ⑧ 〕にa～cを入れるとき、最も適当な組み合わせを次のア～カから選び、記号で答えなさい。

a. Finally, we found the restaurant.
b. This is my dream.
c. We were always together.

ア. ①a. ④b. ⑧c.　イ. ①a. ④c. ⑧b.　ウ. ①b. ④a. ⑧c.
エ. ①b. ④c. ⑧a.　オ. ①c. ④a. ⑧b.　カ. ①c. ④b. ⑧a.

問2. 本文中の（ A ）～（ D ）に入れるのに最も適当なものを次のア～エからそれぞれ1つずつ選び、記号で答えなさい。ただし、同じ記号を2度答えてはいけません。

ア. for　　イ. about　　ウ. as　　エ. with

問3. 次の英文が入る最も適当な箇所を本文中の〔 あ 〕～〔 え 〕から1つ選び、記号で答えなさい。

I was glad.

問4. 下線部②⑥の語をそれぞれ適当な形にするとき、正しい組み合わせを次のア～エから1つ選び、記号で答えなさい。

ア. ② feel ⑥ telling　　イ. ② feel ⑥ to tell
ウ. ② felt ⑥ telling　　エ. ② felt ⑥ to tell

問5. 下線部③の理由を日本語で答えなさい。

問6. 下線部⑤の〔　〕内の語を適切に並びかえたとき、〔　〕内で2番目と4番目と6番目にくる語の記号を答えなさい。

問7. 下線部⑦の the reason の内容を日本語で答えなさい。

問8. 〔 ⑨ 〕に入る最も適当なものを次のア～エから1つ選び、記号で答えなさい。

ア. Let's go to the sea to sing a song.
イ. Please go to Okinawa again soon together to enjoy lunch.
ウ. You can be a doctor who can sing a song well.
エ. Please come to my hospital and sing happy songs someday.

問9. 本文の内容と合う英文を次のア～カから2つ選び、記号で答えなさい。

ア. Tom and Mike understood each other before the trip.
イ. After deciding to go to a local restaurant, Tom and Mike found the restaurant soon.
ウ. Mike shared his soup with Tom at the restaurant.
エ. Before the trip, Mike knew what Tom wanted to be in the future.
オ. Mike decided to be a doctor because the doctors were very kind when he was in the hospital.
カ. Tom and Mike haven't been true friends yet.

【数　学】（50分）〈満点：100点〉

1　次の計算をしなさい。

(1)　$(-0.8)^2 \div \left(-\dfrac{8}{5}\right) - \left(-\dfrac{3^2}{5}\right)$

(2)　$(20x^3y^4) \div (-2xy)^3 \times \left(-\dfrac{2}{3}x^2y^3\right)^2$

(3)　$\dfrac{2(a^2+3a+4)}{3} - \dfrac{a(4-a)}{2} + \dfrac{5a^2-4}{6}$

(4)　$(\sqrt{3}+\sqrt{2})^2 + \left(\dfrac{\sqrt{6}-2}{\sqrt{2}}\right)^2$

(5)　$(\sqrt{6}+\sqrt{2}-1)^2 - (\sqrt{6}-\sqrt{2}+1)^2$

2　次の問いに答えなさい。

(1)　連立方程式$\begin{cases} \dfrac{1}{2}x - \dfrac{3}{4}y = 2 \\ 3x+2y = -1 \end{cases}$を解きなさい。

(2)　$(3x+y-2)(3x+y-5)-4(3x+y)$ を因数分解しなさい。

(3)　2次方程式 $(x-4)(x+8)=2(3x-4)$ を解きなさい。

(4)　関数 $y=-2x^2$ において x の値が -4 から 2 まで増加するとき，変化の割合を求めなさい。

3 次の問いに答えなさい。

(1) $\frac{35}{111}$ を小数で表したとき，小数第2023位の数字を求めなさい。

(2) 大中小の３つのさいころを同時に投げるとき，出た目の積が偶数となる確率を求めなさい。

(3) 濃度５％の食塩水600ｇに濃度10％の食塩水を加えて７％の食塩水をつくるとき，濃度10％の食塩水は何ｇ加えればよいか求めなさい。

(4) 右の図は，30日間にわたる商品Ａと商品Ｂの１日の販売数のデータを箱ひげ図にしたものである。この箱ひげ図から読み取れることとして正しいものを，次の①～⑥から２つ選びなさい。

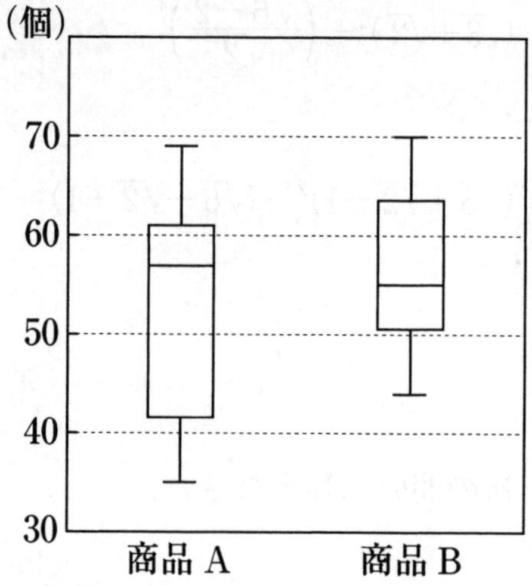

① 商品Ａは商品Ｂに比べてデータの範囲が小さい。
② 商品Ｂは商品Ａに比べて四分位範囲が小さい。
③ 商品Ａも商品Ｂも販売数が70個以上の日はなかった。
④ 商品Ａは商品Ｂより販売数の平均が大きい。
⑤ 商品Ａは販売数が60個以上の日が８日以上あった。
⑥ 商品Ｂは販売数が50個以下の日が８日以上あった。

(5) 次の図において，AT は円 O の周上の点 A における接線，BC は円 O の直径，∠OPA ＝ 34° のとき，∠ADC を求めなさい。

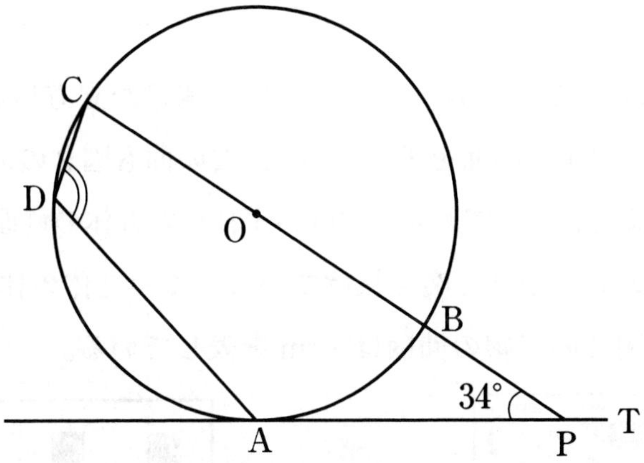

4 次の問題について先生とAさんが会話をしている。

①～⑤にあてはまる数や数式を答えなさい。

問　題

辺の長さが9cmの立方体に図1のように穴を開けた立方体がある。

図2はこの立方体の1つの面を表しており，どの面も図2のようになっている。黒の部分は穴を表しており，穴はいずれも立方体の側面に対して垂直であり，向かい側の面まで突き抜けている。この立体の体積を求めなさい。ただし，図2の点線の間隔は1cmを表している。

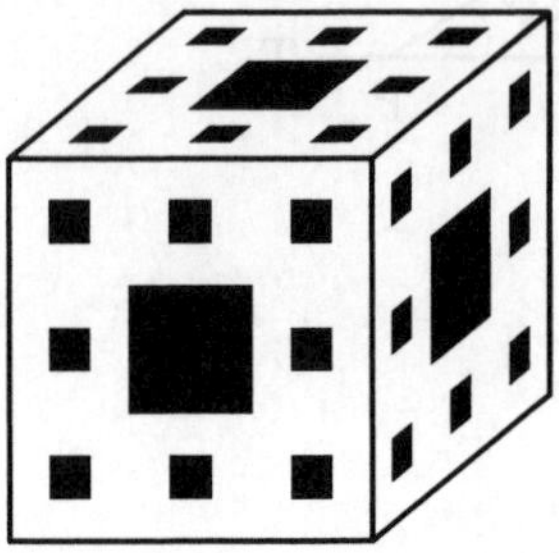

図1

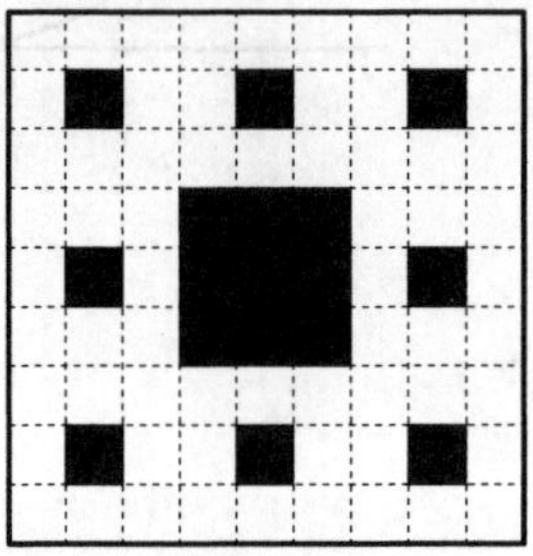

図2

先　生　『いきなり答えは求められないので，穴を開ける操作を2回に分けましょう。まず,下の図のように1回目の操作（操作【1】）で，各面の大きい穴の部分のみ開けた場合の立体の体積を求めてみましょう。』

操作【1】

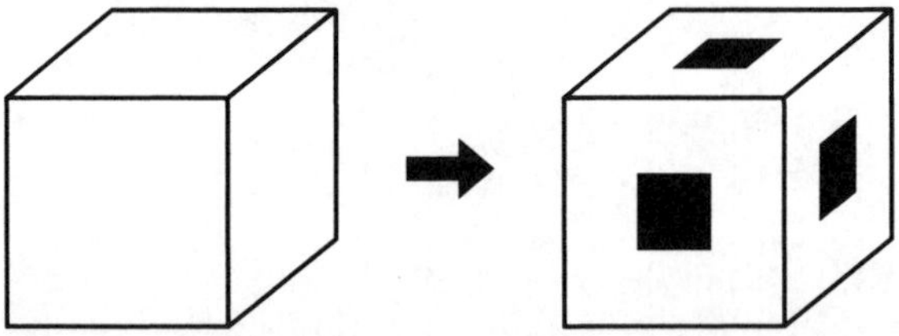

Aさん　『どうやって求めたらよいでしょうか。』

先　生　『基本となる操作は次の図3のように，1つの立方体があるとき，その立方体を27個の立方体に分割します。そして，各面の真ん中の正方形に対して，向かい側の面までくり抜くようにします。そうすると，穴の開いた部分（黒い部分）は図3の小さい立方体27個のうち何個分になりますか。』

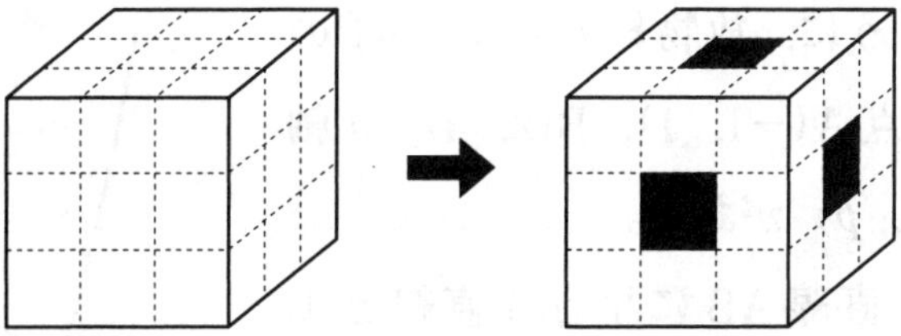

図3

Aさん　『[①]個分になります。』

先　生　『そうですね。ということは，穴の開いていない部分は27個中[②]個になるので，操作【1】でできる立体の体積は，最初の立方体の体積の[③]倍になりますね。』

Aさん　『なるほど。ということは，操作【1】でできる立体の体積は，最初の立方体の1辺が9 cmであることに注意すると，

$9\times9\times9\times$ [③] = [④] cm^3 ですね。』

先　生　『その通りです。次に2回目の操作（操作【2】）で小さい穴の部分を開けて問題の立体にします。』

操作【2】

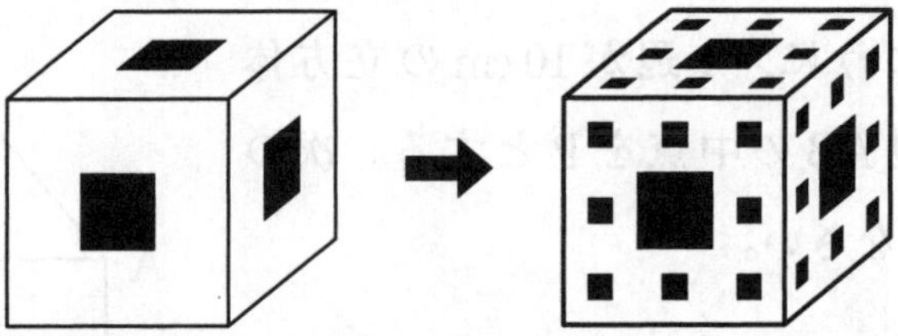

先　生　『操作【2】は，操作【1】で穴を開けなかった27個中[②]個の立方体それぞれに対して，操作【1】を行うと問題の立体になります。つまり，問題の立体は1辺9 cmの立方体に対して操作【1】を2回行ったものになります。』

Aさん　『なるほど。ではこの問題の立体の体積は[⑤]cm^{3}になりますね。』

先　生　『その通り。正解です。』

5 右の図のように，放物線 $y = x^2$ …①のグラフ上に点 $A(-1,\ 1)$，$B(2,\ 4)$，y 軸上に点 $P(0,\ p)$ がある。
点Pを通り直線ABに平行な直線と①のグラフとの2つの交点のうち，x 座標が小さい方を点C，大きい方を点Dとする。ただし，$p > 0$ とする。
次の問いに答えなさい。

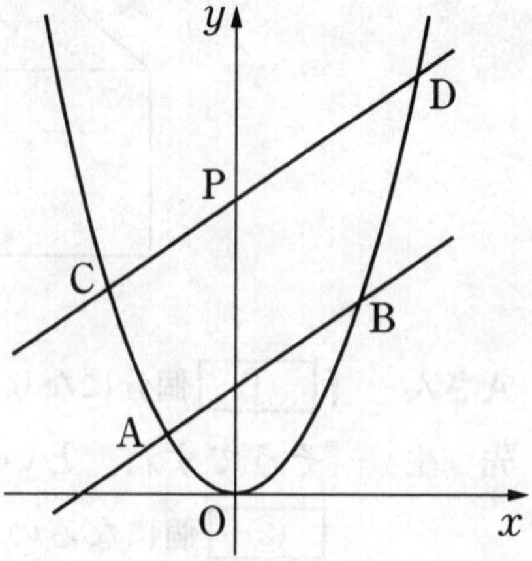

(1) $p = 8$ のとき，△ABC の面積を求めなさい。

(2) 四角形 ABPC が平行四辺形となるとき，p の値を求めなさい。

6 右の図のように，1辺が 10 cm の立方体がある。辺ABの中点をPとする。次の問いに答えなさい。

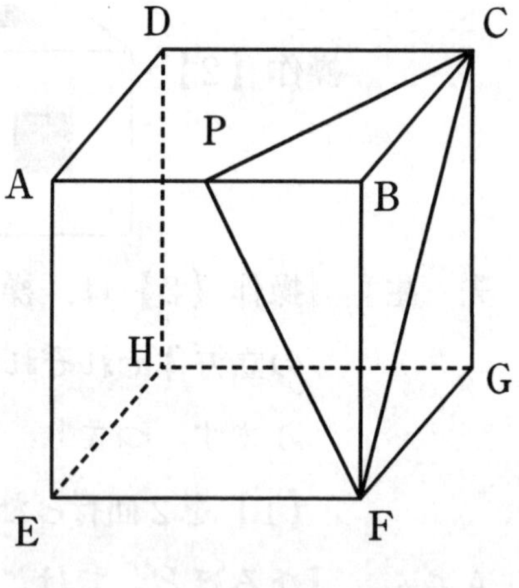

(1) △FCP の面積を求めなさい。

(2) 三角錐 BFCP において，△FCP を底面としたときの高さを求めなさい。

問四　――線部②「上りけるに」の意味として最も適切なものを次の中から一つ選び、記号で答えなさい。

ア　都に帰っている途中
イ　川を上っている間
ウ　帝の御前にいる時
エ　船の上に登る際

問五　----線部Ⅰ～Ⅳの動作の主語を次の中からそれぞれ選び、記号で答えなさい。（同じ記号を二度以上使用してもよい。）

ア　用光　　イ　海賊（宗と）　　ウ　読者　　エ　作者

問六　――線部③「かくいふこと」とはどのようなことですか。本文をもとに三十字以内で答えなさい。

問七　［X］に入る語として適切なものを次の中から一つ選び、記号で答えなさい。

ア　風　　イ　鐘　　ウ　物語　　エ　調べ

問八　――線部④「君」とは誰を示していますか。本文中から抜き出して答えなさい。

問九　――線部⑤「漕ぎ去りぬ」とありますが、それはなぜですか。本文をもとに三十字以内で説明しなさい。

問十　この文章は鎌倉時代に作られた『十訓抄』の一部です。この作品が成立した時代よりも前に作られた作品を次の中から一つ選び、記号で答えなさい。

ア　源氏物語　　イ　徒然草　　ウ　風姿花伝　　エ　おくのほそ道

※４　篳篥……雅楽の管楽器。
※５　屋形……屋根のある舟。
※６　あの党や……そこにいる海賊の一党たちよ。
※７　宗と……ここでは海賊の首領。
※８　かたさりぬ……ここはやめた。

問一　〰〰線部Ａ～Ｃの読みをそれぞれ現代仮名づかいに直して、すべてひらがなで答えなさい。

問二　══線部ａ～ｃの語句の意味として適切なものを次の中からそれぞれ一つずつ選び、記号で答えなさい。

ａ「沙汰に及ばず」
ア　とやかく言っても仕方がない。　イ　裁決にはいたらない。
ウ　噂になってしまうばかりではない。　エ　何の便りもない。

ｂ「おぼえければ」
ア　聞いていたので　イ　似ていたので
ウ　思われたので　エ　思い出されたので

ｃ「めでたき」
ア　派手な　イ　喜ばしい
ウ　評判が良い　エ　すばらしい

問三　――線部①「土佐」の示す場所として最も適切なものを次の中から一つ選び、記号で答えなさい。
ア　香川県　イ　高知県　ウ　広島県　エ　京都府

三　次の文章を読んで、後の問いに答えなさい。（答えに字数制限がある場合には、句読点・記号等も一字として数えなさい。）

和邇部用光《わにべのもちみつ》といふ※1楽人《がくにん》ありけり。①土佐《とさ》の※2御船遊《おふなあそ》びに下《くだ》りて、②上《のぼ》りけるに、安芸《あき》の国、なにがしの※3泊《とまり》にて、海賊押し寄せたりけり。弓矢の行方《ゆくへ》知らねば、防ぎ戦ふに力なくて、今はうたがひなく殺されなむずと思ひて、※4篳篥《ひちりき》をⅠ取り出でて、※5屋形《やかた》の上にAゐて、「※6あの党《たう》や。今はa沙汰《さた》に及ばず。とくなにものをも取りB給へ。ただし、年《とし》ごろ、思ひしめたる篳篥の、小調子《こてうし》といふ曲、吹きて聞かせCまうさむ。さることこそありしかと、のちの物語にもし給へ」といひければ、※7宗《むね》との大きなる声にて、「主《ぬし》たち、しばし待ち給へ。③かくいふことなり。もの聞け」といひければ、船を押さへて、おのおのⅡしづまりたるに、用光、今はかぎりとbおぼえければ、涙を流して、cめでたき音を吹き出でて、Ⅲ吹きすましたりけり。

をりからにや、その［X］、波の上にひびきて、かの潯陽江《じんやうかう》のほとりに、琵琶《びは》を聞きし昔語りにことならず。海賊、静まりて、いふことなし。

よくよくⅣ聞きて、曲終りて、先の声にて、「④君が船に心をかけて、寄せたりつれども、曲の声に涙落ちて、※8かたさりぬ」とて、⑤漕《こ》ぎ去りぬ。

（『十訓抄』による）

注※1　楽人……音楽家。
※2　御船遊び……土佐神社の祭り。
※3　泊……港。

問十　――線部⑧「ボードレール」はフランスの詩人ですが、次の中から日本の詩人と作品の組み合わせとして間違っているものを一つ選び、記号で答えなさい。

ア　谷川俊太郎「二十億光年の孤独」
イ　萩原朔太郎「一握の砂」
ウ　金子みすゞ「私と小鳥と鈴と」
エ　宮沢賢治「永訣の朝」
オ　高村光太郎「道程」

問十一　――線部⑨「そういう逆説を生きている」とはどのような意味ですか。その説明として最も適切なものを一つ選び、記号で答えなさい。

ア　自分が自分であるということを実感するには、自分が自分ではないという感覚を得ることが必要だということ。
イ　自分が自分であるということを実感するには、もはや自分は他人であるという認識をする必要があるということ。
ウ　自分が自分であるということを実感するには、都市に住む他人とは関わらずに生きていくことが必要だということ。
エ　自分が自分であるということを実感するには、知り合いが誰もいない環境の中に身を置く必要があるということ。
オ　自分が自分であるということを実感するには、古いアイデンティティの感覚を新しく捉え直す必要があるということ。

問八　――線部⑤「既知」と――線部⑦「広大」の対義語をそれぞれ漢字二字で答えなさい。

問九　――線部⑥「自己も抽象化される」とありますが、そのように自己が抽象化される例として最も適切なものを次の中から一つ選び、記号で答えなさい。

ア　今までの仕事をＡＩ（人工知能）に取って代わられることになり、会社に自分の居場所がなくなってしまった。

イ　通学途中に学生証を紛失してしまったが、学校名と名前が記載されていたので翌日に自分の許《もと》に戻って来た。

ウ　大手企業に勤めている自分の会社の名刺を差し出すことで、初対面の会社からの信用を得ることができた。

エ　同窓会でその人の名前を聞いた途端に、今まであいまいだったその人の記憶が鮮明によみがえってきた。

オ　高校生の頃、同じ学校に私とよく似た友人がいたためお互い周りの人たちから名前を間違われていた。

問五　――線部②「時間が自分をどんどん風化させていく」とありますが、どういうことですか。最も適切なものを次の中から一つ選び、記号で答えなさい。

ア　時間の経過によって、自分が自分であるというリアリティが薄れていってしまうということ。
イ　時間の経過によって、子どもの頃の自分のリアリティが単純化されていってしまうということ。
ウ　時間の経過によって、今の自分と子どもの頃のリアリティの境界線が消えていってしまうということ。
エ　時間の経過によって、時間へのリアリティという観念が記憶から失われていってしまうということ。
オ　時間の経過によって、幼い頃の記憶がリアリティをもって固定化されていってしまうということ。

問六　――線部③「ある特定の他者」と反対の意味を持つ語句を本文中から十六字で抜き出して答えなさい。

問七　――線部④「そんなに不確かなアイデンティティに、僕たちはなぜこれほどこだわるのだろうか。」とありますが、その理由を筆者はどのように考えていますか。本文中の語句を用いて、近代社会の特徴を明らかにしたうえで八十字以内で説明しなさい。

覚自体がもはや古いものなのかもしれない。

（石原千秋『教養としての大学受験国語』による）

問一　［Ａ］、［Ｂ］に入る漢字二字の熟語を、［　］内の漢字を組み合わせてそれぞれ答えなさい。

＊［　］内の漢字は一度しか使用できません。

固　常　難　有　然　軟　強　利　異　無　自　益　易　解　偶

問二　次の一文は文章中から抜き出したものです。この一文を元の場所に戻すとき、【ア】～【オ】のどの場所に戻すのが適切ですか。記号で答えなさい。

アイデンティティへのこだわりは、それがかなり美化されているとはいえ、近代以前の自己のあり方への希求なのかもしれない。

問三　――線部①「それ」とは何を指しますか。本文中からそのまま抜き出して答えなさい。

問四　［Ⅰ］～［Ⅳ］に入る言葉として適切なものを次の中からそれぞれ一つずつ選び、記号で答えなさい。

ア　つまり　　イ　なぜなら　　ウ　あるいは　　エ　しかし　　オ　たとえば

代社会なのである。【エ】

そういう抽象的な他者の中で生きることは、とりもなおさず⑥自己も抽象化されるということである。事実、あのときの自分といまの自分とにアイデンティティを感じないなどと言い始めたら、契約という概念はまったく成り立たない。責任のとりようがないからだ。近代の契約社会においては、自己もまたいつでもどこでも自己であるような抽象化された存在でないと困るのである。

こういう社会では、アイデンティティは抽象化され、実感から遠く離れたものにならざるを得ない。アイデンティティは、私という存在にあるのではなく、名前という抽象的な記号に還元されてしまうとさえ言っていい。自分の名前が自分の知らないところで自分として流通してしまう近代社会の宿命が、アイデンティティを抽象化する。もちろん、そのような社会が僕たちの自分を⑦広大な世界へと開いたのだし、それに見合う自由をもたらしたことは言うまでもない。

こういうふうに考えると、自分は自分だという感覚、つまりアイデンティティは、自分の内側から得られるものであるというよりも、社会から与えられたものという側面のほうが大きいくらいである。極端に言えば、自分は他者によって作られたものとさえ言えるだろう。この感覚が、逆に他者を必要とはしない、たしかな自己の感覚としてのアイデンティティへのこだわりを生むのに違いない。人々にさまざまな機会を捉えてアイデンティティを確認させ、実感に近づけようとする衝動を生むのだ。【オ】

自分が他者に支えられているということは、その他者と関わる感覚を失ったときに、人を孤独に陥れることでもある。文学でも、⑧ボードレールの詩集『パリの憂鬱』以来、「群衆の中の孤独」は近代文学のテーマの一つである。人はたった一人では孤独を感じない。自分のまわりを取り囲んでいながら、ついに自分とは無縁の群衆を前にしてこそ本当の孤独を感じる。

この、自分とは無縁の他者の中で感じる「群衆の中の孤独」という感覚はいかにも近代的だと思えるが、都市に生きる近代人は、「群衆の中の孤独」といった感覚によってしか、もはや自分を自分だと実感できないのではないだろうか。僕たちは⑨そういう逆説を生きている。あるいは、アイデンティティなどという感僕たちの自分を支えているのだ。

アイデンティティ（自己同一性）は、自分が自分であると、自分自身で確信できることによって得られるものだと言われている。でも、それらはずいぶん不確かな実感によって得られるものだ。その不確かさを、いささかでも［B］なものにしてくれるのが、自分を見る他者の存在なのである。自分を見ない、つまり自分にまったく関心を示さない他者は、アイデンティティを保証しない。だから、アイデンティティにはもう一つの側面があることになる。それは、先のようなアイデンティティの「確信」は、③ある特定の他者がそれを承認していると感じることによって得られるということである。

論理的に言っても、二項対立的思考から見れば、自分の発見は他者の発見と同時でなければならないから、自分が他者に支えられているということは当然のことなのである。このことは、心理学や社会学の常識ではあるけれども、ふつうには気付かれにくいことがらだ。【ウ】

僕たちはふだん何気なく自分を生きているが、昨日の自分と今日の自分、あそこの自分とここの自分を同じように「自分」と感じることは、自分一人ではできない、むしろたいへん難しいことなのだ。④そんなに不確かなアイデンティティに、僕たちはなぜこれほどこだわるのだろうか。たとえば、近代以降現代に至るまで、多くの文学のテーマは相も変わらず「私探し」だということが、アイデンティティへのこだわりをよく示している。

それは、近代以降、他者が抽象化したからではないだろうか。常に特定の見知った他者に囲まれて生きている限りにおいて、僕たちは安定した存在でいられる。⑤既知の他者に囲まれている限りにおいて、自分も常に既知の自分でいられるからである。ところが、近代社会は契約の社会だとよく言われるが、僕たちが日常的に関わらなければならない契約という行為が具体的な他者どうしによって行なわれることはむしろ希《まれ》であって、多くはたとえば法人といった組織との契約が一般的なはずである。契約の手続きをするのは具体的な目の前の他者であっても、契約の主体は法人であることがほとんどだ。ここで僕たちが対峙《たいじ》する相手は極度に抽象化した存在だと言える。その極度に抽象化した存在を他者として認識しなければならないのが、近

二　次の文章を読んで、後の問いに答えなさい。（答えに字数制限がある場合には、句読点・記号等も一字として数えなさい。）

僕たちはふだん何の疑問も持たずに自分を自分だと思っている。もし、自分が自分だと思えなくなったらかなりアブナイ状態だと言える。しかし、自分が自分であることはそれほど［A］なことなのだろうか。考えてみると、僕たちは自分というものを維持するために膨大なエネルギーを使っているような気がする。【ア】「自分とは何か」などというとうてい解決できそうもない大問題にぶち当たらなくても、日々生きることそのものが自分との闘いであるとさえ思えてくる。ある日突然別人に生まれ変わることは難しいが、いつも自分が自分でいることも、①それと同じくらい困難な課題なのではないだろうか。

［Ⅰ］もう記憶もないような幼い頃の写真を見せられて、「これがあなただ」と言われたら、僕たちはそれが自分だというリアリティを持てるだろうか。こんなとき、僕には②時間が自分をどんどん風化させていくように思える。しかし、だからと言って、いまここにいる自分だけを自分だと感じることもできない。時間の蓄積が自分を現在の自分に育てたという実感もまた僕のものだからだ。［Ⅱ］その実感はいったいどこから来るのだろうか。何が、その実感を保証するのだろうか。

もし、幼い自分の写真を見せたのが見も知らぬ人だったらどうだろう。［Ⅲ］それと知らずに幼い自分の写真を見たらどうだろう。僕たちの自分に対するリアリティはますます希薄になるに違いない。こう考えると、幼い自分の写真に感じたかすかなリアリティは、実はそれを自分に見せた他者が保証していたことがわかる。だが、まったく見知らない国に連れて行かれて、「あなたは誰か」と聞かれたらどうだろう。自分を誰も知らないところでは、僕たちは自分を自分だと認めさせることさえできないはずだ。【イ】他者なら誰でも自分のリアリティを保証してくれるわけではないのだ。とすれば、写真のリアリティは、それを見せた他者と自分との関係が保証していたことになる。［Ⅳ］自分はある特定の他者との関係によって支えられているのだ。身近な人たちが僕たちを「あなた」だと思い続けてくれることが、そういう人たちの記憶が、

二〇二三年度 実践学園高等学校(第1回)

【国語】(五〇分)〈満点：一〇〇点〉

一 次の1～10の――線部のうち、漢字はひらがなに、カタカナは漢字に直して書きなさい。

1 昔のことを思い出すと隔世の感がある。

2 子ども向けに抄訳した本。

3 旅に必要な費用を賄う。

4 無事に棟上げ式を迎えた。

5 スポーツで下肢を鍛える。

6 完全制覇をクワダてる。

7 イナホが風に揺れる。

8 会長の地位はアンタイだ。

9 寒い朝シモバシラを踏んで登校した。

10 出発までしばらくのユウヨがある。

2023年度／実践学園高等学校(第１回)

英語解答

Ⅰ a) ウ，オ，カ　b) イ，コ
c) 1 uncle　2 restaurant
3 horse　4 forest
5 flower

Ⅱ 1 have lost　2 It is
3 Don't speak　4 was taken
5 better than

Ⅲ 1 ２番目…ア　４番目…カ
６番目…ク
2 ２番目…イ　４番目…キ
６番目…ク
3 ２番目…キ　４番目…ウ
６番目…オ
4 ２番目…エ　４番目…キ
６番目…オ
5 ２番目…カ　４番目…キ
６番目…ウ

Ⅳ ① ウ　② ア　③ キ　④ カ
⑤ エ

Ⅴ a) 問１ ウ　問２ ウ　問３ イ
b) イ，オ

Ⅵ 問１ オ
問２ A…イ　B…エ　C…ウ　D…ア
問３ い　問４ ウ
問５ (例)マイクと私は自由時間に何をすべきかを決めた後から，お互いに話していなかったから。
問６ ２番目…イ　４番目…カ
６番目…ウ
問７ (例)幼かったときに，父と海で泳ぐためにビーチに行き，すべって転び，１か月入院したこと。
問８ エ　問９ ウ，オ

Ⅰ〔音声・語彙総合〕

a)＜単語の発音＞

ア．blow[ou] cow[au] throw[ou]　イ．home[ou] someone[ʌ] often[ɑː]　ウ．chair[eər] there[eər] care[eər]　エ．health[e] clean[iː] head[e]

オ．useful[s] station[s] soon[s]　カ．double[ʌ] country[ʌ] cousin[ʌ]　キ．even[iː] ready[e] equal[iː]　ク．father[ɑː] work[əːr] caught[ɔː]

ケ．cloth[θ] smooth[ð] thought[θ]　コ．dream[iː] break[ei] ready[e]

b)＜単語のアクセント＞

ア．pop-u-lá-tion　イ．re-mém-ber　ウ．ín-ter-view　エ．phó-to-graph
オ．Jap-a-nése　カ．scí-en-tist　キ．bás-ket-ball　ク．mág-a-zine
ケ．cláss-room　コ．de-lí-cious

c)＜単語の定義＞

１．「ある人の母または父の兄〔弟〕」―「おじ」

２．「食事が用意され客に提供される場所」―「レストラン」

3．「人が乗ったり物を運んだりするのに使う，四つ足の大型の動物」―「馬」

4．「木や草でおおわれた，通常林よりも広い，大きな土地」―「森」

5．「多くの場合明るい色でいい匂いがする，植物の部分」―「花」

Ⅱ〔書き換え―適語補充〕

1．「私はかさをなくして，今それを持っていない」→「私はかさをなくしてしまった」　過去にかさをなくして現在も持っていないという状態は，‘完了・結果’を表す現在完了(‘have/has＋過去分詞’)で表すことができる。

2．「海で泳ぐのはとても楽しい」　上の文は動名詞(～ing)「～すること」が主語。下の文は‘It is ～ to …’「…することは～」の形式主語構文とする。

3．「この部屋では日本語を話してはいけない」　must not ～「～してはいけない」を否定命令文(Don't ～)に書き換える。

4．「彼女は昨日この写真を撮った」→「この写真は昨日彼女によって撮られた」　上の文の目的語が下の文では主語になっているので，受け身形(‘be動詞＋過去分詞’)に書き換える。

5．「メアリーは私たちの学校で一番のテニス選手だ」→「メアリーよりテニスがうまい人は私たちの学校にいない」　上の文の best は形容詞 good の最上級。下の文では，‘No one〔Nothing〕＋動詞＋比較級＋than ～’「～より…に―する人〔もの〕はない」の形で最上級と同じ意味を表す。‘比較級’に入るのは副詞 well「上手に」の比較級 better。

Ⅲ〔整序結合〕

1．「時間は～です」なので Time is で文を始める。「一番大切なもの」は最上級を使って the most important thing と表す。　Time is the most important thing in our lives.

2．「～に知られている」は受け身形‘be動詞＋known to ～’で表せる。‘～’に当たる「町のみんな」は everyone in her town と表せる。　The girl is known to everyone in her town.

3．「東京には～があります」は There are ～ in Tokyo. で表せる。「見るべきところがたくさん」は「たくさんの見るべきところ」と考えて many places to see と表す。この to see は，名詞を後ろから修飾する形容詞的用法の to不定詞。　There are many places to see in Tokyo.

4．「～するのが上手だ」は be good at ～ing で表せる。　He is very good at playing the guitar.

5．「～知っていますか」→Do you know ～？の know の目的語に当たる「彼がどこでそのお金を見つけたか」は間接疑問(‘疑問詞＋主語＋動詞…’)で表す。　Do you know where he found the money？

Ⅳ〔対話文完成―適文選択〕

≪全訳≫❶マーク(M)：こんにちは。僕の名前はマークです。僕は先週日本に来ました。❷ユキ(Y)：こんにちは，私の名前はユキです。東京へようこそ。❸M：ありがとう。①僕はオーストラリア出身です。両親と一緒にこちらに来ました。父が東京の会社で働くことになっています。だからシドニーを離れなければなりませんでした。❹Y：そうなんですね。②あなたは何をしているのですか？❺M：僕は高校生です。１月から実践学園高校に行きます。❻Y：まあ，それは私の学校です。では，私たちは同じ高校の生徒になるのですね。❼M：本当に？　③あなたはどうやって通学しているのですか？❽Y：ふだんは自転車で通学しています。でも雨の日はバスを使います。❾M：家から学校までは遠いのですか？❿Y：④それほどでもありません。自転車でたった20分ほどです。⓫M：そうですか，それは悪くないですね。⓬Y：あなたは？　自転車で通学するつもりですか？⓭M：はい，そのつもりです。さて，そろそろ行かなくてはなりません。実は今日の午後，新しい自転車を買うんです。⓮Y：⑤それは楽しみですね。良い午後を。学校で会いましょう。

＜解説＞①出身地を述べるI'm from ～ が適切。　②続いてマークが「高校生です」と答えているので，'職業'や'身分'を尋ねるWhat do you do？が適切。What are you doing？「あなたは何をしているのですか」との違いに注意。　③続くユキの応答から，通学手段を尋ねているとわかる。　④Not really. は相手の問いかけに対して「そうでもない」と答える言い方。　⑤Sounds ～. は，相手の発言を受けて「それは～ですね」と言うときの表現。

V〔長文読解総合〕

a)＜英問英答―グラフを見て答える問題＞≪全訳≫❶このグラフは，2018年に収集されたデータを用いて，国別の人口と高齢者の割合を示している。ここでは，「高齢者」という語は65歳以上の人を呼ぶのに使われている。❷グラフは，左から右に，人口に占める高齢者の割合の順に並んでいる。❸日本の例を見てみよう。日本の人口は1億2640万人で，人口の26.6％が65歳以上である。この割合は世界最高である。それはつまり，日本は世界で最も高齢化した社会であるということだ。およそ3360万人の高齢者が日本で暮らしている。❹このグラフは人口に占める高齢者の割合の上位5か国を示している。このように，日本の次にイタリア，ポルトガル，ドイツ，フィンランドが続いている。グラフの中にはヨーロッパの国々が多い。

問1＜適語句選択＞「Xに入る正しいものはどれか」　ordered by ～ は「～の順に並んだ」の意味。グラフでは，折れ線で示される「高齢者の割合(Percentage of senior citizens)」が左から右への順に下がっている。

問2＜適語選択＞「AとBに入る正しい数字はどれか」　空所Aには日本の人口を表す数字126.4(million)が入る。空所Bには日本の高齢者の数が入るので，126.4の26.6％に当たる33.6が入る。

問3＜内容真偽＞「このグラフについて正しいものはどれか」　ア．「人口が少ないほど，高齢者の割合は高くなる」…×　イ．「ポルトガルには200万人以上の高齢者がいる」…○　人口1030万人のうち21.9％が高齢者である。　ウ．「グラフのどの国もヨーロッパにある」…×　エ．「日本にはイタリアの3倍の人がいる」…×

b)＜内容真偽―案内を見て答える問題＞

長野でスキーキャンプ

日程	2月7日－2月8日(2日間)
料金	1万7000円(レンタル料込み)
タイムスケジュール	1日目：8：00　新宿バスターミナル 11：00　志賀スキーパーク到着 12：00－16：00　スキー講習 2日目：8：00－12：00　自由にスキー 14：00　志賀スキーパーク出発 17：00　新宿バスターミナル
ホテル	志賀マウントホテル
ガイド	公式スキーインストラクター2名 ツアーガイド1名
定員	最大20名／最小4名
予約：ツアーデスク	0120-445-000(電話のみ受付)

初心者向け！！
スキーを楽しみましょう

－装備は全てレンタルできます。
－少人数グループでインストラクターがていねいに教えます。
必ず電話で予約をお取りください。

説明会
〈1月15日，14:00～15:00，学生会館にて〉
スキーキャンプに参加する学生は全員この説明会に参加すること。
オンライン説明会も可能。
オンライン説明会に参加する場合は
下記のウェブサイトで登録してください。
https://www.sunnyhills.jhs.skicamp/

＜**解説**＞ア．「キャンプに参加するには，ウェブサイトで登録しなければならない」…×　ウェブサイトで登録するのは，オンライン説明会に参加する場合。　イ．「キャンプの前に全ての装備を用意する必要はない」…○　レンタルすることができる。　ウ．「キャンプに参加するなら，会議室で説明会に参加しなくてはならない」…×　会議室ではなく学生会館。また，オンラインでも参加できる。　エ．「説明会に参加したい場合，ツアーデスクに電話しなくてはならない」…×　ツアーデスクに電話するのはスキーキャンプを予約するとき。　オ．「説明会に参加したい場合，オンライン説明会を選ぶこともできる」…○

Ⅵ〔**長文読解総合―物語**〕

≪**全訳**≫**1**マイクと僕は３年前に初めて会った。①僕たちはいつも一緒だった。僕たちはいつも同じことをやりたがった。お互いについて何でも理解していると思っていた，沖縄への修学旅行までは。**2**旅行の２週間前，先生はクラス内で４人の班を７つくった。マイクと僕は同じ班だった。各班で旅行中の自由時間に何をするかを話し合った。僕はビーチに行きたかった。だから，僕はこう言った。「ビーチに行くべきだと思う。すごく楽しいだろう！　君はどう思う，マイク？」　マイクは僕に賛成すると思った。でも彼はこう言った，「僕はビーチが好きじゃない。買い物の方がいいと思う」　班の他の生徒も買い物に行きたがった。僕はショックを受けて悲しくなった。その後，マイクと僕はお互いに口をきかなくなった。**3**旅行が始まった。僕たちの班は買い物に行ったが，僕は楽しくなかった，なぜならマイクと僕は自由時間に何をするかを決めてから，お互いに口をきいていなかったからだ。僕たちはおみやげを買うためにたくさんの店を訪れた。その後，地元のレストランでお昼を食べることに決めた。しかし，そのレストランを探すのに長い時間歩かなくてはならなかった。④ついに，僕たちはそのレストランを見つけた。僕たちは喜んで言った。「やった！」　それから，僕たちはチームとして良くなってきた。レストランで，僕はマイクの隣に座った。彼に話しかけたかったけれど，できなかった。まもなく，お昼の用意ができた。彼は豚肉がたくさん入ったスープをとって，僕に分けてくれた。い僕はうれしかった。マイクもまた僕と話したいんだと思った。僕は豚肉を食べてみて，「うまい！　これは僕が今までの人生で食べた中で一番おいしいスープだ」と言った。**4**昼食後，僕たちの班は有名な公園を訪れた。僕はマイクの隣に座って言った。「スープの豚肉をありがとう。僕が豚肉を好きなのを覚えていたんだね」　彼はにっこりして言った。「幼かったときに，僕はお父さんと一緒に海で泳ぐためにビーチに行ったんだ。僕は滑ってけがをした。１か月の間入院した。だから，ビーチは好きじゃないんだ」　そのとき，僕はどうして彼がビーチに行きたがらなかったのかを理解した。僕は言った。「そのことを僕に話してくれてありがとう，マイク。その理由を知らなかったんだ。ごめん」　彼は言った。「僕もごめん。それを君に話すべきだった」　僕たちはお互いにほほ笑みあった。**5**それからマイクはこう言った。「僕が入院しているとき，お医者さんたちはとても親切だった。だから僕は医者になって病気の人やけがをした人を幸せにするために彼らを助けようと決めたんだ。⑧これが僕の夢だ。君は？」　僕はこう答えた。「僕の夢は歌手になることだ。僕の歌でみんなを幸せにしたいんだ」　マイクは言った。「知らなかった！　僕たちの夢は１つなんだね！　君は歌手として，僕は医者として，みんなを幸せにしたい。⑨いつか僕の病院に来て楽しい歌を歌ってね」❻今，マイクと僕は本当の友達だ。僕たちの夢が実現するといいなと思っている。

問１＜適文選択＞①トムとマイクの仲の良さを説明している段落である。　④前文よりレストランを探していることがわかる。　⑧ここから２人は夢について話している。

問２＜適語選択＞A．everything about ～ で「～について何でも」の意味。　B．‘agree with＋人’で「〈人〉に賛成する」。　C．as には「～として」の意味がある。　D．‘期間’を表す for「～の間」。

問３＜適所選択＞脱文の「僕はうれしかった」という意味から，該当する空所の前には，トムがうれしくなるような出来事が描かれているはずである。空所〔い〕の前で，しばらく口をきいていなかったマイクがトムにスープを分けてくれている。

問４＜語形変化＞②は同じ文の前にある動詞 was と同じく，過去形 felt とする（feel－felt－felt）。⑥は前置詞 for の後ろなので，動名詞（～ing）とする。　Thank you for ～ing「～してくれてありがとう」

問５＜文脈把握＞下線部の理由は直後の because 以下に書かれているので，それを日本語にすればよい。haven’t talked は現在完了の‘継続’用法で「（ずっと）話していない」。what we should do は‘疑問詞＋主語＋（助）動詞’の間接疑問で「僕たちが何をすべきか」という意味。each other は「お互い」，during は「～の間」。

問６＜整序結合＞‘the＋最上級＋名詞（＋that）＋主語＋have/has ever＋過去分詞’「今までに…した中で最も～な―」の形をつくる。　This is the best soup I’ve ever eaten in my life.

問７＜語句解釈＞下線部を含む文の前に「そのとき，僕はどうして彼がビーチに行きたがらないのかを理解した」とあるので，「理由」とはマイクがビーチを嫌う理由だとわかる。その前のマイクの言葉（When I was young, … I was in a hospital for a month.）がその理由を述べたものなので，その内容を答えればよい。

問８＜適文選択＞トムとマイクが将来の夢について話し合っている場面。医者になりたいマイクが歌手になりたいトムに言う言葉として適切なものを選ぶ。

問９＜内容真偽＞ア．「トムとマイクは旅行前にお互いを理解した」…×　第４～６段落参照。お互いの理解が深まったのは旅行中。　イ．「地元のレストランに行くと決めた後，トムとマイクはそのレストランをすぐに見つけた」…×　第３段落第５文に反する。　ウ．「レストランで，マイクはトムにスープを分けた」…○　第３段落空所〔い〕の前の文に一致する。　エ．「旅行前に，マイクはトムが将来何になりたいかを知っていた」…×　第５段落参照。トムの夢を聞いたマイクが「知らなかった」と言っている。　オ．「入院中に医師たちがとても親切だったので，マイクは医者になると決めた」…○　第５段落第１文に一致する。　カ．「トムとマイクはまだ本当の友達ではない」…×　第６段落第１文に反する。

2023年度／実践学園高等学校（第１回）

数学解答

1 (1) $\frac{7}{5}$　(2) $-\frac{10}{9}x^4y^7$
(3) $2a^2+2$　(4) 10
(5) $8\sqrt{3}-4\sqrt{6}$

2 (1) $x=1$，$y=-2$
(2) $(3x+y-1)(3x+y-10)$
(3) $x=-4$，6　(4) 4

3 (1) 3　(2) $\frac{7}{8}$　(3) 400g
(4) ②，⑤　(5) 118°

4 ①…7　②…20　③…$\frac{20}{27}$　④…540
⑤…400

5 (1) 9　(2) 12

6 (1) $25\sqrt{6}$cm^2　(2) $\frac{5\sqrt{6}}{3}$cm

1〔独立小問集合題〕

(1)＜数の計算＞$(-0.8)^2=\left(-\frac{4}{5}\right)^2=\frac{16}{25}$ より，与式$=\frac{16}{25}\times\left(-\frac{5}{8}\right)-\left(-\frac{9}{5}\right)=-\frac{2}{5}+\frac{9}{5}=\frac{7}{5}$ となる。

(2)＜式の計算＞与式$=20x^3y^4\div(-8x^3y^3)\times\frac{4}{9}x^4y^6=-\frac{20x^3y^4}{8x^3y^3}\times\frac{4x^4y^6}{9}=-\frac{10}{9}x^4y^7$

(3)＜式の計算＞与式$=\frac{4(a^2+3a+4)-3a(4-a)+(5a^2-4)}{6}=\frac{4a^2+12a+16-12a+3a^2+5a^2-4}{6}=\frac{12a^2+12}{6}=2a^2+2$

(4)＜数の計算＞与式$=3+2\sqrt{6}+2+\frac{6-4\sqrt{6}+4}{2}=5+2\sqrt{6}+\frac{10-4\sqrt{6}}{2}=5+2\sqrt{6}+5-2\sqrt{6}=10$

(5)＜数の計算＞$\sqrt{6}+\sqrt{2}-1=A$，$\sqrt{6}-\sqrt{2}+1=B$ とおくと，与式$=A^2-B^2=(A+B)(A-B)$と因数分解できる。$A+B=(\sqrt{6}+\sqrt{2}-1)+(\sqrt{6}-\sqrt{2}+1)=2\sqrt{6}$，$A-B=(\sqrt{6}+\sqrt{2}-1)-(\sqrt{6}-\sqrt{2}+1)=\sqrt{6}+\sqrt{2}-1-\sqrt{6}+\sqrt{2}-1=2\sqrt{2}-2=2(\sqrt{2}-1)$であるから，これらを代入すると，与式$=2\sqrt{6}\times2(\sqrt{2}-1)=4\sqrt{12}-4\sqrt{6}=8\sqrt{3}-4\sqrt{6}$ となる。

2〔独立小問集合題〕

(1)＜連立方程式＞$\frac{1}{2}x-\frac{3}{4}y=2$……①，$3x+2y=-1$……②とする。①×4 より，$2x-3y=8$……①′
②×3＋①′×2 より，$9x+4x=-3+16$，$13x=13$　$\therefore x=1$　これを②に代入して，$3\times1+2y=-1$，$3+2y=-1$，$2y=-4$　$\therefore y=-2$

(2)＜式の計算―因数分解＞$3x+y=A$ とおくと，与式$=(A-2)(A-5)-4A=A^2-7A+10-4A=A^2-11A+10=(A-1)(A-10)$と因数分解できる。$A$をもとに戻すと，与式$=(3x+y-1)(3x+y-10)$となる。

(3)＜二次方程式＞$x^2+4x-32=6x-8$，$x^2-2x-24=0$，$(x+4)(x-6)=0$　$\therefore x=-4$，6

(4)＜関数―変化の割合＞関数$y=-2x^2$において，$x=-4$ のとき $y=-2\times(-4)^2=-32$，$x=2$ のとき $y=-2\times2^2=-8$ だから，求める変化の割合は $\frac{-8-(-32)}{2-(-4)}=\frac{24}{6}=4$ である。

3〔独立小問集合題〕

(1)＜特殊・新傾向問題―規則性＞$\frac{35}{111}=35\div111=0.3153153\cdots$であるから，$\frac{35}{111}$を小数で表したとき，小数点以下は，小数第１位から順に３，１，５の３つの数字が繰り返される。よって，小数第2023位の数字は，$2023\div3=674$ あまり１より，３，１，５が674回繰り返した後の１番目の数字の３である。

(2)＜確率―さいころ＞大中小の３個のさいころを同時に投げるとき，それぞれ６通りの目の出方があるから，目の出方は全部で $6\times6\times6=216$(通り)ある。出た目の積が偶数とならない場合は，出た目の積が奇数となる場合で，この場合は３個とも１か３か５の奇数の目が出るときだから，目の出方は $3\times3\times3=27$(通り)ある。よって，出た目の積が偶数となる目の出方は，$216-27=189$(通り)あるから，求める確率は $\frac{189}{216}=\frac{7}{8}$ である。

(3)＜一次方程式の応用＞濃度５％の食塩水600gに濃度10％の食塩水 x g を加えて，７％の食塩水 $600+x$g をつくるとすると，それぞれの食塩水に含まれる食塩の量から，$600\times\frac{5}{100}+x\times\frac{10}{100}=(600+x)\times\frac{7}{100}$ が成り立つ。これを両辺100倍して解くと，$3000+10x=7(600+x)$，$3000+10x=4200+7x$，$3x=1200$，$x=400$ となる。よって，濃度10％の食塩水は400g加えればよい。

(4)＜データの活用―範囲，四分位範囲＞30日間の１日の販売数を，販売数の少ない順に並べたとき，右図１の箱ひげ図の第２四分位数(中央値)は，$30\div2=15$ より，15番目と16番目の販売数の平均値である。また，第１四分位数は１番目から15番目までの中央値であるから，$(1+15)\div2=8$(番目)の販売数であり，第３四分位数は16番目から30番目までの中央値であるから，$(16+30)\div2=23$(番目)の販売数である。①…誤。データの範囲は最大値と最小値との差であるから，商品Aの方がデータの範囲が大きい。②…正。四分位範囲は第３四分位数と第１四分位数の差であるから，箱の長さが短い商品Bの方が四分位範囲が小さい。③…誤。商品Bの最大値は販売数70個である。④…誤。与えられた箱ひげ図には販売数の平均は示されていない。⑤…正。商品Aの第３四分位数は60個を超えていて，この値は30日間のうち上位23番目の日の販売数であるから，販売数が60個を超えた日は，少なくとも23番目から30番目までの８日はある。⑥…誤。商品Bの第１四分位数は50個を超えていて，この値は８番目の日の販売数であるから，販売数が50個以下の日は，多くとも１番目から７番目までの７日である。

図１

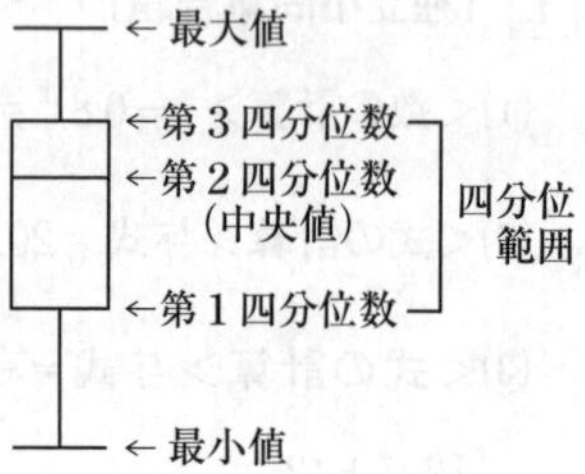

(5)＜平面図形―角度＞右図２のように，円の中心Oと，円周上の点A，Dをそれぞれ結ぶ。直線APは接点Aにおける円Oの接線だから，OA⊥APであり，△OAPで内角と外角の関係より，$\angle AOC=\angle OAP+\angle OPA=90^\circ+34^\circ=124^\circ$(※)である。また，△OCDはOC＝ODの二等辺三角形，△OADはOA＝ODの二等辺三角形だから，$\angle OCD=\angle ODC=a^\circ$，$\angle OAD=\angle ODA=b^\circ$ とおくと，$\angle ADC=\angle ODC+\angle ODA=a^\circ+b^\circ$ と表せ，四角形OCDAの内角の和より，$\angle OCD+\angle ADC+\angle OAD+\angle AOC=360^\circ$ となる。これより，$a^\circ+a^\circ+b^\circ+b^\circ+124^\circ=360^\circ$ が成り立ち，$2a^\circ+2b^\circ=236^\circ$，$a^\circ+b^\circ=118^\circ$ となる。よって，$\angle ADC=118^\circ$ である。

≪別解≫(※)より，点Dを含まない $\overset{\frown}{AC}$ に対する中心角は，$360^\circ-124^\circ=236^\circ$ である。よって，円周角と中心角の関係より，$\angle ADC=\frac{1}{2}\times236^\circ=118^\circ$ となる。

図２

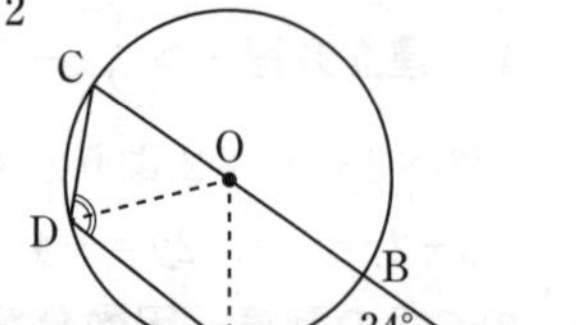

4〔空間図形―立方体―体積〕

立方体の各辺を３等分し小さい立方体27個に分割し，右図のように穴をくり抜くとき(操作【１】)，穴の開いた部分の小さい立方体の個数は，もとの立方体の６面の真ん中の小さい立方体と，も

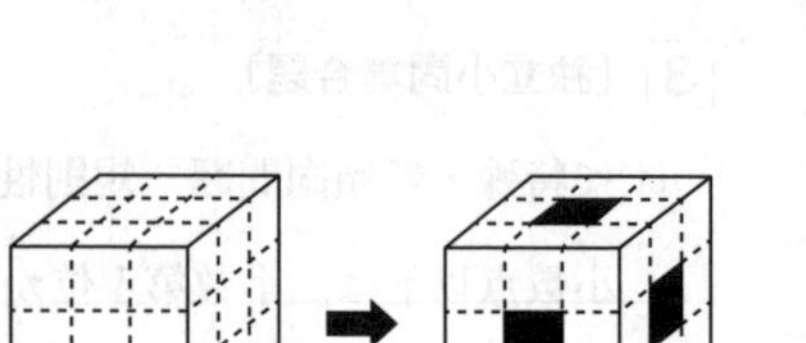

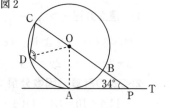

との立方体の表面からは見えない真ん中にある小さい立方体の合計，$6+1=\underline{7}$①(個)である。これより，穴の開いていない部分に残っている小さい立方体の個数は，$27-7=\underline{20}$②(個)であり，このときの体積は，もとの大きい立方体の体積の$\underline{\dfrac{20}{27}}$③倍となるので，$9\times9\times9\times\dfrac{20}{27}=\underline{540}$④$(\mathrm{cm}^3)$である。問題の図1の立体は，操作【1】で穴を開けなかった20個の小さい立方体それぞれに対して，操作【1】と同様の操作を行うとできる立体であるから，20個の小さい立方体の体積はすべてもとの体積の$\dfrac{20}{27}$倍となっている。よって，この問題の立体の体積は，$540\times\dfrac{20}{27}=\underline{400}$⑤$(\mathrm{cm}^3)$である。

5 〔関数―関数 $y=ax^2$ と一次関数のグラフ〕

(1)<面積>$p=8$ のとき，右図1で，$\mathrm{CP}/\!/\mathrm{AB}$ より，$\triangle\mathrm{ABC}=\triangle\mathrm{ABP}$ である。直線 AB と y 軸の交点を $\mathrm{Q}(0,\ q)$ とおくと，$\triangle\mathrm{ABP}=\triangle\mathrm{APQ}+\triangle\mathrm{BPQ}$ だから，$\triangle\mathrm{ABC}=\triangle\mathrm{APQ}+\triangle\mathrm{BPQ}$ となる。2点 $\mathrm{A}(-1,\ 1)$，$\mathrm{B}(2,\ 4)$ を通る直線の傾きは $\dfrac{4-1}{2-(-1)}=\dfrac{3}{3}=1$ で，切片は q だから，その式は $y=x+q$ とおける。点$(2,\ 4)$を通るので，$y=x+q$ に $x=2$，$y=4$ を代入すると，$4=2+q$，$q=2$ となる。よって，$\mathrm{PQ}=8-2=6$ で，$\triangle\mathrm{APQ}$ は PQ を底辺と見ると高さは点Aの x 座標より1であり，$\triangle\mathrm{BPQ}$ も PQ を底辺と見れば高さは点Bの x 座標より2である。したがって，$\triangle\mathrm{ABC}=\dfrac{1}{2}\times6\times1+\dfrac{1}{2}\times6\times2=9$ である。

図1

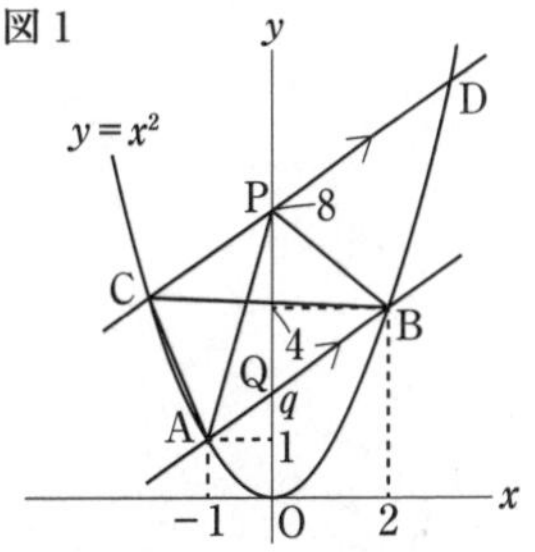

(2)<切片>右図2のように，点Aから，点Bを通り y 軸と平行な直線に垂線 AH を，点Cから y 軸に垂線 CI を引く。四角形 ABPC が平行四辺形になるとき，$\triangle\mathrm{ABH}$ と $\triangle\mathrm{CPI}$ において，$\mathrm{AB}/\!/\mathrm{CP}$，$\mathrm{AH}/\!/\mathrm{CI}$ より，$\angle\mathrm{BAH}=\angle\mathrm{PCI}$，$\mathrm{AB}=\mathrm{CP}$，$\angle\mathrm{AHB}=\angle\mathrm{CIP}=90^\circ$ であり，直角三角形の斜辺と1つの鋭角がそれぞれ等しいので，$\triangle\mathrm{ABH}\equiv\triangle\mathrm{CPI}$ となる。これより，$\mathrm{AH}=\mathrm{CI}$，$\mathrm{BH}=\mathrm{PI}$ となる。$\mathrm{AH}=2-(-1)=3$，$\mathrm{BH}=4-1=3$ であるから，$\mathrm{CI}=3$，$\mathrm{PI}=3$ となる。点Cは放物線 $y=x^2$ 上にあり，$\mathrm{CI}=3$ より x 座標は -3 だから，y 座標は $y=(-3)^2=9$ となり，$\mathrm{IO}=9$ である。よって，$p=\mathrm{PI}+\mathrm{IO}=3+9=12$ である。

図2

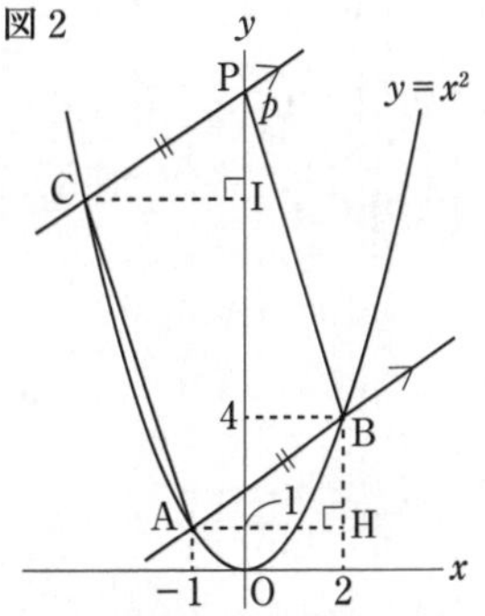

6 〔空間図形―立方体と三角錐〕

(1)<面積>右図で，$\triangle\mathrm{BPF}$ と $\triangle\mathrm{BPC}$ において，$\mathrm{BP}=\mathrm{BP}$(共通)，$\mathrm{BF}=\mathrm{BC}=10$，$\angle\mathrm{PBF}=\angle\mathrm{PBC}=90^\circ$ より，2組の辺とその間の角がそれぞれ等しいので，$\triangle\mathrm{BPF}\equiv\triangle\mathrm{BPC}$ となる。これより，$\mathrm{PF}=\mathrm{PC}$ だから，$\triangle\mathrm{FCP}$ は二等辺三角形であり，点Pから辺 CF に垂線 PI を引くと，点Iは辺 CF の中点となる。$\triangle\mathrm{BCF}$ は $\mathrm{BC}=\mathrm{BF}=10$，$\angle\mathrm{CBF}=90^\circ$ より，直角二等辺三角形だから，$\mathrm{CF}=\sqrt{2}\mathrm{BC}=\sqrt{2}\times10=10\sqrt{2}$ となり，$\mathrm{IF}=\dfrac{1}{2}\mathrm{CF}=\dfrac{1}{2}\times10\sqrt{2}=5\sqrt{2}$ である。また，$\triangle\mathrm{BPF}$ で，$\mathrm{BP}=\dfrac{1}{2}\mathrm{AB}=\dfrac{1}{2}\times10=5$ だから，三平方の定理より，$\mathrm{PF}=\sqrt{\mathrm{BP}^2+\mathrm{BF}^2}=\sqrt{5^2+10^2}=\sqrt{125}=5\sqrt{5}$ となる。よって，$\triangle\mathrm{PIF}$ で三平方の定理より，$\mathrm{PI}=\sqrt{\mathrm{PF}^2-\mathrm{IF}^2}=\sqrt{(5\sqrt{5})^2-(5\sqrt{2})^2}=\sqrt{125-50}=\sqrt{75}=5\sqrt{3}$ となるので，$\triangle\mathrm{FCP}=\dfrac{1}{2}\times\mathrm{CF}\times\mathrm{PI}=\dfrac{1}{2}\times10\sqrt{2}\times5\sqrt{3}=25\sqrt{6}\ (\mathrm{cm}^2)$ である。

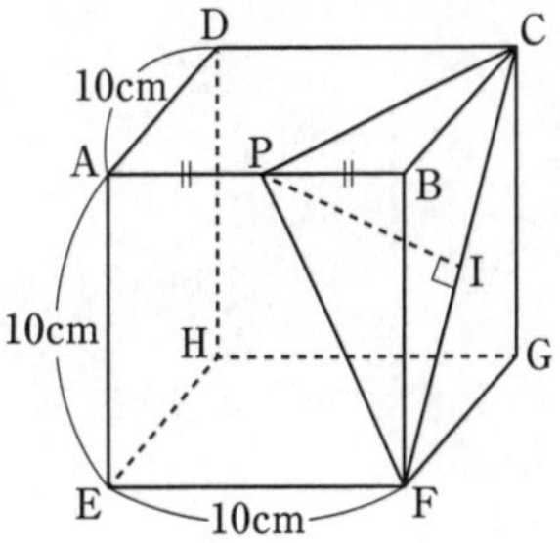

(2)＜長さ＞三角錐 BFCP において，△FCP を底面としたときの高さを h cmとおくと，(1)より△FCP $=25\sqrt{6}$ だから，その体積は，$\frac{1}{3}\times\triangle\mathrm{FCP}\times h=\frac{1}{3}\times25\sqrt{6}\times h=\frac{25\sqrt{6}}{3}h$ と表せる。一方，三角錐 BFCP は，△BCF を底面と見ると高さは PB＝5 となるので，その体積は，$\frac{1}{3}\times\triangle\mathrm{BCF}\times\mathrm{PB}=\frac{1}{3}\times\frac{1}{2}\times10^2\times5=\frac{250}{3}$ である。よって，三角錐 BFCP の体積について，$\frac{25\sqrt{6}}{3}h=\frac{250}{3}$ が成り立ち，これを解くと，$h=\frac{5\sqrt{6}}{3}$ となる。したがって，求める高さは $\frac{5\sqrt{6}}{3}$ cm である。

国語解答

一　1　かくせい　2　しょうやく
3　まかな　4　むねあ　5　かし
6　企　7　稲穂　8　安泰
9　霜柱　10　猶予

二　問一　A　自然　B　強固
問二　オ
問三　（ある日突然）別人に生まれ変わること〔生まれ変わること〕
問四　Ⅰ…オ　Ⅱ…エ　Ⅲ…ウ　Ⅳ…ア
問五　ア
問六　自分にまったく関心を示さない他者
問七　他者も自己も抽象化され，自分が自分だという感覚を実感しにくい近代社会の中で，他者を必要としない確かな自己のアイデンティティを求めるようになったから。（74字）
問八　⑤　未知　⑦　狭小　問九　ウ
問十　イ　問十一　エ

三　問一　A　いて　B　たまえ
C　もうさん
問二　a…ア　b…ウ　c…エ
問三　イ　問四　ア
問五　Ⅰ…ア　Ⅱ…イ　Ⅲ…ア　Ⅳ…イ
問六　用光が長年心に思っていた小調子という曲を聞かせるということ。（30字）
問七　エ　問八　（和邇部）用光
問九　用光の吹いた曲のすばらしさに涙を流すほど感動したから。（27字）
問十　ア

一〔漢字〕

１．時代，世代が違うこと。　２．原文のところどころを抜き出して翻訳すること。　３．音読みは「収賄」などの「ワイ」。　４．家を建てる際，骨組みを組み立て，最上部に棟木《むなぎ》を上げること。　５．脚部のこと。　６．音読みは「企画」などの「キ」。　７．稲の茎の先の花や実がついているところのこと。　８．無事で安らかな様子。　９．冬の夜，土中の水分が地表にしみ出て凍結してできる細い氷柱の集まりのこと。　10．実行の日時を延ばすこと。

二〔**論説文の読解―哲学的分野―人間**〕出典；石原千秋『教養としての大学受験国語』。

≪本文の概要≫アイデンティティを実感することは，実はきわめて困難な課題である。幼児期の写真に，これは自分だというリアリティを持てるのは，その写真を見せた他者が，自分に関心を持ってくれている見知った人だからである。このように，自分という存在は，ある特定の他者によって支えられており，アイデンティティとは，自分一人では支えられない不確かなものである。私たちがこの不確かなアイデンティティにこだわるようになったのは，契約の社会といわれる近代以降，他者が抽象化し，同時に自己も普遍的に抽象化された存在でなければならなくなってからである。アイデンティティは，実感から遠く離れたものにならざるをえず，社会から与えられたものという側面の方が大きくなった。自分は他者によってつくられたという感覚が，逆に他者を必要としない確かな自己の感覚としてのアイデンティティへのこだわりを生んだのである。人は，自分の周りを取り囲んでいながら自分とは無縁の群集を前にしたとき，本当の孤独を感じるが，都市に生きる現代人は，群衆の中の孤独によってしか，アイデンティティを実感できなくなっているのではないか。

問一＜文章内容＞A．自分が自分と思えない状態は「かなりアブナイ」といえるが，自分が自分であることは，何の疑問も持たなくてもよいほど当たり前のことなのだろうか。　B．自分が自分であるという「不確かさ」を，少しでも強く確かなものにしてくれるのが，他者の存在である。

問二＜文脈＞近代以降，他者が抽象化し，自己も抽象化された。自分が自分であるという感覚は，社会から与えられたものという側面が大きく，他者によってつくられたものとさえいえる。この感覚が，「逆に他者を必要とはしない，たしかな自分の感覚としてのアイデンティティへのこだわり」を生んだ。このようなアイデンティティへのこだわりは，「近代以前の自己のあり方への希求なのかも」しれない。

問三＜指示語＞「いつも自分が自分でいること」もまた，「ある日突然別人に生まれ変わること」と同じくらい困難な課題である。

問四＜接続語＞Ⅰ.「自分が自分でいる」ことが「困難な課題」であることの例として，「記憶もないような幼い頃の写真」を見せられても，そこに写っているのが「自分だというリアリティ」を持ちにくいという事柄を挙げる。　Ⅱ.「時間の蓄積が自分を現在の自分に育てたという実感」もあるけれども，その実感は「いったいどこから」来て，「何が」保証するのか。　Ⅲ.「幼い自分の写真を見せたのが見も知らぬ人」である場合，または，「それと知らずに幼い自分の写真を見た」場合ではどうだろう。　Ⅳ. 写真のリアリティは，「それを見せた他者と自分との関係が保証」しているということは，言い換えると，「自分はある特定の他者との関係によって支えられている」ということである。

問五＜文章内容＞「記憶もないような幼い頃の写真」を見せられても，私たちは「それが自分だというリアリティ」を持ちにくい。こんなとき「僕」は，時間がたつにつれて，「自分が自分である」という「自分に対するリアリティ」が「希薄」になっていると感じるのである。

問六＜文章内容＞私たちは，自分を「あなた」だと思い続けてくれる「身近な人たち」によって，自分のアイデンティティを支えることができるが，このような「ある特定の他者」ではなく，「自分を見ない，つまり自分にまったく関心を示さない他者」では，アイデンティティは保証されない。

問七＜文章内容＞「契約の社会」である近代社会においては，他者も自己も「抽象化された存在」であり，「アイデンティティは抽象化され，実感から遠く離れたもの」にならざるをえない。「自分は自分だという感覚」を得にくいため，「逆に他者を必要とはしない，たしかな自己の感覚としてのアイデンティティへのこだわり」が生まれたのだと考えられる。

問八＜語句＞⑤「既知」は，すでに知っていること。「未知」は，まだ知らないこと。　⑦「広大」は，広くて大きいこと。「狭小」は，狭くて小さいこと。

問九＜文章内容＞近代の契約社会において，自己が「抽象化される」とは，アイデンティティは「私という存在にあるのではなく，名前という抽象的な記号に還元されてしまう」ことといえる。つまり，個人が個人として意識されず，何らかの集団の一員であることによって，その集団そのものの記号として認められるということである。大手企業の社員の例は，会社の名刺を差し出すことで，個人としてではなく，所属する会社の記号として信用されたということである。

問十＜文学史＞『一握の砂』は，明治43(1910)年に発表された石川啄木の歌集。

問十一＜文章内容＞かつては，アイデンティティの実感は，自分を知ってくれている周囲の人々によって支えられていた。しかし，近代以降，アイデンティティは「抽象化され，実感から遠く離れたもの」になってしまったため，私たちは，「他者を必要とはしない，たしかな自己の感覚としてのアイデンティティへのこだわり」を持つようになった。都市に生きる私たちは，アイデンティティの本来のあり方とは違って，「群衆の中の孤独」を感じることによってしか，「自分を自分だと実感できない」という，一見真理とは逆のように見える真理の中で，私たちは生きているのである。

三　〔古文の読解―説話〕出典；『十訓抄』十ノ二十七。

≪現代語訳≫和邇部用光という音楽家がいた。土佐の国の土佐神社の祭りのために下向して，都に帰っている途中，安芸の国の，何とかいう港で，海賊が押し寄せてきてしまった。(用光は)弓矢の使い方も知らないので，防戦するのに力がなくて，もはや間違いなく殺されてしまうだろうと思って，篳篥を取り出して，屋形の上に座って，「そこにいる海賊の一党たちよ。もはやとやかく言ってもしかたがない。早く何物でも取りなさい。ただし，長年の間，思い続けていた篳篥の，小調子という曲を，吹いて聞かせて差し上げよう。このようなことがあったよと，後の語り草にでもしてください」と言ったところ，海賊の首領が大きな声で，「お前たち，しばらく待ちなさい。このように言うことだ。演奏を聞け」と言ったので，(海賊たちは)船を止めて，それぞれ静まり返ったところ，用光は，もはや(笛を吹くのもこれが)最後だと思われたので，涙を流して，すばらしい音色を吹き出して，澄んだ音色で吹いた。／ちょうどその時節に合っていたのであろうか，(その笛の)〈調べ〉が，波の上に響いて，例の潯陽江のほとりで，琵琶を聞いた(という)故事と少しも変わらない。海賊は，静まって，言葉も出ない。／(海賊たちは)十二分に聞いて，曲が終わって，さっきの声で，「あなたの船に(襲おうという)気持ちを持って，こぎ寄せてしまったけれども，曲の音色に涙が落ちて，ここはやめた」と言って，こぎ去った。

問一＜歴史的仮名遣い＞Ａ．歴史的仮名遣いの「ゐ」は，現代仮名遣いでは「い」となる。　Ｂ．歴史的仮名遣いの語頭以外のハ行は，現代仮名遣いでは，原則として「わいうえお」となる。

Ｃ．歴史的仮名遣いの「au」は，現代仮名遣いでは「ou」となる。また，歴史的仮名遣いの助動詞の「む」は，現代仮名遣いでは「ん」となる。

問二．ａ**＜現代語訳＞**「沙汰」は，物事を処理する，特に，物事の善悪，是非などを論じ定めること。ここでの「沙汰に及ばず」は，海賊が襲ってきたことの善悪を論じ定めてもしかたがない，という意味。　ｂ**＜現代語訳＞**「おぼゆ」は，思われる，という意味。「けり」は，過去の助動詞。

ｃ**＜古語＞**「めでたし」は，すばらしい，賞賛すべきだ，という意味。

問三＜古典の知識＞「土佐」は，現在の高知県に当たる。

問四＜現代語訳＞「上る」は，上京する，都に行く，という意味。

問五＜古文の内容理解＞Ⅰ．用光が，殺されてしまうだろうと思って，篳篥を取り出した。　Ⅱ．海賊の首領が演奏を聞けと言ったので，海賊たちが，それぞれ静まった。　Ⅲ．用光が，これが最後だと思って，篳篥を澄んだ音色で吹いた。　Ⅳ．海賊たちが，用光の篳篥の演奏を十二分に聞いた。

問六＜古文の内容理解＞海賊の首領は，海賊たちに，用光が「年ごろ，思ひしめたる篳篥の，小調子といふ曲，吹きて聞かせまうさむ」と言っているので，しばらく待って演奏を聞くようにと言った。

問七＜古文の内容理解＞用光の吹いた篳篥の音の調べが，波の上に響いて，その情景は，潯陽江のほとりで琵琶を聞いたという故事と少しも変わらなかった。

問八＜古文の内容理解＞海賊の首領が，用光に，あなたの船を襲おうと思ったがやめたと言った。

問九＜古文の内容理解＞海賊は，用光の船を襲おうと思っていたが，この世の別れと覚悟して用光が吹いた篳篥の音色が，あまりにもすばらしかったため，感動し，自らの行いを悔い改め，用光の船を襲うのをやめてこぎ去ったのである。

問十＜文学史＞『源氏物語』は，平安時代中期に紫式部が書いたつくり物語。『徒然草』は，鎌倉時代後期に兼好法師が書いた随筆。『風姿花伝』は，室町時代に世阿弥元清が書いた能楽理論書。『おくのほそ道』は，江戸時代前期に松尾芭蕉が書いた俳諧紀行文。

Memo

2023年度 実践学園高等学校（第２回）

【英　語】（50分）〈満点：100点〉

Ⅰ　**a）３つの単語の下線部の発音が全て同じものを３組選び、記号で答えなさい。**

ア．cold / know / hope

イ．visited / stayed / needed

ウ．southern / earth / north

エ．pattern / stomach / cat

オ．world / early / girl

カ．heavy / leave / weak

キ．listen / child / kill

ク．love / stand / doctor

ケ．lunch / young / country

コ．fun / student / introduce

b）次のア～コの中で、第２音節を最も強く発音するものを２つ選び、記号で答えなさい。

ア．news-pa-per　イ．cal-en-dar　ウ．res-tau-rant

エ．hol-i-day　オ．de-cide　カ．fa-mous

キ．in-for-ma-tion　ク．in-tro-duce　ケ．vil-lage

コ．al-read-y

c）次の語句によって定義されている英単語を答えなさい。
なお、その語は（　）内に示されたアルファベットで始まります。

1．an animal that has a long, thin body and no arms or legs（s）

2．a place where sick or injured people are treated and taken care of by doctors and nurses（h）

3．the sister of someone's father or mother（a）

4．one of the four periods of the year; spring, summer, autumn, or winter（s）

5．a piece of information that is only known by one person or a few people and should not be told to others（s）

Ⅱ 各組の英文が、ほぼ同じ意味になるように、それぞれ（　）に最も適した単語を入れなさい。

1．Mike went to England and is not here now.
Mike（　　）（　　）to England.

2．The boy was so kind that he carried my heavy bag.
The boy was kind（　　）（　　）carry my heavy bag.

3．Let's go for a walk.
（　　）（　　）go for a walk?

4．We use wooden desks in our school.
We use desks（　　）（　　）wood in our school.

5．My dog is smaller than yours.
Your dog isn't as（　　）as（　　）.

Ⅲ　日本語の意味になるように英語を並べかえたとき、〔　〕の中で２番目と４番目と６番目にくる語の記号を答えなさい。ただし、文頭にくるべき語も小文字で記してあります。

1．庭を見ているあの男の子は誰ですか。
〔ア．the　/　イ．who　/　ウ．at　/　エ．boy　/　オ．garden　/　カ．looking　/　キ．is　/　ク．that〕?

2．それは私が今まで見た中で一番かわいい犬です。
It〔ア．seen　/　イ．the　/　ウ．ever　/　エ．is　/　オ．I　/　カ．prettiest　/　キ．have　/　ク．dog〕.

3．あなたに何か熱い飲み物をあげます。
〔ア．will　/　イ．something　/　ウ．drink　/　エ．I　/　オ．to　/　カ．give　/　キ．hot　/　ク．you〕.

4．毎週日曜日に図書館に行くのはどうですか。
〔ア．the　/　イ．about　/　ウ．every　/　エ．to　/　オ．how　/　カ．going　/　キ．library　/　ク．Sunday〕?

5．トムがいつ日本を出発するつもりなのかわからない。
〔ア．Japan　/　イ．Tom　/　ウ．I　/　エ．leave　/　オ．don't　/　カ．will　/　キ．know　/　ク．when〕.

Ⅳ 次の対話文を読んで、（ ① ）～（ ⑤ ）に入れるのに最も適切なものを、下のア～キからそれぞれ１つ選び、記号で答えなさい。ただし、同じ記号を２度答えてはいけません。

ユキが、夏の予定についてブラウンさんと話しています。

Mr. Brown：You are going to New Zealand this summer, right?（ ① ）

Yuki：To visit my friend, Jane. She came to my school last year. I was her host sister.

Mr. Brown：That's great. Do you go there with your parents?

Yuki：No.（ ② ）My parents are too busy to travel for a week.

Mr. Brown：Oh. Are you nervous?

Yuki：（ ③ ）I went to London when I was ten years old. At that time, I didn't understand English at all.

Mr. Brown：Well, you study English at school now, don't you?

Yuki：（ ④ ）I've learned English for three years, but I think I need to study more.

Mr. Brown：（ ⑤ ）I felt in the same way. I studied Japanese very hard before I came to Japan.

Yuki：How did you do?

Mr. Brown：I watched Japanese dramas and I talked with my Japanese friend on the internet.

Yuki：What a good idea! I can do that with my smartphone. Thank you for your advice.

ア．Of course, I do.
イ．Why do you go to New Zealand?
ウ．I'll go by myself.
エ．Is this your first time?
オ．I know your feeling.
カ．No. You don't understand me.
キ．Yes, I am.

V　a）次のグラフは地域ごとの人口の変化を表したもので、英文はそれについて言及したものです。グラフと英文に関して、後の問いに答えなさい。

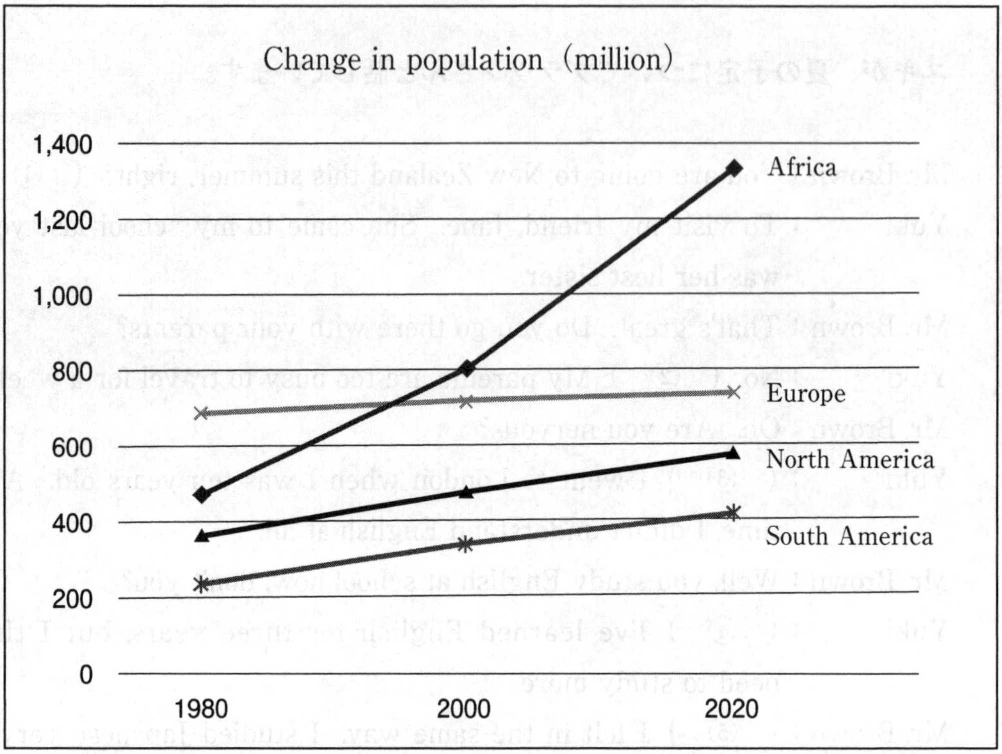

The graph shows the change in populations of four areas. It shows the population change〔　X　〕.

〔　A　〕's population was about 470 million in 1980. In the twenty years, the area became more populated than Europe. After 2000, the population of〔　A　〕increased faster than before, and now in 2020, about 1.3 ※billion people live in this area.

Among these four areas,〔　B　〕has been the least populated area throughout the period. The population was 240 million in 1980, and became 430 million in 2020.

As you can see, population has been growing in all the areas shown in the graph, throughout the period.

※ billion　10億

問 1. What is the correct answer to match 〔 X 〕?

ア. for 20 years, from 1980
イ. for 20 years, from 2020
ウ. for 40 years, from 1980
エ. for 40 years, from 2020

問 2. What are the correct answers to match 〔 A 〕 and 〔 B 〕?

ア. A. Europe　B. North America
イ. A. Europe　B. South America
ウ. A. Africa　B. North America
エ. A. Africa　B. South America

問 3. What is <u>NOT</u> true about the graph?

ア. North America was more populated than South America in 2000.
イ. Africa was twice more populated than Europe in 2000.
ウ. Europe had more than 500 million people in 2000.
エ. Europe has been more populated than North America throughout the period.

b）次の英文は博物館のイベントの案内です。これを読んで、内容に当てはまる英文を次のページのア～オの中から２つ選び、記号で答えなさい。

Museum Night Tour

〈February 1st – March 31st〉

Operating days	Monday – Friday
※Admission Fee	500 yen (Museum Tour is for free.)
Target	ages 4 and over（under age 7 : Free） Children must come with their parents.
Start Time	①18:00 ～　②19:00 ～
※Capacity	Max 10 / each time
Guide	Museum Staff

Let's explore the museum at night with the lights down. It's an exciting night tour! Please enjoy the ※exhibits that look different from the day time!

Reservation Form　※ *Not accepted by phone*

→→→ https://www.naturemuseum.jp/reserve/

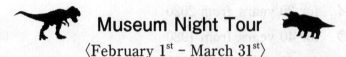

Spring Event

Setsubun Festival

〈February 3rd, 17:30 ～ 19:30〉

'*Setsubun*' is a traditional custom in Spring.

Let's get off bad luck and welcome good luck by throwing soybeans!

You can get the soybeans at the museum entrance hall.

※ No Charge / No Reservation needed

※ admission fee　入場料　　capacity　定員　　exhibit(s)　展示物

ア. To join the tour, you should make a phone call to the museum.

イ. Only children can join this tour.

ウ. If you pay the admission fee to enter the museum, you can enjoy the tour with no charge.

エ. If you join a night tour on February 3rd, you may enjoy the Setsubun event.

オ. To join the spring event, you must pay the admission fee of the museum.

Ⅵ 次の英文は、中学生のローラ（Lola）が、高校生のアン（Ann）とサイクリング（cycling）に出かけたときのことを書いたものです。後の問いに答えなさい。

Ann is a high school student and lives near my house. 〔 ① 〕 She loves road bikes and cycling.

One day last August, I asked Ann to go cycling together. 〔 あ 〕 She smiled and said, "OK. Next Sunday, I'm going to go to the river on the mountain (A) bike. It's a very beautiful place. Have you ever ②(be) there before?" "No," I answered. She said, "Then you should go with me. Do you have a road bike?" "No, Ann. My bike isn't a road bike." I answered. She said, "I will use my mother's road bike, so you can use mine. Let's enjoy cycling together."

Sunday came. "Lola, first, we're going to go through the town. Let's go." Ann and I started our trip. About two hours later, we went (B) of the town and took our first ※rest. I said, "Your road bike is very nice. I can go faster on your bike. 〔 ③ 〕" She answered, "That's good. It was easy to go through the town. But from now on it will be harder to go up the mountain. We should take two or three rests before getting to the river." 〔 い 〕 I said, "I'll be fine when we go up the mountain, so I won't need any rests."

Ann and I started to go up the mountain. ④〔ア. to イ. and ウ. more エ. become オ. more difficult カ. cycling キ. started〕. I really wanted to rest, ⑤but I couldn't say it to Ann because I said that I didn't need any rests. So we didn't stop. About three hours later, we could see the river at last. She said, "We'll get to the river soon." 〔 う 〕 Suddenly, my legs couldn't move because I became so tired, and I ※fell over. "〔 ⑥ 〕" Ann asked. "Yes, but I made a big ※scratch on your road bike. I'm sorry, Ann." "Don't worry about ⑦it." Then, we took a long rest. (C) that, we walked to the river with our bikes.

When Ann and I came to the river, I was very tired and couldn't say anything. She ⑧(begin) to talk. "You did very well." "No, I didn't." "Listen to me, Lola. When we start something, sometimes we can't do it well

(D) first. Then what should we do?" I didn't say anything. I was just looking at her road bike. 〔 え 〕 They were not all made at one time. "I understand!" The scratches taught me the answer. "〔 ⑨ 〕" "That's right," Ann said with a smile. "Can I go cycling with you again?" I asked. "Sure. Let's go back home now." We went back home under the clear blue sky.

※ rest 休憩、休憩する　　fell over fall over（転ぶ）の過去形
scratch 傷

問1. 本文中の〔 ① 〕〔 ③ 〕〔 ⑥ 〕にａ～ｃを入れるとき、最も適当な組み合わせを次のア～カから選び、記号で答えなさい。

ａ. Are you OK?
ｂ. I like her and call her Ann.
ｃ. It's not so hard.

ア. ①ａ. ③ｂ. ⑥ｃ.　イ. ①ａ. ③ｃ. ⑥ｂ.　ウ. ①ｂ. ③ａ. ⑥ｃ.
エ. ①ｂ. ③ｃ. ⑥ａ.　オ. ①ｃ. ③ａ. ⑥ｂ.　カ. ①ｃ. ③ｂ. ⑥ａ.

問2. 次の英文が入る最も適当な箇所を本文中の〔 あ 〕～〔 え 〕から1つ選び、記号で答えなさい。

There were many old scratches around the big new one.

問3. 本文中の（ A ）～（ D ）に入れるのに最も適当なものを次のア～エからそれぞれ1つずつ選び、記号で答えなさい。ただし、同じ記号を2度答えてはいけません。また、文頭にくるべき語も小文字で記してあります。

ア. at　　イ. after　　ウ. out　　エ. by

問4. 下線部②⑧の語をそれぞれ適当な形にするとき、正しい組み合わせを次のア～エから1つ選び、記号で答えなさい。

ア. ② be　⑧ began　　イ. ② be　⑧ begun
ウ. ② been　⑧ began　　エ. ② been　⑧ begun

問5. 下線部④の〔　　〕内の語を適切に並びかえたとき、〔　　〕内で2番目と4番目と6番目にくる語の記号を答えなさい。ただし、文頭にくるべき語も小文字で記してあります。

問6. 下線部⑤の理由を日本語で答えなさい。

問7. 下線部⑦の it の内容を日本語で答えなさい。

問8. 〔 ⑨ 〕に入る最も適当なものを次のア～エから1つ選び、記号で答えなさい。

ア. Try it many times. Then we can do it well!
イ. Don't try before you can do it.
ウ. We can do it well without trying it many times.
エ. Don't look at the road bike.

問９．本文の内容と合う英文を次のア～カから２つ選び、記号で答えなさい。

ア．It was rainy when Ann and Lola started to go back home.

イ．Lola was very tired and fell over when she came to the river on the mountain.

ウ．Ann and Lola walked with the bike to the river after they took a long rest.

エ．At the river, Lola couldn't listen to anything which Ann said because she was very tired.

オ．Lola asked Ann to go back home together because she didn't want to go cycling again.

カ．Ann went cycling to the river on the mountain with Lola on Sunday.

【数　学】（50分）〈満点：100点〉

1　次の計算をしなさい。

(1) $9-8\times\left(-\dfrac{5}{4}\right)^2\div(-5^2)$

(2) $\left(\dfrac{51}{2}xy^2\right)^2\div\left(-\dfrac{17y}{16x}\right)^2\div(12xy)^2$

(3) $(2a+b)^2-(2a+b)(2a-b)+(2a-b)^2$

(4) $\dfrac{35}{\sqrt{14}}-\sqrt{2}+\dfrac{\sqrt{28}}{2\sqrt{2}}+\sqrt{18}$

(5) $(\sqrt{8}-1)^2+2(\sqrt{8}-1)-8$

2　次の問いに答えなさい。

(1) 連立方程式 $\begin{cases} 0.4x-1.5y=-4 \\ \dfrac{4+x}{3}-\dfrac{3}{2}y=-3 \end{cases}$ を解きなさい。

(2) $4x^2-9y^2-20x+25$ を因数分解しなさい。

(3) 2次方程式 $x^2-2\sqrt{3}x-9=0$ を解きなさい。

(4) 関数 $y=x^2$ において，x の値が -2 から a まで増加するときの変化の割合を考える。a の値が -1，0，1，2，3のとき，変化の割合が一番大きくなる a の値を求めなさい。

3 次の問いに答えなさい。

(1) 時計の長針がいま12を指している。以下のように25分ごとに長針が指した数字を順に並べていく。

12，5，10，3，8，1，……

2023番目に現れる数字を答えなさい。

(2) ４枚の硬貨を同時に投げるとき，ちょうど２枚表になる確率を求めなさい。

(3) 容器Ａには４％の食塩水が，容器Ｂには12％の食塩水が入っており，２つの食塩水は合わせて500ｇある。容器Ａから50ｇ，容器Ｂから100ｇの食塩水を取り出し，それぞれの容器に残った食塩水を混ぜ合わせた後に，水を110ｇだけ蒸発させたところ12.5％の食塩水ができた。容器Ａに最初に入っていた食塩水は何ｇか求めなさい。

(4) 右の図はある中学３年生50人に行った英語，国語，数学のテストの得点を，それぞれ箱ひげ図にしたものである。この箱ひげ図から読み取れることのうち，次の①～④から正しいものを１つ選びなさい。

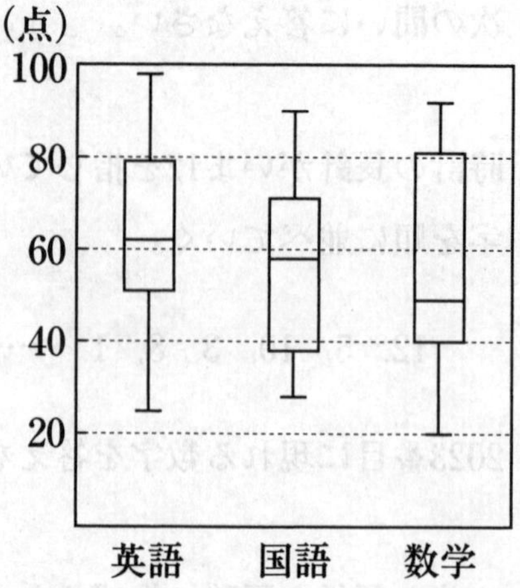

① 得点の散らばりが最も大きい科目は国語である。

② 英語のテストでは25人以上の生徒が60点よりも得点が低い。

③ 国語のテストの平均点は70点以上である。

④ 数学のテストで80点以上の生徒は13人以上いる。

(5) 右の図のように，円Ｏに内接する四角形ABCDがある。

$\angle COD = 100^\circ$，$\angle ACO = 10^\circ$，

$\overset{\frown}{AB} : \overset{\frown}{BC} = 3 : 1$ である。

ただし，$\overset{\frown}{AB}$，$\overset{\frown}{BC}$ は点Ｄを含まない弧である。

このとき，∠BADを求めなさい。

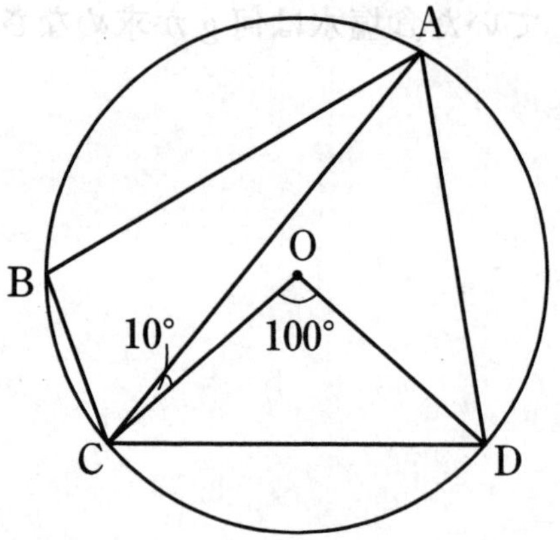

4 Aさんと B さんが，次の数学の問題について会話をしている。

会話の［①］～［⑤］にあてはまる数，式，記号を答えなさい。

問　題

△ABC の辺 BC 上に，2BD = DC である点 D があり，∠ABC = 45°，∠ADC = 60°，AB = 2 である。
このとき，∠ACB の大きさと辺 BC の長さを求めなさい。

(1) Aさん：∠ACB の大きさを求めてみよう。
線分 DC の中点を E として，線分 AD 上に CF⊥AD となる点 F をとると△DEF は正三角形となるね。
このことから，△FBD と△［①］は合同であることがわかるね。

Bさん：そうすると合同なので，角度や辺の長さが等しいことに着目すると，いろいろな三角形が二等辺三角形であることがわかるね。
このことから，∠BAD =［②］°となり，∠ACB =［③］°となるね。

(2) Aさん：辺 BC の長さを求めてみよう。
辺 AB 上に CG⊥AB となる点 G をとり，AG = x とおく。
△ACG，△BCG はともに直角三角形であることを利用すると，辺 BG や辺 BC を x を使って表せるね。

Bさん：そうすると，BG = CG = $\sqrt{\boxed{④}}\,x$ と表せるので，AB = 2 を用いて x の方程式を作って解き，辺 BC の長さを求めると，
BC =［⑤］となるね。

5 右の図は点Oを原点とし，放物線 $y = x^2$…①と直線 $y = x+6$…②が２点A，Bで交わっている。
また，点Aの x 座標は負とする。
点Pは放物線①上の点で，２点O，Bの間にある。次の問いに答えなさい。

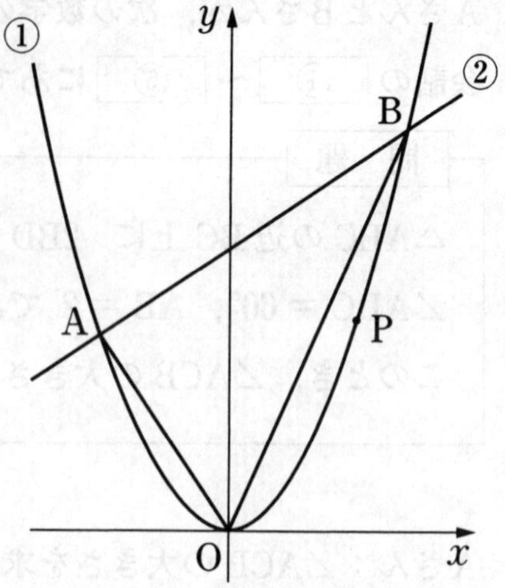

(1) △OABの面積を求めなさい。

(2) △PABの面積と△OABの面積の比が２：３のとき，点Pの座標を求めなさい。

6 右の図は１辺４の立方体を半分にした立体である。点Eから線分AFに垂線を引き，その交点をIとする。
また，線分EIを延長し線分BFとの交点をJとする。
このとき，次の問いに答えなさい。

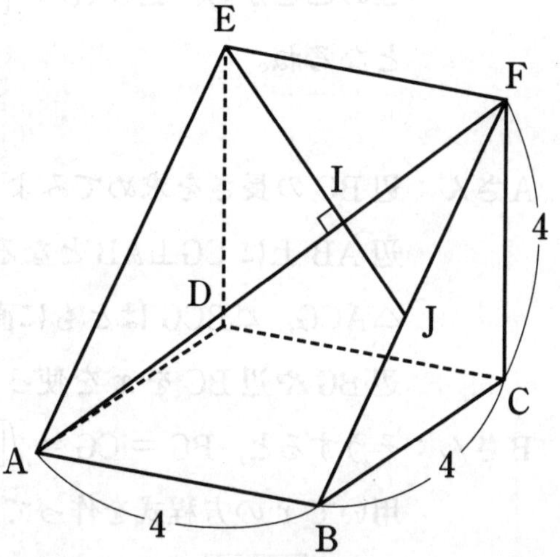

(1) 線分FJの長さを求めなさい。

(2) 三角錐IJBCの体積を求めなさい。

問十　この話は江戸時代に書かれた『醒睡笑』という話です。同時代に書かれた作品を次の中から一つ選び、記号で答えなさい。

ア　今昔物語集　　イ　方丈記　　ウ　徒然草　　エ　おくの細道

問八　――線部⑤「忽ちに証果の身となり侍るなり」とありますが、老僧がこのような「証果の身」となったのはなぜですか、その理由として最も適切なものを次の中から一つ選び、記号で答えなさい。

ア　白が勝った時は煩悩が菩薩に勝利したと喜び、黒が勝った時は煩悩が菩薩に負けたと悲しんでいたことで、打つたびに菩薩の力が増えていき、煩悩が消えることを強く感じるようになったから。

イ　黒が勝った時は菩薩が煩悩に負けたと悲しみ、白が勝った時は煩悩が菩薩に勝ったと喜んでいたことで、打つたびに煩悩である黒が消えていき、菩薩である白の勝つことが増えていったから。

ウ　白が勝った時は菩薩が煩悩に勝利したと喜び、黒が勝った時は菩薩が煩悩に負けたと悲しんでいたことで、打つたびに白が勝ち菩薩が勝つことが重なっていき、煩悩が消えていったから。

エ　黒が勝った時は菩薩により煩悩が負けたと悲しみ、白が勝った時は菩薩が煩悩に勝ったと喜んでいたことで、打つたびに菩薩の信仰力の強さを実感し、それにより煩悩が消えていったから。

問九　――線部⑥「世に随へば望あるに似たり。俗にそむけば狂人のごとし。あな憂の世の中や。」とありますが、筆者はなぜ解脱上人のこの言葉を引用したと考えられますか。最も適切なものを次の中から一つ選び、記号で答えなさい。

ア　一般的な仏道修行から外れると思われることでも、本人が信念を持って続けていれば、その功徳はあらわれるということを、多くの人々が理解していないから。

イ　一般的な仏道修行を続けることこそ、修行者自身が仏教的真理を得られる一番の道であるということを、多くの人々に強調して示したかったから。

ウ　一般的な仏道修行にこだわることなく、誰も考えもしない変わった行動の中にこそ、実は仏の救いが隠れているということを、多くの人々に教示したかったから。

エ　一般的な仏道修行の中には悟りを得られるものとそうでないものがあり、多くの人々はそのことに気がつかず、ただ信念だけがあれば、悟りは得られると考えているから。

問三　……線部Ⅰ～Ⅲの動詞の主語に当たる人物を次の中からそれぞれ選び、記号で答えなさい。（同じ記号を二度以上使用してもよい。）

ア　達磨をしゃう　　イ　かの老僧　　ウ　僧ども　　エ　解脱上人

問四　――線部①「いやしみ」とありますが、寺僧がそのように思ったのはなぜですか。その理由を二十五字以内で説明しなさい。

問五　――線部②「定めて様あらん」の解釈として最も適切なものを次の中から一つ選び、記号で答えなさい。

ア　僧たちは何か勘違いをしているのであろう
イ　老僧たちはいつもそのような様子であるのだろう
ウ　僧たちの発言は恐らく正しいものであろう
エ　老僧たちの行いにはきっと何か理由があるのだろう

問六　――線部③「立てるは帰り居ると見れば、また居たる僧失せぬ。」の状況として正しいものを次の中から一つ選び、記号で答えなさい。

ア　老僧は二人とも房からどこかにいなくなった。
イ　老僧は二人とも自分たちの住まいから房に戻ってきた。
ウ　老僧の一人が房に戻ってきて座ると、もう一人がいなくなった。
エ　老僧の一人は房に戻ってきたが、もう一人は戻ってこなかった。

問七　――線部④「このこと」が指す内容を本文中から抜き出して答えなさい。

注※1　天竺……………インドの古い呼び名。
※2　達磨……………菩提《ぼだい》達磨。南インドの僧。
※3　房………………部屋のこと。
※4　煩悩……………情欲・願望など、人間の心を悩ます精神作用。
※5　菩薩……………菩提《ぼだい》薩埵《さった》。仏道を希求し修行する者。
※6　証果……………煩悩を断ち切り、仏教真理を会得すること。
※7　解脱上人………鎌倉時代前期の法相宗の僧。筆者が師と仰ぐ人物。

問一　〰〰線部Ａ～Ｃの読みをそれぞれ現代仮名づかいに直して、すべてひらがなで答えなさい。

問二　═══線部ａ～ｃの語句の意味として最も適切なものを次の中からそれぞれ一つずつ選び、記号で答えなさい。

ａ「忽然と」
ア　ゆっくりと　イ　急に　ウ　堂々と　エ　静かに

ｂ「故」
ア　出来事　イ　趣　ウ　ゆかり　エ　わけ

ｃ「山の端」
ア　空の山を取り巻く空間
イ　山の稜線から少し離れた部分
ウ　空の山に接する部分
エ　山の空に接する部分

三　次の文章を読んで、後の問いに答えなさい。（答えに字数制限がある場合には、句読点・記号等も一字として数えなさい。）

※1天竺《てんじく》に一寺あり、住僧Aおほし。※2達磨《だるま》Bをしゃう、僧どもの行《おこな》ひを見給ふに、Ⅰ念仏するあり、ある※3房《ばう》に八九十ばかりなる僧、ただ二人碁を打つ外は他事なし。達磨くだんの房を出で、他の僧に問ふ。答へていはく、「この二人若きより囲碁《いご》の外する事なし。よつて寺僧①いやしみ、外道《げだう》の如《ごと》く思へり」と言ふ。をしゃう聞きて、②定めて様あらんと思ひ、かの老僧の傍《かたは》らにて、碁打つ様を見れば、一人は立ち、一人は居ると見るに、a忽然《こつぜん》として失せぬ。あやしく思ふ程に、③立てるは帰り居ると見れば、また居たる僧失せぬ。さればこそとⅡ思ひ、「囲碁の外他事なしと承る。そのb故《ゆゑ》を聞き奉《たてまつ》らん」とのたまふに、Ⅲ答へていはく、「年来《ねんらい》④このことより外はなし。ただ黒勝つときは我が※4煩悩《ぼんのう》勝ちぬと悲しみ、白勝つ時は※5菩薩《ぼさつ》勝ちぬと悦《よろこ》ぶ。打つに随《したが》ひて煩悩の黒を失ひ、⑤忽《たちま》ちに※6証果《しょうくわ》の身となり侍るなり」と云々。

c山の端にさそはば入らんわれもただうき世の空に秋の夜の月

※7解脱《げだつ》上人の、「⑥世に随へば望《のぞみ》あるに似たり。俗にそむけば狂人のごとし。あな憂の世の中や。一身Cいづれの処《ところ》にか隠さん」と書かれしを、右の歌に引合はせて衣の袖をしぼりにき。

（安楽庵策伝『醒睡笑』による）

問十　次に示すのは、この文章を読んだ五人の生徒が、その内容について話している場面です。この中から筆者の主張に最も近いことを述べている生徒を一人選び、A～Eの記号で答えなさい。

【生徒A】この文章は経済学者の視点から特殊な商売の事例を分析しているね。中でも「他店価格対抗」の広告には一般の消費者では気付かない企業の意図があるから、それを読み取らないといけないね。

【生徒B】そうだね。このような広告は、三段階先まで読むことが必要だと、筆者は主張しているよ。まずは、他店の家電が広告主の店よりも価格が高いということに、消費者自身が気が付くことから始まるね。

【生徒C】もし、価格競争がおこると競合店同士で顧客を奪い合うことになるし、利益も減ってしまうから、必要以上に価格を下げないように、互いにけん制する意味がこの広告からは読み取れるよ。

【生徒D】だから、この広告はアフターサービスなど販売店によって質が異なるものには言及されていないんだよ。今後はインターネット販売の活用など他の店にはないサービスが重要になってくるね。

【生徒E】それに、このような家電量販店の戦略にだまされないようにするために、筆者のような経済学者だけでなく私たちのような一般的な消費者も、しっかりとした経済学の理論を学ぶ必要があるね。

問七　――線部④「価格競争をしかける動機」とありますが、この場合に「動機」となるのはどういうことですか。その説明として最も適切なものを次の中から一つ選び、記号で答えなさい。

ア　価格競争をしかけることで、どの店も最低値で商品価格が安定し、消費者は価格以外の価値で商品を選択するようになるということ。

イ　価格競争をしかけることで、消費者はその店以外の商品も買うようになり、地域全体の経済活動を活性化させるようになるということ。

ウ　価格競争をしかけることで、多くの店が価格を下げ始めたことがうわさで広がり、消費者に対しての広告効果が非常に高いということ。

エ　価格競争をしかけることで、相手の店も連動して価格を下げることになり、最終的に相手の店を閉業させることができるということ。

オ　価格競争をしかけることで、商品からの利益は減るが、他店から顧客を奪うことで結果的に利潤を増やすことができるということ。

問八　――線部⑤「第二段階の思考」とはどのようなものですか。本文中の「Ａ店」「Ｂ店」の例を用いて七十字以内で説明しなさい。

問九　――線部⑥「『他店価格対抗』広告の本質」を端的に表した箇所を本文中から三十五字で探し、はじめと終わりの五字を抜き出して答えなさい。

問四　——線部①「経済」について、この言葉は明治時代に「エコノミー（economy）」の訳語として福沢諭吉が使用したことで広まったとされています。その福沢諭吉の著作として適切なものを次の中から一つ選び、記号で答えなさい。

ア　吾輩は猫である　　イ　一房の葡萄《ぶどう》　　ウ　学問のすゝめ
エ　銀河鉄道の夜　　オ　たけくらべ

問五　②　に入る言葉として適切なものを次の中から一つ選び、記号で答えなさい。

ア　秘密の報酬　　イ　勝者の余裕　　ウ　商売の鉄則
エ　暗黙の共謀　　オ　逆転の一手

問六　——線部③「多くの人がこの広告から予想すること」とありますが、これは具体的にはどういうことですか。その説明として最も適切なものを次の中から一つ選び、記号で答えなさい。

ア　少しでも顧客を集めるために、誇大広告の出し合いが始まるということ。
イ　家電量販店同士が安売り競争を行うことで、消費者だけが得をすること。
ウ　他店よりも安い商品を売るために、様々な企業努力があったということ。
エ　特定の店同士だけではなく、他にもっと安く売る店があると考えること。
オ　同じ地域の競合店に対し、価格競争をやめるように呼び掛けていること。

問一 Ⅰ ～ Ⅲ に入る言葉として適切なものを次の中からそれぞれ一つずつ選び、記号で答えなさい。

ア もちろん　イ たとえば　ウ ところが　エ なぜなら　オ つまり

問二 A 、 B に入る漢字二字の熟語を、 内の漢字を組み合わせてそれぞれ答えなさい。

＊ 内の漢字は一度しか使用できません。

参	直	察	無	支	警	出	夢	上	送	告	実	考	持	訴

問三 次の一文は文章中から抜き出したものです。この一文を元の場所に戻すとき、【ア】～【オ】のどの場所に戻すのが適切ですか。記号で答えなさい。

それは、多くの家電量販店の他店対抗の広告では、「インターネット価格に対しては対応しない可能性がある」と明記されていることである。

そのことを知っているA店は「他店価格対抗」の広告を打つ。そうすると、B店がA店よりも安い価格を付けてA店から顧客を奪おうと思っても、A店はその価格に対抗するため、B店はA店から顧客を奪うことができない。【ウ】その結果、B店は仮に価格を下げたとしても価格を下げた分の利潤が減少するだけに終わる。もちろん、A店も同じように利潤減少に見舞われる。価格競争をしかけた場合にこういうことが起こることを予想したB店は、価格引き下げでA店から顧客を奪うことができないことを理解するので、A店に対し価格競争をしかけてこない。これがB店の行動まで予測するという意味で、⑤第二段階の思考である。

B店の行動を正しく予想したA店は、「他店価格対抗」という広告を打つことで、B店が価格競争をしかけてこなくなることを予想したうえで、実際に「他店価格対抗」という広告を打つのである。【エ】これが、第三段階の思考である。

[Ⅱ]、「他店価格対抗」という広告の意味は、顧客に対して必要以上に値下げをせずに済むよう、ライバル店に対して「価格競争をするな」というものであり、「もし価格競争をしかけたら、お互い損をするように罰を与える」というものなのだ。

他店価格対抗が、地域のライバル店に対する価格維持政策という共謀行為であることを示すもう一つの理由がある。【オ】もし、家電量販店が、日本中のどこの家電販売店よりも価格を安くするのであれば、なにもインターネット価格を除外する必要はない。[Ⅲ]、近隣の家電量販店とインターネットによる通信販売の場合では、アフターサービスまで含めると商品の質が実質的に異なるので、異なる価格が付くという理屈も成り立つが、⑥「他店価格対抗」広告の本質は変わらないだろう。「他店対抗」のちらしをよく見ればみるほど、「価格を下げるなよ」という他店に対する販売店の[B]に見えてくる。これは、経済学者特有の性質なのだろうか。

（大竹文雄「競争社会の歩き方」より）

設問の都合上、一部文章を改変しました。

二 次の文章を読んで、後の問いに答えなさい。（答えに字数制限がある場合には、句読点・記号等も一字として数えなさい。）

家電量販店の広告ちらしに、「他店対抗します」とか「他店より価格が高ければ対抗します。ちらしをご［ A ］下さった方のみ」という文言が書かれているのを見たことがある人は多いだろう。この広告を見た人は、「この店はできるだけ安い価格で品物を売ってくれる消費者思いの店だ」と思っている人がほとんどではないだろうか。

［ I ］、①経済学者は、この広告を出している家電量販店は、競合店に対して価格競争をやめるように呼びかけていると解釈している。「［ ② ］」とも呼ばれているくらいだ。意外に思われるかもしれない。お互い安売り競争しますと消費者に呼びかけている広告だと誰でも思うはずだ。

この広告の意味するところを考えるには、三段階先までを読むことが必要になる。第一段階の解釈としては、広告を出した店の商品が、他店より一円でも高ければ、他店の価格に対抗することを宣言しているので、他店が安売り競争をしかければ、安売り競争で対抗するということだ。【ア】しかし、それなら価格競争が実際に行われて、消費者だけが得をすることになる。これが③多くの人がこの広告から予想することである。この広告の意味は、この第一段階の思考だけでは終わらない。

「他店対抗」という広告の狙いは、消費者に他店よりも家電の価格が安いことをアピールすることにあるのではない。【イ】広告の狙いは、ライバル店の価格戦略を変更させることにある。「他店価格対抗」の広告を出した家電量販店をA店、同じ地域のライバル店をB店としよう。B店は、競合店A店から顧客を奪えば、利潤を増やすことができる。B店が、A店の価格より少しだけ安い価格で商品を売り出すと、A店から多くの顧客を奪うことができて利潤を増やす効果の方が、価格低下による利潤減少を上回ることができる。そのため、B店としては、A店に対して④価格競争をしかける動機が十分にある。

二〇二三年度 実践学園高等学校(第2回)

【国　語】〈五〇分〉〈満点：一〇〇点〉

一　次の1～10の――線部のうち、漢字はひらがなに、カタカナは漢字に直して書きなさい。

1　オリンピックで期待の俊足ランナー。
2　晩秋の公園は閑散としている。
3　今の事態を大雑把にのみこむ。
4　最初からまた繰り返すのは煩わしい。
5　休日は惰眠をむさぼる。
6　商店のノキシタで雨宿りをする。
7　森のスんだ空気が心地よい。
8　人間がカイニュウすることでバランスが崩れる。
9　尊い命がギセイになる。
10　フハイした政界には期待できない。

英語解答

Ⅰ a)　ア，オ，ケ　b)　オ，コ
c)　1　snake　2　hospital
3　aunt　4　season
5　secret

Ⅱ 1　has gone　2　enough to
3　Shall we　4　made of
5　small, mine

Ⅲ 1　２番目…キ　４番目…エ
６番目…ウ
2　２番目…イ　４番目…ク
６番目…キ
3　２番目…ア　４番目…ク
６番目…キ
4　２番目…イ　４番目…エ
６番目…キ
5　２番目…オ　４番目…ク
６番目…カ

Ⅳ ①　イ　②　ウ　③　キ　④　ア
⑤　オ

Ⅴ a)　問１　ウ　問２　エ　問３　イ
b)　ウ，エ

Ⅵ 問１　エ　問２　え
問３　A…エ　B…ウ　C…イ　D…ア
問４　ウ
問５　２番目…キ　４番目…エ
６番目…イ
問６　（例）休憩の必要はないと言ったから。
問７　（例）アンの自転車に大きな傷をつけたこと。
問８　ア　問９　ウ，カ

数学解答

1 (1)　$\frac{19}{2}$　(2)　$4x^2$　(3)　$4a^2+3b^2$
(4)　$3\sqrt{14}+2\sqrt{2}$　(5)　-1

2 (1)　$x=5$，$y=4$
(2)　$(2x+3y-5)(2x-3y-5)$
(3)　$x=-\sqrt{3}$，$3\sqrt{3}$　(4)　3

3 (1)　6　(2)　$\frac{3}{8}$　(3)　200g
(4)　④　(5)　70°

4 (1)　①…FCE　②…15　③…75
(2)　④…3　⑤…$3\sqrt{2}-\sqrt{6}$

5 (1)　15　(2)　(2，4)

6 (1)　$2\sqrt{2}$　(2)　$\frac{16}{9}$

国語解答

一　1　しゅんそく　2　かんさん
3　おおざっぱ　4　わずら
5　だみん　6　軒下　7　澄
8　介入　9　犠牲　10　腐敗

二　問一　Ⅰ…ウ　Ⅱ…オ　Ⅲ…ア
問二　A　持参　B　警告　問三　オ
問四　ウ　問五　エ　問六　イ
問七　オ
問八　A店が価格対抗を行うと，B店の利潤が減少するだけでA店から顧客を奪うことができなくなるため，B店はA店に価格競争をしかけないと予想すること。(70字)
問九　「もし価格～というもの
問十　[生徒：]C

三　問一　A　おおし　B　おしょう
C　いずれ
問二　a…イ　b…エ　c…エ
問三　Ⅰ…ウ　Ⅱ…ア　Ⅲ…イ
問四　二人の老僧は若い時から囲碁以外何もしなかったから〔囲碁ばかりしているから〕。(25字〔23字〕)
問五　エ　問六　ウ
問七　碁打つ〔囲碁〕　問八　ウ
問九　ア　問十　エ

二〇二三年度 実践学園高等学校（推薦）

【作　文】（五〇分）

次の一～四の課題のうち一つ選択し、原稿用紙に書きなさい。

一．この約三年間のコロナ禍において、学校行事や部活動など様々な学校での活動が制限されてきました。このような状況においても、あなたが中学校の生活において特に力を入れてきたことや挑戦したこと、身につけたことについて、具体的な工夫の例を挙げながら六〇〇字以内で述べなさい。

二．近年、一人一台の端末を活用した教育が進められています。これにより、通信ネットワークの利用も本格的に導入されるようになりました。そこで、これまでのＩＣＴを用いた学習において、あなたが便利だと感じたり、学ぶことが楽しいと感じたりした経験について、具体例を挙げて六〇〇字以内で述べなさい。

三．近年、大学入試が変化している中で、中学や高校での取り組み内容について評価をする入試も増えています。これにともない、高校での学習のしかたや学校生活も、より主体的、計画的、探究的であることが求められます。そこであなたが、高校三年間の生活の中でチャレンジしたいと考えていることについて、具体例を挙げて六〇〇字以内で述べなさい。

四．実践学園の教育理念には「豊かな人間味のある、真のグローバル人材の育成」という考えがあります。では、グローバル社会で活躍するために、あなたは何を身につけたいと思いますか。具体例を挙げて六〇〇字以内で述べなさい。

〈編集部注：作文の解答例は省略してあります。〉

Memo

2022年度 実践学園高等学校(第1回)

【英　語】(50分)〈満点：100点〉

I　a) 3つの単語の下線部の発音が全て同じものを3組選び、記号で答えなさい。

ア. danger / baseball / back

イ. moon / pool / tool

ウ. eraser / stamp / face

エ. know / king / knife

オ. stick / pick / sick

カ. under / busy / human

キ. these / think / then

ク. reach / teach / ahead

ケ. ear / year / clear

b) 次のア～コの単語の中で、第2音節を最も強く発音するものを2つ選び、記号で答えなさい。

ア. mu-sic　　イ. fa-vor-ite　　ウ. lit-tle

エ. gar-bage　　オ. ho-tel　　カ. grad-u-a-tion

キ. web-site　　ク. an-oth-er　　ケ. emp-ty

コ. nat-u-ral

c）次の語句によって定義されている単語を答えなさい。
なお、その語は（　）内に示されたアルファベットで始まります。

1．the day between Tuesday and Thursday（W）

2．the eighth month of the year（A）

3．the time between 12 o'clock and evening（a）

4．everything in the world that is not controlled by humans, such as wild plants, animals, rocks, and the weather（n）

5．a space or an area of glass in the wall of a building（w）

Ⅱ　各組の英文がほぼ同じ意味になるように、それぞれの（　）に入る最も適切な単語を書きなさい。

1．My bag isn't as new as yours.
My bag is（　　）（　　）yours.

2．I was sad to hear the news.
The news（　　）（　　）sad.

3．I don't know where I can buy the ticket.
I don't know（　　）（　　）buy the ticket.

4．I couldn't understand her speech.
I（　　）（　　）to understand her speech.

5．He drew a picture. It was very nice.
The picture（　　）（　　）him was very nice.

Ⅲ 日本語の意味になるように英語を並べかえたとき、〔　　〕の中で2番目と4番目と6番目にくる語句の記号をそれぞれ答えなさい。ただし、文頭にくるべき語も小文字で記してあります。

1．私は明日、いとこの結婚式に出る予定です。
〔ア．wedding ／ イ．going ／ ウ．cousin's ／ エ．to ／ オ．I ／ カ．my ／ キ．am ／ ク．attend〕tomorrow.

2．家に帰ったら、父は夕食の準備をしていました。
My〔ア．was ／ イ．dinner ／ ウ．I ／ エ．home ／ オ．preparing ／ カ．when ／ キ．got ／ ク．father〕.

3．マリアと私は若いころからお互いをよく知っています。
〔ア．Malia ／ イ．have ／ ウ．other ／ エ．very well ／ オ．and ／ カ．each ／ キ．known ／ ク．I〕since we were young.

4．その問題について心配する必要はありません。
〔ア．don't ／ イ．you ／ ウ．worry ／ エ．the ／ オ．have ／ カ．about ／ キ．to ／ ク．problem〕.

5．このドラマは思っていたより面白いです。
〔ア．is ／ イ．than ／ ウ．interesting ／ エ．thought ／ オ．more ／ カ．I ／ キ．drama ／ ク．this〕.

Ⅳ 次の対話文を読んで、（ ① ）～（ ⑤ ）に最も適切なものを、下のア～キの中からそれぞれ１つずつ選び、記号で答えなさい。ただし、同じ記号を２度答えてはいけません。

Jim ：Taro, do you go to club activity today?

Taro：Yeah, Jim.（ ① ）

Jim ：Well, today is Saturday. You don't go to school on Saturdays, right?

Taro：In Japan, some club activities are held even on weekends.

Jim ：Wow, you must get very tired! By the way, our exams are coming up.（ ② ）

Taro：Not enough. I spent a lot of time on my club activity.（ ③ ）

Jim ：I think club activities are important, but as students, we should spend more time studying than joining in club activities.

Taro：I know, but I love club practice. In Japan, if you participate actively in club activities, you may have an advantage when taking entrance exams.

Jim ：Really? I didn't know that.（ ④ ）

Taro：You're right, but I want to practice hard.

Jim ：You'll get hurt if you practice when you're tired.（ ⑤ ）

ア．Have you been studying?

イ．But it's better to rest on weekends.

ウ．Is it hard for you to participate in your club activity?

エ．Why do you ask?

オ．Why do you practice even on weekends?

カ．Please be careful.

キ．I do not have much time to prepare for the exams.

V　a）次のグラフは、中学生のJunkoが興味を持ったパンダの成長を調べた結果を表したものです。彼女がクラス発表のために使ったグラフと解説した英文を読んで、後の問いに答えなさい。

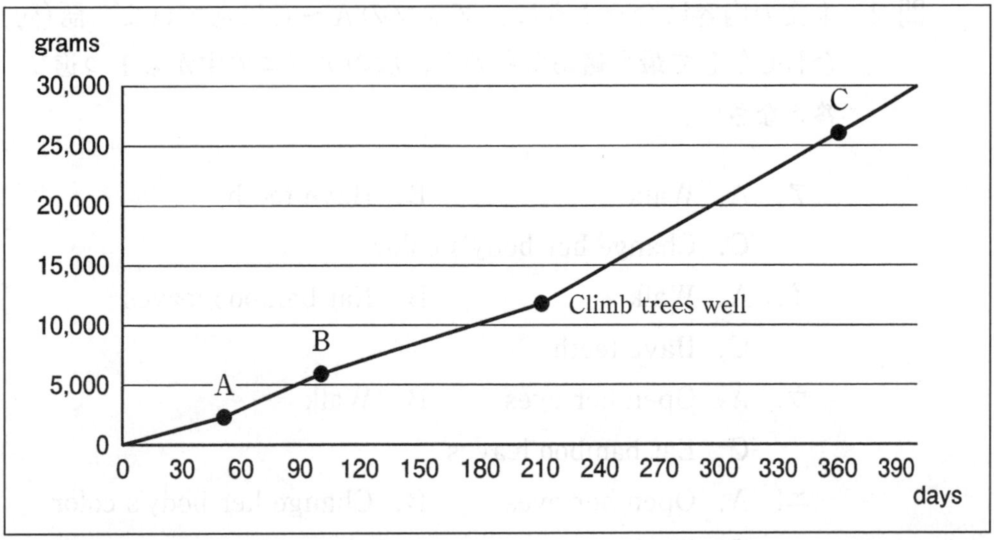

In May, I went to a zoo to see pandas in Nakano. I enjoyed seeing all the pandas there. A small panda climbed a tree. The panda was ※female. One of the zookeepers said, "One week ago, she began to climb trees well. And yesterday, she became seven months old." I thought, "How do pandas grow up?" After I came home, I decided to study about pandas. I got information about pandas through the Internet and books.

Please look at the graph above. It is the graph about the female panda. I saw her in the zoo in May. It shows the panda's weight, age in days, and the things she began to do. Her weight was only 200 grams when she was born. For several days after birth, her body was pink. When she was eight days old, her body's color began to change. When she was about 50 days old, she began to open her eyes. When her weight was about 6,000 grams, she began to walk. When she was 250 days old, she grew teeth. When she was about one year old, she began to eat ※bamboo leaves. Then, she began to live without her mother. Pandas (　　)(　　) fast!

※female　メスの　　　bamboo leaves　笹の葉

問１. 本文中の（　　）（　　）に入る最も適切な語句を、本文中から抜き出して答えなさい。

問２. 本文の内容に合うように、グラフのＡ～Ｃにあてはまる語(句)の組み合わせとして最も適切なものを、次のア～エの中から１つ選び、記号で答えなさい。

ア. A. Walk　　B. Have teeth
　C. Change her body's color
イ. A. Walk　　B. Eat bamboo leaves
　C. Have teeth
ウ. A. Open her eyes　　B. Walk
　C. Eat bamboo leaves
エ. A. Open her eyes　　B. Change her body's color
　C. Walk

問３. 本文の内容に合う文を、次のア～エの中から１つ選び、記号で答えなさい。

ア. Junko got information about pandas on the Internet only.
イ. Junko went to see pandas to make a graph about some pandas.
ウ. Junko enjoyed taking pictures of some pandas in the zoo.
エ. Junko saw all the pandas in the zoo.

b）以下は観光ツアーの案内です。これを読んで、案内の内容に合う英文を、次のページのア～オの中から２つ選び、記号で答えなさい。

Hakone Tour

※Book Online & Get 10% OFF

This is a hiking tour to enjoy the natural beauty of Hakone. There are many fun activities which you can try.

☆ Tour Route

Shinjuku Station
8:00 start
→ (bus)
Northern Hotel in Shibuya
8:30 [guests only]
→ (bus)
Gotemba Station
(1-hour free time)
→ (bus)
Otomeguchi Bus Station
→ (bus)
Mt. Kintoki & Mt. Nagao
(3-hour guided hike)
→ (bus)
Otomeguchi Bus Station
→ (bus)
Northern Hotel in Shibuya
15:30
→ (bus)
Shinjuku Station
16:00 finish

Your tour guide will be waiting for you at the information counter in Gotemba Station.

☆ Tour Schedule and Prices

Month	Price per person
January to March	4,000 yen
April to June	6,000 yen
July to September	6,500 yen
October to November	5,000 yen

(Bus fare, lunch, guide fee included)

Children of five and under : FREE

※ book　予約する

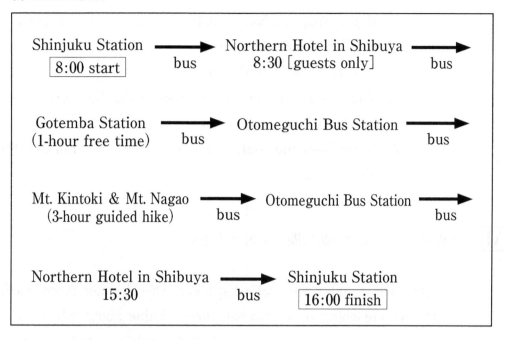

ア. You should meet the tour guide at Otomeguchi Bus Station.

イ. If you make a booking online in April, you can get a discount of 600 yen for each person.

ウ. Hakone Tour is held every month.

エ. You can get on the bus in front of the Northern Hotel even if you don't stay there.

オ. If you join the tour, you will be back at Shinjuku Station in eight hours.

Ⅵ 次の英文を読んで、後の問いに答えなさい。

Mary was a junior high school student. One day her teacher said, "Next Friday we are going to learn about jobs. Think about which location you would like to visit. Make groups of four people and talk about it." Mary and her friends talked together and ①(decide) to go to a ※textile mill near their school. Her teacher said, "Decide what you will do (A) a member of your group. One student will ask questions. 〔 あ 〕 Two students will write a report and one student will take pictures." "I don't want to write a report. Who will write the report?" Mary asked. No one answered. Mary's friend said, "I want to take pictures." Another friend said, "Me too." "It's hard to make questions," said her friend. 〔 い 〕 No one wanted to make questions, so they stopped ②(talk) about it.

A few days later Mary and her friends visited the textile mill, but they could not decide what they should do. A man was waiting (B) them in the textile mill. 〔 ③ 〕 He said, "Good morning." "Good morning," they said, ④but they were not happy. He told them many things about cloth. He said, "A long time ago, cloth was ※valuable for many people and making cloth was hard. They had to help each other." 〔 ⑤ 〕 "Do you have any questions?" he asked. They looked (C) and did not answer him.

Mr. Green said, "Well, let's learn how to make a piece of cloth. Now we must make strong ※threads. A single thread is short and weak, but by ※twisting several threads together, we can make strong threads." The girls tried to do, but it was hard. Mary could not do it alone, but her friends helped her. 〔 ⑥ 〕 Mr. Green said, "Next, let's use these threads to make a piece of cloth." They tried together. At ⑦〔ア. single イ. a ウ. didn't エ. first オ. say カ. word キ. they〕, but soon one of her friends said, "Mary, could you pull this thread?" "All right," Mary said. Another friend said, "Making cloth is difficult, but it is fun." Mary and her friends smiled. They worked for one hour but they only made a very small piece of cloth. 〔 う 〕 Mr. Green said to Mary and her friends, "A single thread is short and weak. 〔 ⑧ 〕 You are (D) this cloth. Working together is important. When you do something in the future, please remember this." Then Mary said to her friends, "I'm sorry. I will write the report." "No, Mary. Let's write it together," they said.

The next day Mary and her friends talked about their report. 〔 え 〕 They said, "We learned many things about making cloth and we learned something important to us too."

※ textile mill 織物工場 valuable 価値がある
thread(s) 糸 twisting より合わせること

問1. 下線部①②の語をそれぞれ適切な形にするとき、正しい組み合わせを次のア～エの中から1つ選び、記号で答えなさい。

ア. ① decided ② to talk イ. ① decide ② to talk
ウ. ① decided ② talking エ. ① decide ② talking

問2. 本文中の (A) ～ (D) に最も適切な単語を、次のア～エの中からそれぞれ1つずつ選び、記号で答えなさい。ただし、同じ記号を2度答えてはいけません。

ア. for イ. like ウ. down エ. as

問3. 次の英文が入る最も適切な箇所を、本文中の〔 あ 〕～〔 え 〕の中から1つ選び、記号で答えなさい。

However, they were happy.

問4. 本文中の〔 ③ 〕、〔 ⑤ 〕、〔 ⑥ 〕に次のa～cの英文を入れるとき、最も適切な組み合わせを、下のア～カの中から1つ選び、記号で答えなさい。

a. They made many strong threads together.
b. His name was Mr. Green.
c. He also showed them how to make cloth and how many kinds he made at the textile mill.

ア. ③a. ⑤b. ⑥c.　イ. ③a. ⑤c. ⑥b.　ウ. ③b. ⑤a. ⑥c.
エ. ③b. ⑤c. ⑥a.　オ. ③c. ⑤a. ⑥b.　カ. ③c. ⑤b. ⑥a.

問5. 下線部④の理由を日本語で答えなさい。

問6. 下線部⑦の〔　　〕内の語を適切に並びかえたとき、〔　　〕内で2番目と4番目と6番目にくる語の記号を答えなさい。

問7. 〔 ⑧ 〕に入る最も適切なものを、次のア～エの中から1つ選び、記号で答えなさい。

ア. So it is impossible to combine many threads.
イ. But if you combine many threads, you can make a strong piece of cloth.
ウ. But you can make a strong piece of cloth without combining many threads.
エ. So you should buy many clothes to combine many threads.

問8．先生が、グループの中で決めるように伝えた役割は何か、具体的に3つ日本語で答えなさい。

問9．本文の内容に合う文を、次のア～カの中から2つ選び、記号で答えなさい。

ア．Mary's teacher told Mary and her friends to go to the textile mill.

イ．Mary wanted to write a report on the textile mill before visiting it.

ウ．Mary asked several questions when Mr. Green said, "Do you have any questions?"

エ．Mary and her teacher were glad after they made a small piece of cloth together.

オ．Mr. Green said it was important to help each other.

カ．Mary and her friends learned many things about jobs.

【数　学】（50分）〈満点：100点〉

1　次の計算をしなさい。

(1) $\left(-\dfrac{3}{2}\right)^2\times\left(\dfrac{1}{6}-\dfrac{4}{27}\right)$

(2) $\left(-\dfrac{y}{3x}\right)^3\times\dfrac{27x^6}{y^3}\div\left(\dfrac{x}{y}\right)^3$

(3) $(3x-4y)^2+4(x+3y)^2$

(4) $\dfrac{1}{2-\sqrt{3}}+\dfrac{6}{3+\sqrt{3}}$

(5) $(\sqrt{7}-\sqrt{2})(\sqrt{3}+3)-(\sqrt{7}-\sqrt{2})(\sqrt{3}+1)$

2　次の問いに答えなさい。

(1) 連立方程式 $\begin{cases} x-2y=-4 \\ \dfrac{x+6}{4}-\dfrac{y+4}{3}=0 \end{cases}$ を解きなさい。

(2) $(x-y)^2+4(x-y-6)-8$ を因数分解しなさい。

(3) 2次方程式 $(2x-1)^2=5(4x-3)$ を解きなさい。

(4) 2次関数 $y=x^2$ と1次関数 $y=ax+b$ について，x の変域がともに $-3\leqq x\leqq -1$ のとき，y の変域が同じである。このとき，a と b の値を求めなさい。ただし，$a<0$ とする。

3 次の問いに答えなさい。

(1) $\frac{1}{7}=0.142857142\cdots\cdots$ である。このとき，小数第70位の数を求めなさい。

(2) 大小2個のさいころを同時にふったとき，大きいさいころの目を a，小さいさいころの目を b とする。
$a \geqq b$ となる確率を求めなさい。

(3) 200 g の食塩水Aと400 g の食塩水Bがある。Aから100 g，Bから100 g取り分けて混ぜ合わせると15％の食塩水ができ，残りの食塩水を混ぜ合わせると20％の食塩水ができる。このとき，Aの食塩水の濃度は何％か求めなさ

(4) 次の図はＩ高校とＪ高校のバレー部員それぞれ20名について，選手の身長(cm)を x 軸方向，スパイク時の最高到達点(cm)を y 軸方向にとったとき，座標の点を•印で表したものである。例えば点Aは，身長が170 cm，スパイク時の最高到達点が280 cm の部員を表したものである。
また，ジャンプの高さ(cm)＝スパイク時の最高到達点(cm)－身長(cm)と考える。

この図から読み取れる内容として正しいものを，下の①～⑥のうちから2つ選びなさい。

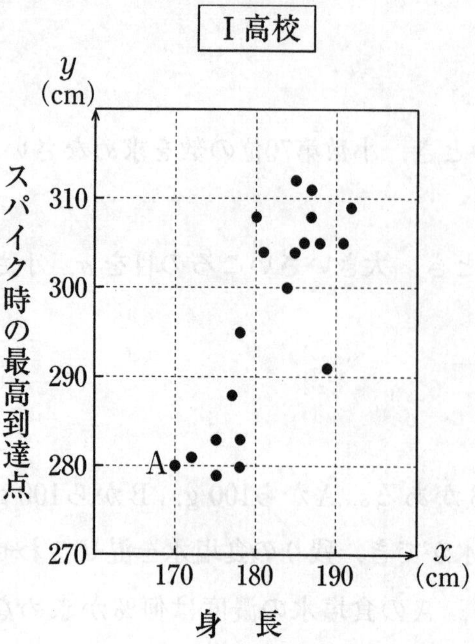

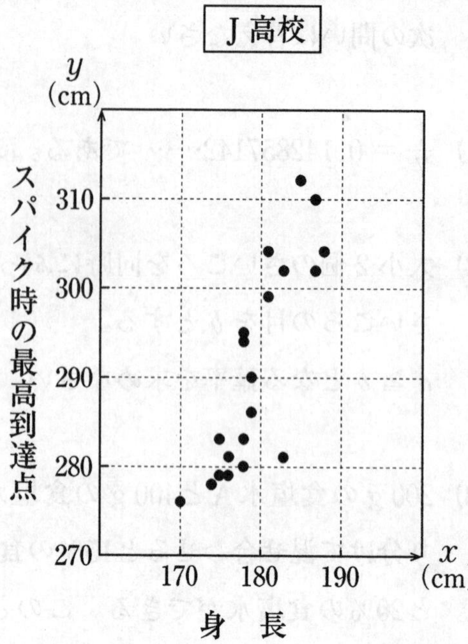

① I高校とJ高校のスパイク時の最高到達点の範囲は，I高校のほうが大きい。

② I高校とJ高校の身長の中央値を比べた時，J高校のほうが大きい。

③ J高校のスパイク時の最高到達点において上位30%の生徒は300 cm 以上である。

④ I高校，J高校ともに身長180 cm 以上の生徒はスパイク時の最高到達点が300 cm 以上ある。

⑤ ジャンプの高さが130 cm 以上の生徒はI高校，J高校ともにいない。

⑥ ジャンプの高さが100 cm 以下の生徒はI高校，J高校ともにいない。

(5) 右の図で，AB // CD // EF，AB = 15，EF = 6 のとき，CDの長さを求めなさい。

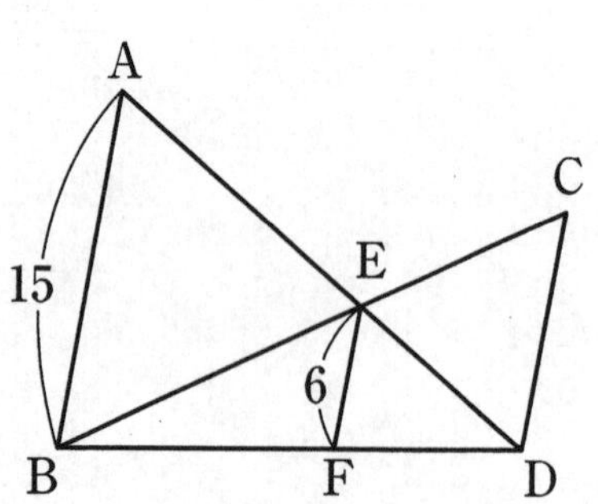

4 右の図の△ABC において，

AD : DB = 3 : 2

CE : ED = a : 1−a $(0 < a < 1)$

となるように点 D を辺 AB 上に，点 E を線分 CD 上にとる。また，直線 BE と辺 AC との交点を F とする。

この図について，A さんと B さんが次のような会話をしている。

次の ① ～ ⑤ にあてはまる数を答えなさい。

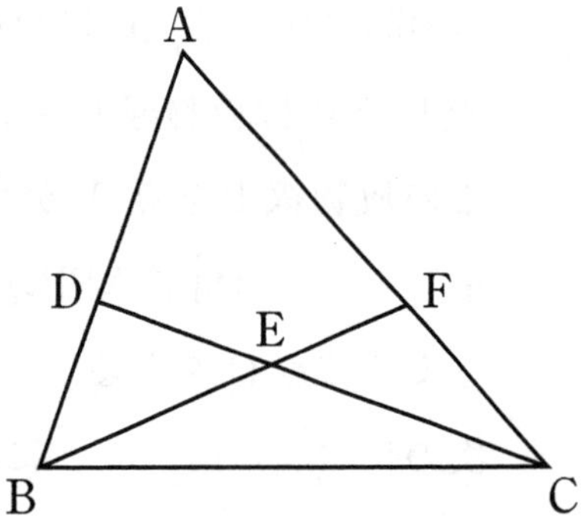

A さん：直線 DF と辺 BC が平行になるとき，a の値を求めてみよう。

B さん：△ADF と △ABC は相似になるよね。

A さん：相似比を利用すると $\dfrac{DF}{BC}$ = ① となるね。

B さん：$\dfrac{DF}{BC} = \dfrac{DE}{EC}$ だから直線 DF と辺 BC が平行になるとき，

a = ② だね。

A さん：このとき，△BCE の面積は △ABC の面積の何倍になるかな。

B さん：△BCE の面積は △ABC の面積の ③ 倍だね。

A さん：次に，$a = \dfrac{2}{3}$ のときを考えてみよう。

B さん：CF : FA はどうなるかな。

A さん：点 D を通り線分 BF に平行な直線を引き，辺 AC との交点を G とすれば分かりそうだね。

B さん：$\dfrac{CF}{FA}$ = ④ となるね。

A さん：このとき，△CEF の面積は △ABC の面積の何倍になるかな。

B さん：△CEF の面積は △ABC の面積の ⑤ 倍だね。

5　右の図において，Ｏは原点，２点$A(-2,\ 4)$，$B(4,\ 16)$は放物線$y=x^2$上の点である。
この放物線上を点Ａから点Ｂまで動く点をＰとし，四角形APBQが平行四辺形となるように点Ｑをとる。
次の［①］～［⑤］にあてはまる数・式を答えなさい。

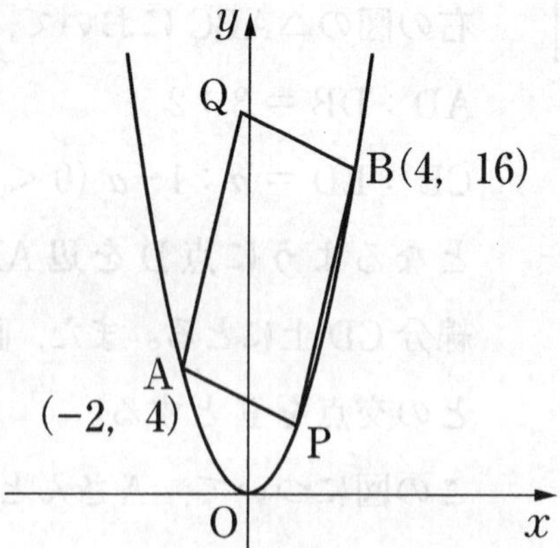

(1)　点Ｐが原点Ｏに重なるとき，点Ｑの座標は（［①］）で，直線AQの方程式は，$y=$［②］である。
また，原点Ｏを通り，平行四辺形APBQの面積を二等分する直線の方程式は，$y=$［③］である。

(2)　点Ｐのx座標をpとすると，点Ｑの座標はpを用いて，（［④］）と表せる。また，直線PQの傾きが-6のとき，$p=$［⑤］である。

6　右の図は円すいの展開図で，円すいの側面にあたるおうぎ形の半径は10 cm，底面の円の半径は6 cmである。次の問いに答えなさい。
ただし，円周率をπとする。

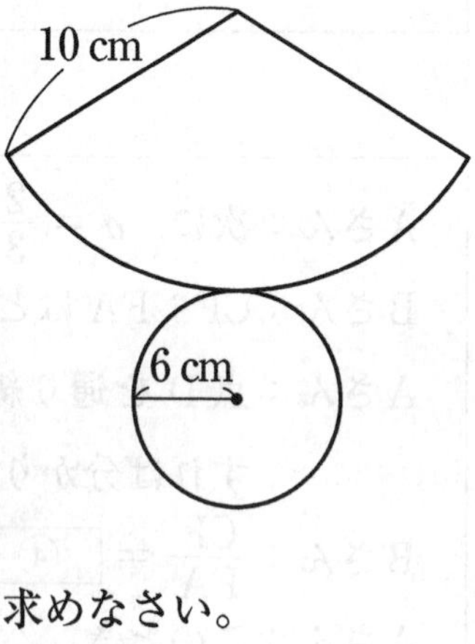

(1)　この円すいの体積を求めなさい。

(2)　この円すいの底面と側面に内側で接する球の半径を求めなさい。

問八　本文の内容に合致するものを、次の中から一つ選び、記号で答えなさい。

ア　蛙たちはできれば人間のようになりたいと思っていたが、観音様のご利益により所願成就することができた。

イ　蛙たちは人間のように泳いだりはできたが、更に走ることや長生きする事など観音様への願い事が増え続けた。

ウ　蛙たちは目障りな人間より立派な身分になりたかったので、観音様に願掛けをして所願成就することができた。

エ　蛙たちの身のほどをわきまえない言動が目に余るようになったため、観音様自らの手で願を解かれてしまった。

オ　蛙たちの身のほどをわきまえない言動が世に広まることを懸念した浮世房は、観音様に事の始終を報告した。

問九　この文章は江戸時代に作られた『浮世物語』の一節です。この作品と同じジャンルの作品を次の中から一つ選び、記号で答えなさい。

ア　太平記　　イ　源氏物語　　ウ　伊曽保物語　　エ　宇治拾遺物語

問四 ――線部①「願をかけて」とありますが、ここでの「願」の内容を、わかりやすく説明しなさい。

問五 ――線部②「あはれとおぼしめしけん」とありますが、ここでは誰が誰に対してどのように思ったのですか。その説明として最も適切なものを次の中から一つ選び、記号で答えなさい。

ア　蛙が様々な願いをかなえている観音に感嘆した。
イ　蛙が歩くことのできる人に対してうらやましいと思った。
ウ　観音がいつわりのない心からの願いを持つ蛙に感嘆した。
エ　観音が人のようになりたがる蛙に対して残念に思った。

問六 ――線部③「何の用にも立たず」とありますが、その理由を四十字以内でわかりやすく説明しなさい。

問七 ――線部④「身のほどを知らざる故」とありますが、浮世房はこのことについて、どのように説いていますか。その内容の説明として、最も適切なものを次の中から選び、記号で答えなさい。

ア　蛙が自らの目の付いているところを、人間とはそもそも姿が違うことに気がついていないということを説いている。
イ　蛙が両生類なのに身分をわきまえず、哺乳類の人間に対してねたみやひがみを持っているということを説いている。
ウ　世間の人が身分をわきまえもせず、蛙の例え話と同じように主君をうらんだりしてはいけないということを説いている。
エ　世間の人が主君に熱心に奉公して役職にもつけなかったとしても、鳥獣類や虫類のほうがましだと愚痴をこぼしてはいけないと説いている。

（浅井了意『浮世物語』による）

注※1 能……………できること。
※2 ひよくひよく…ぴょんぴょん。
※3 所願成就………願いがかなうこと。
※4 浮世房…………諸国を放浪する僧。

問一 ＝線部A～Cの読みをそれぞれ現代仮名づかいに直して、すべてひらがなで書きなさい。

問二 〰線部a～dの意味として、最も適切なものを次の中から選び、それぞれ記号で答えなさい。

a 「あまた」
ア たまたま　イ むだに　ウ たくさん　エ 約束して

b 「つくばひ」
ア 飛び跳ねて　イ 立ち上がって　ウ ひっくり返って　エ うずくまって

c 「さらば」
ア おわりに　イ 仕方なしに　ウ それならば　エ 言うまでもない

d 「かこつ」
ア かくまう　イ 嘆く　ウ 囲みふさぐ　エ 失敗する

問三 ----線部イ・ロ・ハの主語を、次の中からそれぞれ選び、記号で答えなさい。（同じ記号を二度使用してもよい。）

ア 蛙　イ 観音　ウ 世間の人　エ 浮世房　オ 作者（語り手）

分はどう考えるか」とか、「なぜそれが問題なのか」、という「問い」を相手に投げかけることが対話のスタートなんだよね。

オ　【生徒E】　そうよね、私も「対話」をするために、話題としてあげる「情報」に対して私自身が「なぜ」それが問題なのか、ということを相手に理解してもらえるようにしっかり説明して、明らかにしていきたいわ。

三

次の文章を読んで、後の問いに答えなさい。（答えに字数制限がある場合には、句読点・記号等も一字として数えなさい。）

今はむかし、池のほとりに蛙《かへる》のaあまた集りて　Aいふやう、「あはれ生きとし生けるものの中に、人ほどうらやましきものはなし。われら、いかなればかかる生をうけて、手足をばそなへながら、水を泳ぐを※1能《のう》として、陸《くが》にあがりては　bつくばひ居《お》り、行く時も心のままに走り行くことかなはず、ただ※2ひよくひよくと跳《と》ぶばかりにて早為《はやわざ》もならず。いかにもして人のごとく立ちて行くならば良かるべし。いざや観音《くはんをん》に①願《ぐはん》をかけて、立《た》つことをいのらん」とて、観音堂《だう》にまいりて、「願はくはわれらをあはれみ給ひ、せめて蛙の身なりとも、人のごとくに立ちて行くやうに守らせ給へ」と　イいのりける。まことの心ざしを②あはれとおぼしめしけん、そのまま後《うしろ》の足にて立ちあがりけり。「※3所願成就《しよぐはんじやうじゆ》したり」と、よろこびて池に帰り、「cさらばつれだちて歩きて見ん」とて、陸に立ちならび、後足にて立ちて行けば、目《め》が後になりて一足《ひとあし》も向《むかふ》へ行かれず。先《さき》も見えねば危《あぶな》さ言ふばかりなし。「これにては③何の用にも立たず。ただ元《もと》のごとく這《は》はせて給はれ」と祈りなをし侍べりといへり。※4浮世房聞きて、世間《せけん》の人これらの　Bたぐひに　ロ似《に》たる事多し。とかく④身のほどを知らざる故に、君を恨み世を　dかこつ者みなかくのごとし。蛙は、Cをのれ鳥獣《とりけだもの》にだにもあらず、虫《むし》のたぐひにして、ハ人をうらやみ、立ちて行かんとすれども、生《うま》れつき人に似《に》ず、目のつき所のあしければ、立ちて行くべきものにあらずと、身のほどを知らざる故なり。

ウ　他者との相互作用によって変化し、時にはこわれてしまうこともある個としてのアイデンティティともいえるもの。

エ　他者との相互作用をともなう体験によって、ことばとして「私」の考えを他者に伝えるための活動の基本とすべきもの。

オ　自己確認と自己表明を繰り返し、他者との相互作用を体験することで新しい「私」に変わっていく際に生まれるもの。

問九　――線部⑧「『なぜ』を問うことによって生まれるもの」とありますが、筆者はどのようなものが「生まれる」と考えていますか。文中より十字で抜き出しなさい。

問十　次の文は本文を読み終わった後に五人の生徒が「対話」について話し合っている場面です。この中で本文の内容にあてはまらないものを一つ選び、記号で答えなさい。

ア　【生徒A】　私たちは自分がわからないから知識や情報を調べたり、調べてわかったことを人に教えてあげたりしてるけど、それが実は相手とやりとりをするうえで壁をつくってしまってたなんて考えたこともなかったわ。

イ　【生徒B】　本当だね。確かに「知りたい」というのは自分の中にある情報への欲求といえるし、「教えてあげたい」というのも、自分の中にある情報を提供しているだけで、どちらも一方通行で、表層的だよね。

ウ　【生徒C】　その「対話」をしていくためには、「なぜ」という問いが必要だということもビックリしたよね。でもさ、考えてみればこの「対話」をするためにはインターラクティブっていう相互関係的な活動は絶対に必要なものだよね。

エ　【生徒D】　そうそう。「対話」を知識や情報のやりとりで終わらせないためには、情報に対して、「自

問六 「 ⑤ 」、これが、対話という活動にとって不可欠のプロセスなのです。」とありますが、筆者は ⑤ 内で「対話」の「プロセス」を三つのプロセスで説明しています。この三つのプロセスの内容として適切なものを次の中から三つ選び、記号で答えなさい。なお、選んだ記号は本文の内容・構成に基づいた順番で解答欄に記入すること。

ア 対象としての話題を調べ、相手に提供する。

イ 対象としての話題を自分の問題としてとらえる。

ウ 知識情報授受症候群を認識すること。

エ ブレーンストーミングしたときの体験を語る。

オ 相手とのやりとりによって解きあかしていく。

カ 相手との相互作用を起こす関係から早く脱出する。

キ 自分の中に「なぜ」という問いを持つ。

ク 個人の利害に基づいた体験を相手と共有する。

ケ 自分にしかできないものかどうかを相手に確認する。

問七 ――線部⑥「無自覚的な『客観性』神話」とありますが、どういうことですか。文中の語句を用いて八十字以内で説明しなさい。

問八 ――線部⑦「『私でなければできないこと』というオリジナリティの視点」とありますが、この「オリジナリティ」の説明として間違っているものを次の中から一つ選び、記号で答えなさい。

ア 「私でなければ話せないこと」という固有の視点を持ち、どのような状況においてもゆるがない個として存在するもの。

イ 「私でなければ話せないこと」という固有の視点をインターアクションによって新しい「私」へと自己変容させていくもの。

問四　［③］に入る語句として適切なものを次の中から一つ選び、記号で答えなさい。

ア　強い自己顕示欲
イ　情報提示欲
ウ　反抗的欲望
エ　人間の反抗心
オ　人間の好奇心

問五　――線部④「この膠着状態」とありますが、この状態を説明したものとして適切なものを次の中から一つ選び、記号で答えなさい。

ア　情報の提供をしたり受け取ったりといった、知的探究心を掘り下げようとせず、ましてインターラクティブな相互作用までも掘り下げようとしない独りよがりな状態。
イ　情報の提供をしたり受け取ったりといった表層的なやりとりをしているだけで、インターラクティブな活動といった相互作用がきわめて起こりにくくなっている状態。
ウ　情報のやりとりをするにあたって、なぜ自分はそれを知りたいのかという自身の立場を理解しながらもインターラクティブな相互作用までは掘り下げようとしない状態。
エ　情報のやりとりをするにあたって、テーマについての自分の主張が表層的なために自信が持てず、インターラクティブな相互作用を通じて自信を深めたいという状態。
オ　情報のやりとりをするにあたって、知識情報授受症候群であることなど気にせず、自分の信じた相手とだけ何度も大切な情報を相互にやりとりしていこうという状態。

れる検証的思考であり、それがときに、あなたの思考と表現を活性化させる対話の活動だということになるでしょう。

この⑦「私でなければできないこと」というオリジナリティの視点こそが、自分の「考えていること」を発見し、それをことばにして他者に伝えるための対話活動においてもっとも基本的なスタンスとなるものなのです。

この⑧「なぜ」を問うことによって生まれるものは、方法の善し悪しではなく、また効率性の有無でもありません。

「なぜこの話題について対話するのか」という、あなた自身の存在理由です。それは同時に、「なぜ私はことばによって活動するのか」という、考える個人であるための課題でもあります。

「そんなことを考えている暇はない」という、忙しいあなたに向けて、「あなたは何のために生きているの」という問いを対話自体が投げかけているのです。

（細川英雄『対話をデザインする――伝わるとはどういうことか』による）

注※　インターアクション…相互作用。

問一　［Ⅰ］～［Ⅳ］に入る語として適切なものを次の中から選び、それぞれ記号で答えなさい。

ア　しかし　　イ　そこで　　ウ　なぜなら　　エ　もちろん　　オ　だから

問二　――線部①「ほぼ同じ構造」とありますが、「同じ構造」となるのはなぜですか。その理由が書かれている部分を文中から三十字以内で探し、最初と最後の五字を書きなさい。

問三　［②］に入る語句を文中より十五字以内で抜き出しなさい。

を集めることだ、そうでなければ、相手を説得することはできない、というのがこれまでの考え方でした。たとえば、対話の話題を提案するとき、あなたは、文献やテキストあるいは参考書などで紹介されている事例や、テレビや新聞、マスコミで評判になっているものを選ぶ傾向がありませんか。

しかも、他者に示すものであるからには、知識的な要素を含んだもの、たとえば、文献資料を調べるとか、アンケート調査をして結果を出すとか、そういうものが課題の解決にふさわしいのだと思い込んでいませんか。

[Ⅳ]、「私」の視点からテーマを考えるというと、自分のことだけで主観的な問題になってしまい、客観的な結果にならない、という批判を恐れてはいませんか。

ここに、⑥無自覚的な「客観性」神話があるといえるでしょう。

文献資料やアンケート調査などの情報収集が一切ダメだといっているわけでは決してありません。しかし、そうした情報収集の前に、あなた自身の、なぜ○○が問題なのかという「私」の問いがなければ、何も始まらないといっているのです。そうした問いなしに、一般論としての情報が重要だと思い込んでいると、テーマそのものの取り上げ方や切り込み方がきわめて類型的なものに陥ってしまうことにあなたは気づいているでしょうか。

ここで、まず把握されなければならないのは、この「私」固有の視点です。すなわち「私でなければ話せないこと」をどう話すかということなのです。この視点のことをオリジナリティと、この本では呼んでいます。

しかも、このオリジナリティとは、一度手に入れればいいというようなものではありません。他者との※インターアクションによって揺さぶられ、場合によっては崩される個としてのアイデンティティといってもいいものなのです。つまり、自己確認と自己表明の繰り返しと、他者とのインターアクション体験によって「私」が、新しい「私」への変容を自覚する過程で、さまざまなオリジナリティが出現するのです。

この新しい「私」に変わるための自己変容の装置こそが、他者とのインターアクションによって導き出さを見出すこと。すなわち、話題を自分のテーマとしてとらえられるか。これが対話活動の出発点となります。

ここで「自分にとって」というのは、個人の利害のことを言っているのではありません。また、個人的な体験を述べればいいというわけでもないのです。[Ⅱ]、そのテーマが「自分にしかできないもの」であることを要求しているかどうかを自分で検証することだからです。

このように、[⑤]、これが、対話という活動にとって不可欠のプロセスなのです。

ところが、この「自分の問題としてとらえること」ということがとてもわかりにくいようです。

たとえば、個人的なことだから自分の問題になっているとはかぎりません。自分の問題というのは、必ずしも個人的なこととは関係がないといえるでしょう。たとえ世界の経済問題だって、自分の問題としてとらえられていれば、それでいいはずです。[Ⅲ]、「世界の経済問題」がなぜ「自分の問題」なのかをあなたは考えなければならないことになります。

そこで、「〈私〉をくぐらせる」という表現をわたしは使っています。

＜中略＞

「〈私〉をくぐらせる」というのは、その話題に関して自分の問題意識をもって話すということです。だから、その意味では、個人的なことかどうかなんて関係ないのです。もちろん、話されることが結果として個人的なことになる場合もあるわけですが、それは他人に対して話すという覚悟の上で「自分の考えを出す」わけですから、ただ自分の秘密をヒソヒソ話で話すのとはわけが違うことになります。

では、「自分の考えを出す」とはどのようなことなのでしょうか。

自分の「考えていること」について話すことは、結局、自分の個人的なことになってしまい、それは主観的なことになるから話してはいけないという考え方も多くあります。客観的な事実を話すための方法とは資料相手です。こうした関係性の中で、情報を提供する／受けとるだけという、表層的なやりとりでは、そうした相互作用がきわめて起こりにくくなるのです。

そこで、この「知りたい、わかりたい、調べたい」や「教えてあげたい、知らせたい」の知識情報授受症候群から、いち早く脱出することを考えなければなりません。

では、どのようにしたら脱出することができるのでしょうか。④この膠着《こうちゃく》状態を根本から揺り動かすものが、「なぜ」という問いです。

あなたは日々の生活の中でいつも何か特定のテーマを自覚しつつ行動しているわけではないでしょう。大きく考えれば、わたしたちは常にテーマを求めて生きているともいえるのですが、そうは言っても、「さあ、テーマを決めて」と言われると何をどのようにすればいいのかわからなくなるのです。これはいわば当然のことです。

そこでまず、あなた自身の「考えていること」をさまざまなかたちで外側に出してみるという活動が必要になります。これは、一般にはブレーンストーミングと呼ばれるものですが、要するに、自分の「考えていること」を一人でメモに書きつけたり、あるいは雑談風にだれかに語ったりすることによって「自分のテーマ」へのヒントが生まれるというものです。

このときに肝心なのは、そのテーマが自分にとってどれだけ大切なものであるかを考えることです。

では、なぜ○○なのか。○○について考えることは、あなたにとってどれだけ切実であるか、つまり、あなたにとっての「テーマ」であるか否かなのです。これを考えることが「なぜ」に答えるだけの「考えていること・言いたいこと」を決定する力になります。

「テーマ」に対する「なぜ」があってはじめて「考えていること」が明確になり、そこから「言いたいこと」が生まれ、それによって対話の視点が定まるといっていいでしょう。

まず、話題を自分のものとしてとらえ、「自分のテーマ」と関連づけて、そこから自分の「言いたいこと」

二　次の文章を読んで、後の問いに答えなさい。本文には、作問の都合上、一部省略したところがあります。

（答えに字数制限がある場合には、句読点・記号等も一字として数えなさい。）

情報の問題に関連して、ここには、ある共通の問題が潜んでいることが多いものです。

一つは、知らないことを知りたい、わかりたい、だから調べたい、というものです。

もう一つは、自分の知っていることをみんなに教えてあげたい、というものです。

まず、「知りたい、わかりたい、調べたい」という意欲そのものは、人間の好奇心の一端としてとても重要です。ただ、そうした情報を得たいと思うだけでは対話は成り立たないのです。もう一歩踏み込んで、「なぜ自分は○○が知りたいのか」というところまで突き詰めないと、あなた自身の立場が見えてこないからです。ここでいう立場というのは、テーマについて自分がどう考えているかというあなた自身のスタンスというものです。

次に、「教えてあげたい、知らせたい」というのも、①ほぼ同じ構造を持っています。これも、自分の知っている知識や情報を、知らない人に与えようとする発想から出ているわけで、「［　②　］」とは反対のベクトルではありますが、やはり知識・情報のやりとりのレベルにとどまっているからです。単なる知識・情報のやりとりだけでは、自分の固有の主張にはなりにくいため、展開される議論そのものが表面的で薄っぺらなものになってしまうのです。

［　Ⅰ　］、知識・情報を求めることが悪いといっているのではありません。前述のように、そのこと自体は、［　③　］を満たすものであり、前向きに考えるための重要なきっかけではあります。

しかし、自分の「考えていること」を相手に示し、それについて相手から意見をもらいつつ、また、さらに考えていくという活動のためには、情報を集め、それを提供するという姿勢そのものが相手とのやりとりにおいて壁をつくってしまうことに、気づかなければなりません。対話という行為は、後にもくわしく述べるように、とてもインターラクティブ（相互関係的）な活動です。相手あっての自分であり、自分あっての

二〇二二年度 実践学園高等学校（第1回）

【国語】（五〇分）〈満点：一〇〇点〉

一　次の1～10の――線部のうち、漢字はひらがなに、カタカナは漢字に直して書きなさい。

1　いつも屈託のない顔つきをしている。
2　相手国との条約を締結する。
3　病院の懇切な看護のおかげ。
4　赴任先から帰国の準備をする。
5　困っている人を助ける篤志家。
6　ホウケン制度について調べる。
7　砂上のロウカク。
8　他のツイズイを許さない。
9　このままマイボツさせるのは惜しい。
10　ごマンエツの表情をうかべる。

英語解答

Ⅰ a) イ，オ，ケ　b) オ，ク

c) １ Wednesday　２ August

３ afternoon　４ nature

５ window

Ⅱ １ older than　２ made me

３ where to　４ wasn't able

５ drawn by

Ⅲ １ ２番目…キ　４番目…エ

６番目…カ

２ ２番目…ア　４番目…イ

６番目…ウ

３ ２番目…オ　４番目…イ

６番目…カ

４ ２番目…ア　４番目…キ

６番目…カ

５ ２番目…キ　４番目…オ

６番目…イ

Ⅳ ① エ　② ア　③ キ　④ イ

⑤ カ

Ⅴ a) 問１ grow up　問２ ウ

問３ エ

b) イ，オ

Ⅵ 問１ ウ

問２ A…エ　B…ア　C…ウ　D…イ

問３ う　問４ エ

問５ (例)彼女たちが何をするべきか決められていなかったから。

問６ ２番目…キ　４番目…オ

６番目…ア

問７ イ

問８ 質問をする役割，レポートを書く役割，写真を撮る役割

問９ オ，カ

Ⅰ〔音声・語彙総合〕

a)＜単語の発音＞

ア．danger[ei] baseball[ei] back[æ]
イ．moon[uː] pool[uː] tool[uː]
ウ．eraser[ei] stamp[æ] face[ei]
エ．know[黙字] king[k] knife[黙字]
オ．stick[i] pick[i] sick[i]
カ．under[ʌ] busy[i] human[uː]
キ．these[ð] think[θ] then[ð]
ク．reach[iː] teach[iː] ahead[e]
ケ．ear[iə*r*] year[iə*r*] clear[iə*r*]

b)＜単語のアクセント＞

ア．mú-sic　イ．fá-vor-ite　ウ．lít-tle　エ．gár-bage　オ．ho-tél
カ．grad-u-á-tion　キ．wéb-site　ク．an-óth-er　ケ．émp-ty　コ．nát-u-ral

c)＜単語の定義＞

１．「火曜日と木曜日の間の日」―「水曜日」　２．「１年の８番目の月」―「８月」　３．「12時から夜までの時間」―「午後」　４．「人間によって管理されていない世界中の全てのもの，例えば野生の植物，動物，岩，天候など」―「自然」　５．「建物の壁面にあるガラスの部分」―「窓」

Ⅱ〔書き換え―適語補充〕

1.「私のカバンはあなたのほど新しくない」→「私のカバンはあなたのより古い」 ‘not as … as ～’「～ほど…でない」の文を，比較級を用いて書き換える。

2.「私はその知らせを聞いて悲しかった」→「その知らせは私を悲しくさせた」 ‘感情の原因’を表す to不定詞の副詞的用法を用いた文を，‘make＋目的語＋形容詞’「～を…(の状態)にする」の形を用いて書き換える。

3.「私はどこでその切符を買えるのかわからない」→「私はどこでその切符を買うべきかわからない」 ‘疑問詞＋主語＋動詞’の間接疑問の文を，‘疑問詞＋to不定詞’の形を用いて書き換える。「どこで～すべきか」は where to ～ で表す。

4.「私は彼女のスピーチを理解できなかった」 助動詞 can の過去形 could を用いた文を，be able to ～「～することができる」の形の文に書き換える。「できなかった」は過去のことなのでbe動詞は was を用い，空所の数から wasn't と短縮形にする。

5.「彼は絵を描いた。それはとてもすばらしかった」→「彼によって描かれた絵はとてもすばらしかった」 名詞の後に‘過去分詞＋語句’を置いて「～された…」という受け身の意味を表すことができる(過去分詞の形容詞的用法)。

Ⅲ〔整序結合〕

1.「～する予定だ」は be going to ～ で表せる。「いとこの結婚式に出る(＝出席する)」は attend my cousin's wedding。 I am going to attend my cousin's wedding tomorrow.

2.「(…したとき)～していた」は過去進行形(was/were＋～ing)で表せる。「家に帰ったら」は「私が家に帰ったとき」ということなので when I got home とする。 My father was preparing dinner when I got home.

3. 主語は Malia and I で，have と known が与えられているので，‘継続’を表す現在完了形(have/has＋過去分詞)の文にする。「お互いをよく知っている」は know each other very well。 Malia and I have known each other very well since we were young.

4.「～する必要はない」は‘don't/doesn't have to＋動詞の原形’。「～の心配をする」は worry about ～ で表せる。 You don't have to worry about the problem.

5. 主語は this drama で，「～より面白い」は比較級を用いて表せる。interesting の比較級は more interesting。「(私が)思っていたよりも」は比較級の後に than I thought と続ける。 This drama is more interesting than I thought.

Ⅳ〔対話文完成―適文選択〕

≪全訳≫❶ジム(J)：タロウ，今日は部活動に行く？❷タロウ(T)：うん，ジム。①どうしてきくの？❸J：だって今日は土曜日だよ。土曜日は学校に行かないよね？❹T：日本では，週末でも活動する部活動があるんだよ。❺J：うわあ，すごく疲れるに違いないね！ ところで，試験が近いね。②君は勉強してる？❻T：十分ではないよ。部活動に時間をかけてしまったんだ。③試験の準備をする時間があまりないんだ。❼J：部活動は大切だと思うけれど，学生としては，部活動に参加するよりももっと勉強に時間をかけるべきだよ。❽T：そうだね，でも僕は部の練習が大好きなんだ。日本では，熱心に部活動に参加すれば，入試の際に有利になるかもしれないんだよ。❾J：本当？ それは知らなかったな。④でも週末は休む方がいいな。❿T：そのとおりだね，でも僕は一生懸命練習したいんだ。⓫J：疲れているときに練習するとケガをするよ。⑤気をつけてね。

＜解説＞①直後のジムの発言は，タロウに今日も部活動に行くのかと尋ねた理由になっている。

②タロウの「十分ではない」という返答から，ジムは試験に備えて勉強しているかどうかタロウに尋

ねたのだと考えられる。　③直後でジムが，部活動よりも勉強に時間をかけるべきだと言っていることから，タロウは部活動に時間をかけて試験に備える時間があまりない，と言ったのだと考えられる。④直後でタロウはこのジムの発言を認めたうえで「でも僕は一生懸命練習したい」と言っているので，この「一生懸命練習したい」と対照的な内容が入るとわかる。　⑤「疲れているときに練習するとケガをする」に続く発言である。

V〔長文読解総合〕

a)＜グラフを見て答える問題―スピーチ＞≪全訳≫（グラフ）グラム（生後の）日数／上手に木登りをする❶５月に，私は中野の動物園にパンダを見に行きました。そこの全てのパンダを見て楽しみました。１頭の小さなパンダが木に登っていました。そのパンダはメスでした。飼育員の１人が「１週間前，上手に木に登り始めたのです。そして昨日，生後７か月になりました」と言いました。私は「パンダはどんなふうに成長するのだろう」と思いました。家に帰ってから，パンダについて調べることにしました。インターネットや本からパンダについての情報を集めました。❷上のグラフを見てください。これはメスのパンダに関するグラフです。私は５月に動物園で彼女を見ました。これはパンダの体重と生後の日数，それに彼女がし始めた行動を示しています。生まれたときの体重はわずか200グラムでした。生後数日間は，ピンク色の体をしていました。生後８日目に，体の色が変化し始めました。生後50日くらいで目が開き始めました。体重が6000グラムになると，歩き始めました。生後250日のときに歯が生え始めました。生後１年くらいで，笹の葉を食べ始めました。それから，お母さんから離れて生活し始めました。パンダの成長は早いのです！

問１＜適語句補充＞第２段落ではパンダの成長の過程を説明しており，その説明から「パンダの成長は早い」ことが読み取れる。第１段落第７文で grow up「成長する」という語句が使われている。

問２＜適語（句）選択＞A．第２段落第８文より，生後約50日で「目が開き」始めた。　B．第２段落第９文より，体重が約6000グラムのときに「歩き」始めた。　C．第２段落第11文より，生後約１年（365日）で「笹の葉を食べ」始めた。

問３＜内容真偽＞ア．「ジュンコはパンダに関する情報をインターネットのみから集めた」…×　第１段落最終文参照。本からも集めた。　イ．「ジュンコは数頭のパンダについてのグラフを作成するためにパンダを見に行った」…×　第１段落最後から２文目参照。家に帰ってからパンダについて調べることにした。　ウ．「ジュンコは動物園でパンダの写真を撮って楽しんだ」…×　このような記述はない。　エ．「ジュンコは動物園の全てのパンダを見た」…○　第１段落第２文に一致する。

b)＜内容真偽―案内文＞≪全訳≫箱根ツアー／オンライン予約で10％オフ／箱根の美しい自然を楽しむハイキングツアーです。たくさんのアクティビティをお楽しみいただけます。／ツアールート／新宿駅８時出発→（バス）→渋谷ノーザンホテル８時30分（宿泊者のみ）→（バス）→御殿場駅（１時間の自由行動）→（バス）→乙女口バス停→（バス）→金時山・長尾山（ガイドつきハイキング３時間）→（バス）→乙女口バス停→（バス）→渋谷ノーザンホテル15時30分→（バス）→新宿駅16時解散／ツアーガイドは御殿場駅のインフォメーションカウンターでお待ちしています。／ツアースケジュールと料金／月／１人当たり料金／１月から３月／4000円／４月から６月／6000円／７月から９月／6500円／10月から11月／5000円／（バス代，昼食代，ガイド料金を含む）／５歳以下無料

＜解説＞ア．「乙女口バス停でツアーガイドと合流することになる」…×　ツアールートの下の注意書き参照。ツアーガイドは御殿場駅のインフォメーションカウンターで待っている。　イ．

「4月にオンライン予約をすれば，1人当たり600円の割引になる」…○　スケジュール表より，4月のツアー料金は6000円。オンライン予約は10％割引になると冒頭にある。　ウ.「箱根ツアーは毎月開催される」…×　スケジュール表より，12月は開催されない。　エ.「ノーザンホテル前では，宿泊しなくてもバスに乗車できる」…×　ツアールート参照。宿泊者だけが乗車できる。オ.「ツアーに参加すると，8時間後に新宿駅に帰ってくることになる」…○　ツアールート参照。このツアーは8時出発16時解散。

Ⅵ〔長文読解総合―物語〕

≪全訳≫❶メアリーは中学生だった。ある日彼女の先生が「次の金曜日に，職業について学ぶ予定です。どんな場所を訪れたいかについて考えて，4人のグループをつくって話し合ってください」と言った。メアリーと彼女の友人たちは話し合って，学校の近くにある織物工場に行くことに決めた。先生は，「グループのメンバーとして何をするかを決めてください。1人は質問をします。2人はレポートを書き，1人は写真を撮ります」と言った。「私はレポートは書きたくないな。誰がレポートを書く？」とメアリーは尋ねた。誰も答えなかった。メアリーの友達は「私は写真を撮りたい」と言った。もう1人の友達が「私も」と言った。「質問を考えるのは難しいよ」と友達は言った。誰も質問を考えたくなかったので，彼女たちはそれについて話すのをやめた。❷数日後，メアリーと友人たちは織物工場を訪れたが，何をするべきかを決めることができなかった。1人の男性が織物工場で彼女たちを待っていた。③彼の名前はグリーンさんだった。彼は「おはようございます」と言った。「おはようございます」と彼女たちは言ったが，楽しい気分ではなかった。彼は彼女たちに，布についてたくさんのことを話した。彼は「ずっと昔，布は多くの人にとって価値のあるもので，布をつくるのは難しかったのです。人々は助け合わなければなりませんでした」と言った。⑤彼は彼女たちに布のつくり方や，その織物工場で何種類の布がつくられているかも教えてくれた。「何か質問はありますか？」と彼はきいた。彼女たちは下を向いて，返事をしなかった。❸グリーンさんは，「では，1枚の布をどうやってつくるかを学びましょう。まず，強い糸をつくらなければなりません。1本の糸は短くて弱いのですが，数本の糸をより合わせることで強い糸をつくることができるのです」と言った。彼女たちはやってみたが，難しかった。メアリーは1人ではできなかったが，友人たちが彼女を手伝った。⑥彼女たちはみんなで強い糸をたくさんつくった。グリーンさんは「次に，これらの糸を使って1枚の布をつくりましょう」と言った。彼女たちは一緒にやってみた。⑦最初，彼女たちは一言も発しなかったが，すぐに友達の1人が「メアリー，この糸を引っ張ってくれる？」と言った。「わかった」とメアリーは言った。もう1人の友達は「布をつくるのは難しいけど，楽しいね」と言った。メアリーと友人たちはほほ笑んだ。彼女たちは1時間作業をしたが，ごく小さな一切れの布しかつくれなかった。うしかし，彼女たちはうれしかった。グリーンさんはメアリーと友達に「1本の糸は短くて弱いのです。⑧でも，たくさんの糸を一緒にすれば強い布をつくることができます。あなたたちもこの布に似ていますね。一緒に働くことは大切です。将来何かをするときに，このことを思い出してください」と言った。そしてメアリーは友人たちに「ごめんね。私がレポートを書くよ」と言った。彼女たちは「いいえ，メアリー。みんなで一緒に書こうよ」と言った。❹翌日，メアリーと友人たちはレポートについて話し合った。彼女たちは「私たちは布をつくることについてたくさんのことを学んだし，私たちにとって大切なことも学んだね」と言った。

問1＜語形変化＞①文の前半の動詞 talked に合わせて過去形にする。　②stop は「～すること」という意味の目的語に to不定詞ではなく動名詞をとる。stop ～ing で「～するのをやめる」という意味を表す。‘stop＋to不定詞’ は「～するために立ち止まる」。

問2＜適語選択＞A.「グループのメンバー(　)何をするかを決めなさい」の空所に適するのは，「～

として」を表すas。　B．wait for ～ で「～を待つ」。　C．look down で「下を見る，うつむく」。　D．「～に似た，～のような」の意味の前置詞。

問３＜適所選択＞脱落文は「しかしながら，彼女たちはうれしかった」という意味。第３段落でメアリーたちは，グリーンさんに促されて布をつくろうとするが，難しい作業だったため力を合わせて取り組んだ。〔う〕に入れると，「１時間作業して，ほんの小さな布しかできなかった。しかし，彼女たちはうれしかった」という自然な流れになる。

問４＜適文選択＞③工場に到着したメアリーたちを１人の男性が待っていた場面。その男性の名前を紹介するｂが適切。　⑤グリーンさんがメアリーたちに布について多くのことを説明している場面。布の歴史的背景について話した後，布の製造方法や織物工場で製造される布の種類についても話したというｃが適切。　⑥メアリーたちが実際に布をつくる体験をする場面。メアリーは１人ではうまくできなかったが，友人たちが手伝った結果，一緒に丈夫な糸をつくったというａが適切。

問５＜文脈把握＞下線部の文は織物工場に来たときのメアリーたちの心情を表している。第２段落第１文に「彼女たちは何をするべきか決めることができなかった」とあり，決められないままに工場訪問の当日を迎えてしまったことが，気分がよくなかった理由と考えられる。

問６＜整序結合＞文頭の At に着目し，At first「最初は」で文を始める。主語になるのは they で動詞は didn't say。say の目的語として a single word がひとまとまりになる。　At first they didn't say a single word, ...

問７＜適文選択＞グリーンさんがメアリーたちのつくった布を見て彼女たちに語りかけた場面。「１本の糸は短くて弱い」に続く文として，イの「たくさんの糸を一緒にすれば強い布をつくることができる」が適切。

問８＜要旨把握＞第１段落第７文と第８文に，先生がグループの中で決めるように伝えた役割が書かれている。

問９＜内容真偽＞ア．「メアリーの先生はメアリーと友人たちに，織物工場に行くようにと言った」…×　第１段落第３文参照。行く場所は自分たちで決めるように言った。　イ．「メアリーは訪問する前に，織物工場についてのレポートを書きたいと思った」…×　第１段落第９文参照。
ウ．「グリーンさんが『何か質問はありますか？』と言ったとき，メアリーはいくつかの質問をした」…×　第２段落最終文参照。メアリーたちはうつむいて答えなかった。　エ．「メアリーと彼女の先生は，一緒に小さな布地をつくった後うれしかった」…×　先生は織物工場には行っていない。　オ．「グリーンさんは，互いに助け合うことが大切だと言った」…○　第３段落空所Ｄの次の文に一致する。　カ．「メアリーと友人たちは，仕事に関するたくさんのことを学んだ」…○　最終段落に一致する。

2022年度／実践学園高等学校（第１回）

数学解答

1 (1) $\frac{1}{24}$　(2) $-y^3$　(3) $13x^2+52y^2$

(4) 5　(5) $2\sqrt{7}-2\sqrt{2}$

2 (1) $x=6$，$y=5$

(2) $(x-y+8)(x-y-4)$

(3) $x=3\pm\sqrt{5}$　(4) $a=-4$，$b=-3$

3 (1) 8　(2) $\frac{7}{12}$　(3) 5％

(4) ③，⑤　(5) 10

4 ①…$\frac{3}{5}$　②…$\frac{5}{8}$　③…$\frac{1}{4}$　④…$\frac{4}{5}$

⑤…$\frac{8}{45}$

5 (1) ①…2，20　②…$4x+12$

③…$10x$

(2) ④…$2-p$，$20-p^2$　⑤…2

6 (1) $96\pi\ \mathrm{cm}^3$　(2) 3 cm

1〔独立小問集合題〕

(1)＜数の計算＞与式$=\frac{9}{4}\times\left(\frac{9}{54}-\frac{8}{54}\right)=\frac{9}{4}\times\frac{1}{54}=\frac{1}{24}$

(2)＜式の計算＞与式$=-\frac{y^3}{27x^3}\times\frac{27x^6}{y^3}\div\frac{x^3}{y^3}=-\frac{y^3}{27x^3}\times\frac{27x^6}{y^3}\times\frac{y^3}{x^3}=-\frac{y^3\times27x^6\times y^3}{27x^3\times y^3\times x^3}=-y^3$

(3)＜式の計算＞与式$=9x^2-24xy+16y^2+4(x^2+6xy+9y^2)=9x^2-24xy+16y^2+4x^2+24xy+36y^2=13x^2+52y^2$

(4)＜数の計算＞$\frac{1}{2-\sqrt{3}}=\frac{1\times(2+\sqrt{3})}{(2-\sqrt{3})(2+\sqrt{3})}=\frac{2+\sqrt{3}}{4-3}=2+\sqrt{3}$，$\frac{6}{3+\sqrt{3}}=\frac{6\times(3-\sqrt{3})}{(3+\sqrt{3})(3-\sqrt{3})}=\frac{6(3-\sqrt{3})}{9-3}=3-\sqrt{3}$ より，与式$=2+\sqrt{3}+(3-\sqrt{3})=5$ となる。

(5)＜数の計算＞$\sqrt{7}-\sqrt{2}=A$ とおくと，与式$=A(\sqrt{3}+3)-A(\sqrt{3}+1)=A\{(\sqrt{3}+3)-(\sqrt{3}+1)\}=A\times2=2A$ となり，A をもとに戻すと，与式$=2(\sqrt{7}-\sqrt{2})=2\sqrt{7}-2\sqrt{2}$ となる。

2〔独立小問集合題〕

(1)＜連立方程式＞$x-2y=-4$……①，$\frac{x+6}{4}-\frac{y+4}{3}=0$……②とする。②×12 より，$3(x+6)-4(y+4)=0$，$3x+18-4y-16=0$，$3x-4y=-2$……②′　②′－①×2 より，$3x-2x=-2-(-8)$　$\therefore x=6$　これを①に代入して，$6-2y=-4$，$-2y=-10$　$\therefore y=5$

(2)＜式の計算―因数分解＞$x-y=A$ とおくと，与式$=A^2+4(A-6)-8=A^2+4A-24-8=A^2+4A-32=(A+8)(A-4)$となる。$A$ をもとに戻すと，与式$=(x-y+8)(x-y-4)$である。

(3)＜二次方程式＞$4x^2-4x+1=20x-15$，$4x^2-24x+16=0$，両辺を 4 でわると，$x^2-6x+4=0$ となるので，解の公式より，$x=\frac{-(-6)\pm\sqrt{(-6)^2-4\times1\times4}}{2\times1}=\frac{6\pm\sqrt{20}}{2}=\frac{6\pm2\sqrt{5}}{2}=3\pm\sqrt{5}$ となる。

(4)＜関数―傾き，切片＞関数 $y=x^2$ は，比例定数が正なので，x の絶対値が大きくなると y の値は大きくなる。よって，x の変域が $-3\leqq x\leqq-1$ のとき，x の絶対値が最小の $x=-1$ で y の値は最小となり，$y=(-1)^2=1$，x の絶対値が最大の $x=-3$ で y の値は最大となり，$y=(-3)^2=9$ であるから，y の変域は $1\leqq y\leqq9$ となる。また，1 次関数 $y=ax+b$ は傾きが $a<0$ なので，x の値が小さくなると y の値は大きくなる。よって，x の変域が $-3\leqq x\leqq-1$ のとき，$x=-1$ で y の値は最小となり，$y=a\times(-1)+b=-a+b$，$x=-3$ で y の値は最大となり，$y=a\times(-3)+b=-3a+b$ であるから，y の変域は $-a+b\leqq y\leqq-3a+b$ となる。これらの y の変域が同じであることから，$-a+b=1$……①，$-3a+b=9$……②が成り立つ。①－②より，$-a-(-3a)=1-9$，$2a=-8$，$a=-4$ と

なり，これを①に代入して，$-(-4)+b=1$，$4+b=1$，$b=-3$となる。

3〔独立小問集合題〕

(1)＜**特殊・新傾向問題―規則性**＞$\frac{1}{7}=0.142857142857\cdots$より，$\frac{1}{7}$を小数にすると，小数第１位から１，４，２，８，５，７の６個の数字が繰り返される。$70\div6=11$あまり４より，小数第１位から小数第70位までに１，４，２，８，５，７が11回繰り返し，その後４番目まで１，４，２，８と続く。よって，小数第70位の数は８である。

(2)＜**確率―さいころ**＞大小２個のさいころを同時にふったときに出る目の組$(a,\ b)$は，a，bとも６通りずつの目の出方があるので，全部で$6\times6=36$(通り)ある。このうち，$a\geqq b$となるのは，$a=1$のとき$b=1$の１通り，$a=2$のとき$b=1$，２の２通り，$a=3$のとき$b=1$，２，３の３通り，$a=4$のとき$b=1$，２，３，４の４通り，$a=5$のとき$b=1$，２，３，４，５の５通り，$a=6$のとき$b=1$，２，３，４，５，６の６通りで，$1+2+3+4+5+6=21$(通り)ある。よって，求める確率は$\frac{21}{36}=\frac{7}{12}$である。

(3)＜**連立方程式の応用**＞食塩水Ａの濃度をx％，食塩水Ｂの濃度をy％とおく。x％の食塩水Ａから100g，y％の食塩水Ｂから100gを取り分けて混ぜ合わせると15％の食塩水が，$100+100=200$(g)できるから，$100\times\frac{x}{100}+100\times\frac{y}{100}=200\times\frac{15}{100}$が成り立ち，これより，$x+y=30$……①となる。また，食塩水Ａの残り，$200-100=100$(g)と，食塩水Ｂの残り，$400-100=300$(g)を混ぜ合わせると20％の食塩水が，$100+300=400$(g)できるから，$100\times\frac{x}{100}+300\times\frac{y}{100}=400\times\frac{20}{100}$が成り立ち，これより，$x+3y=80$……②となる。①×３－②より，$3x-x=90-80$，$2x=10$，$x=5$となる。よって，Ａの食塩水の濃度は５％である。

(4)＜**データの活用―相関図**＞①…誤。右図１より，Ｉ高校のスパイク時の最高到達点の範囲は点A′と点Ｂのy座標の差であり，Ｊ高校の範囲は点Ｐと点Ｑのy座標の差であるから，Ｊ高校の方が大きい。　②…誤。身長の中央値は身長の低い方から10番目と11番目の平均である。Ｉ高校の中央値は点Ｉと点I′のx座標の平均，Ｊ高校の中央値は点Ｊと点J′のx座標の平均であるから，中央値はＩ高校の方が大きい。　③…正。Ｊ高校で最高到達点が300cm以上の・印は６点あるので，$6\div20\times100=30$(％)の生徒は300cm以上である。　④…誤。身長が180cm以上であるが最高到達点が300cm未満の生徒が，Ｉ高校では点Ｃの１人，Ｊ高校では点Ｒ，R′の２人いる。　⑤…正。ジャンプの高さがちょうど130cmのとき，$y-x=130$より，直線㋐$y=x+130$で表せ，図１に$y=x+130$のグラフをかくと，直線㋐上か，直線㋐より上の部分に・印はＩ高校，Ｊ高校ともにない。　⑥…誤。ジャンプの高さがちょうど100cmのとき，$y-x=100$より，直線㋑$y=x+100$で表せ，図１に$y=x+100$のグラフをかくと，直線㋑上か，直線㋑より下の部分に・印がある生徒は，Ｊ高校に点Ｒの１人いる。

図１
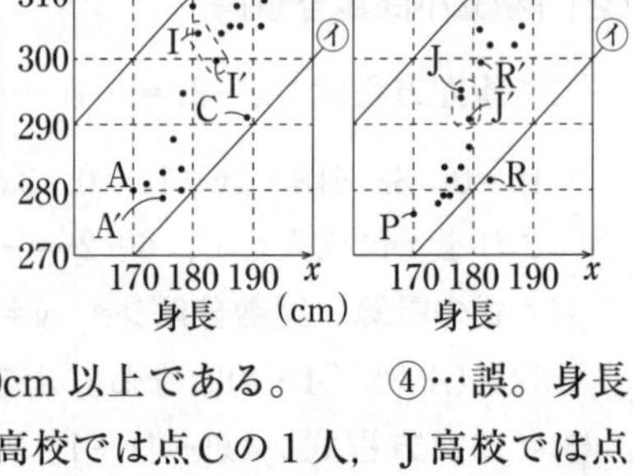

(5)＜**平面図形―長さ**＞右図２で，AB∥EFより，△ABD∽△EFDだから，AD：ED＝AB：EF＝15：６＝５：２となる。これより，AE：DE＝(AD－ED)：DE＝(５－２)：２＝３：２となり，AB∥DCより，△ABE∽△DCEだから，AB：DC＝AE：DE＝３：２となる。よって，$\mathrm{DC}=\frac{2}{3}\mathrm{AB}=\frac{2}{3}\times15=10$である。

図２
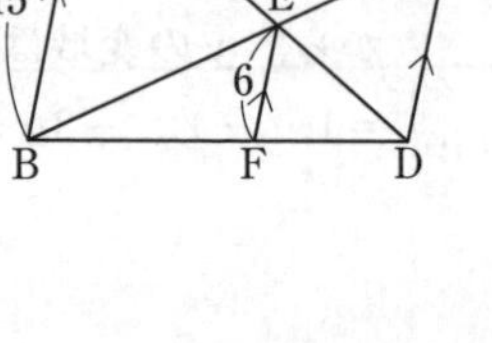

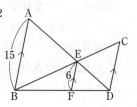

4〔平面図形―三角形―長さの比，面積比〕

右図1のように，DF∥BCのとき，△ADF∽△ABCだから，DF：BC＝AD：AB＝3：(3＋2)＝3：5より，$\dfrac{DF}{BC}=\underline{\dfrac{3}{5}}$①となる。また，△DEF∽△CEBとなるから，DE：CE＝DF：CB＝3：5であり，$(1-a)：a=3：5$が成り立つ。これを解くと，$3a=5(1-a)$，$3a=5-5a$，$8a=5$，$a=\underline{\dfrac{5}{8}}$②である。さらに，DE：CE＝3：5より，$\triangle BCE=\dfrac{5}{3+5}\triangle BCD=\dfrac{5}{8}\triangle BCD$となり，AD：DB＝3：2より，$\triangle BCD=\dfrac{2}{3+2}\triangle ABC=\dfrac{2}{5}\triangle ABC$となるから，$\triangle BCE=\dfrac{5}{8}\times\dfrac{2}{5}\triangle ABC=\dfrac{1}{4}\triangle ABC$である。よって，△BCEの面積は△ABCの面積の$\underline{\dfrac{1}{4}}$③倍となる。次に，$a=\dfrac{2}{3}$のとき，$CE：ED=a：(1-a)=\dfrac{2}{3}：\left(1-\dfrac{2}{3}\right)=\dfrac{2}{3}：\dfrac{1}{3}=2：1$である。このとき，右図2のように，点Dを通り線分BFに平行な直線と辺ACとの交点をGとすると，DG∥BFより，AG：GF＝AD：DB＝3：2である。また，DG∥EFより，GF：CF＝DE：CE＝1：2＝2：4だから，CF：GF：AG＝4：2：3より，CF：FA＝CF：(AG＋GF)＝4：(3＋2)＝4：5となり，$\dfrac{CF}{FA}=\underline{\dfrac{4}{5}}$④である。さらに，図2のように点A，Eを結ぶと，CF：FA＝4：5より，$\triangle CEF=\dfrac{4}{4+5}\triangle ACE=\dfrac{4}{9}\triangle ACE$，CE：ED＝2：1より，$\triangle ACE=\dfrac{2}{1+2}\triangle ADC=\dfrac{2}{3}\triangle ADC$，AD：DB＝3：2より，$\triangle ADC=\dfrac{3}{2+3}\triangle ABC=\dfrac{3}{5}\triangle ABC$となる。したがって，$\triangle CEF=\dfrac{4}{9}\times\dfrac{2}{3}\triangle ADC=\dfrac{4}{9}\times\dfrac{2}{3}\times\dfrac{3}{5}\triangle ABC=\dfrac{8}{45}\triangle ABC$より，△CEFの面積は△ABCの面積の$\underline{\dfrac{8}{45}}$⑤倍である。

図1

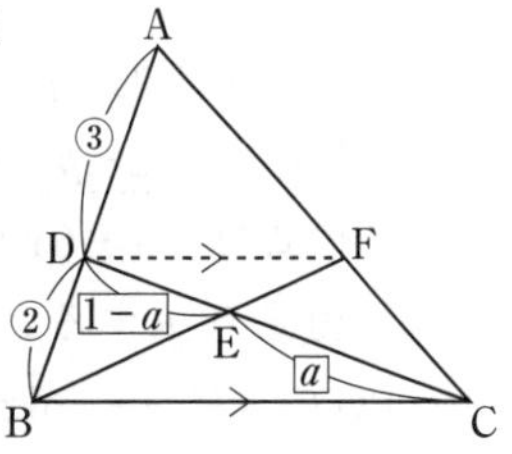

図2

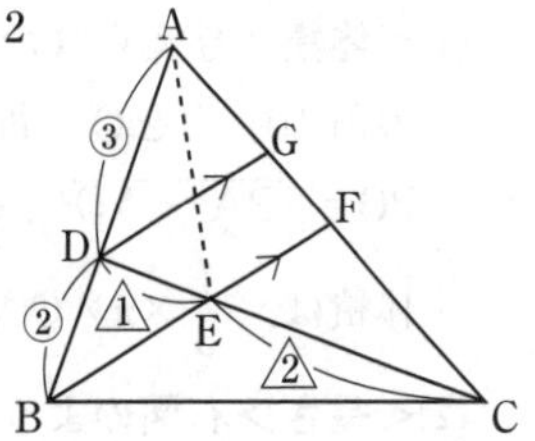

5〔関数―関数 $y=ax^2$ と一次関数のグラフ〕

(1)＜座標，直線の式＞右図1のように，点Pが原点Oに重なるとき，平行四辺形APBQの2本の対角線AB，PQの交点をMとすると，点Mは線分ABの中点だから，x座標は$\dfrac{-2+4}{2}=1$，y座標は$\dfrac{4+16}{2}=10$より，M(1，10)である。ここで，Q(t，s)とおくと，点Mは線分PQの中点でもあるから，x座標について$\dfrac{t}{2}=1$，y座標について$\dfrac{s}{2}=10$が成り立ち，$t=2$，$s=20$となるので，Q$\underline{(2,\ 20)}$①である。また，2点A(－2，4)，Q(2，20)を通る直線の傾きは$\dfrac{20-4}{2-(-2)}=\dfrac{16}{4}=4$となるから，その式は$y=4x+b$とおけ，点Aを通るので，$y=4x+b$に$x=-2$，$y=4$を代入すると，$4=4\times(-2)+b$，$4=-8+b$，$b=12$となる。よって，直線AQの式は$y=\underline{4x+12}$②である。さらに，原点Oを通り平行四辺形APBQの面積を二等分する直線は，2点O，Qを通る直線であり，その傾きは，$\dfrac{20}{2}=10$より，求める直線の式は$y=\underline{10x}$③である。

図1

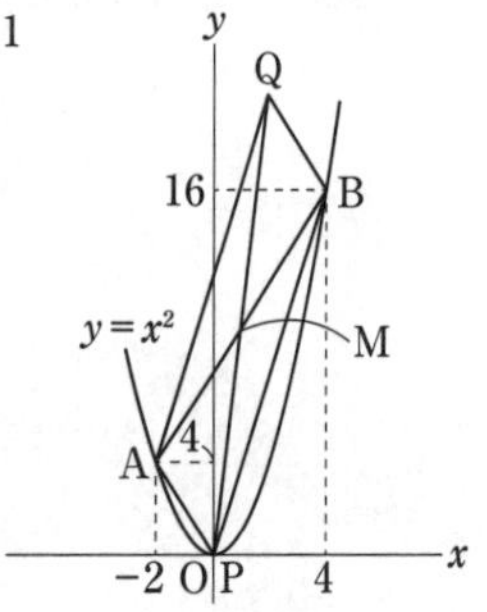

(2)＜座標，x座標＞次ページの図2で，平行四辺形APBQの2本の対角線の交点は，(1)よりM(1，10)である。点Pは放物線$y=x^2$上にあり，x座標をpとすると，y座標は$y=p^2$より，P(p，p^2)と表せる。ここで，Q(q，r)とおくと，点Mは線分PQの中点でもあるから，x座標について$\dfrac{p+q}{2}$

$=1$が成り立ち，$p+q=2$，$q=2-p$となり，y座標について$\dfrac{p^2+r}{2}=10$が成り立ち，$p^2+r=20$，$r=20-p^2$となる。よって，点Qの座標はpを用いて，$\underline{(2-p,\ 20-p^2)}$④と表せる。また，直線PQの傾きが$-6$のとき，その式は$y=-6x+b'$とおけ，この直線上に点Mがあるので，$x=1$，$y=10$を代入すると，$10=-6\times1+b'$，$10=-6+b'$，$b'=16$より，直線PQの式は$y=-6x+16$となる。この直線はP$(p,\ p^2)$を通るので，$x=p$，$y=p^2$を代入すると，$p^2=-6p+16$が成り立ち，これを解くと，$p^2+6p-16=0$，$(p+8)(p-2)=0$より，$p=-8$，2となるが，点Pは図2の放物線上の点Aから点Bの間を動くので，$-2<p<4$より，$p=\underline{2}$⑤である。

図2

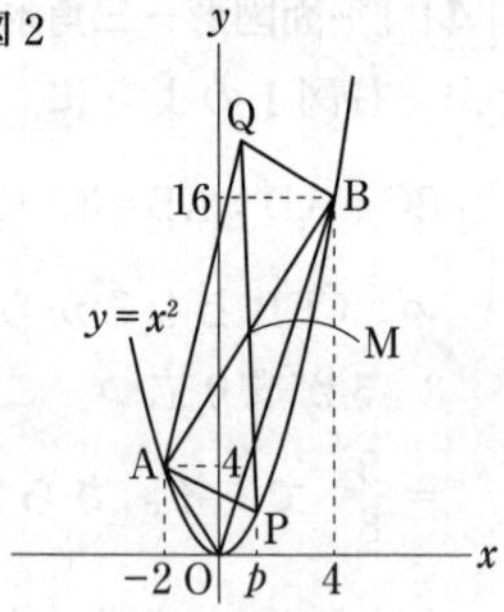

6 〔空間図形—円錐〕

(1)<体積>与えられた展開図を組み立てた右図の円錐の頂点をP，底面の円の中心をO，母線をPAとすると，△PAOで三平方の定理より，$\mathrm{PO}=\sqrt{\mathrm{PA}^2-\mathrm{AO}^2}=\sqrt{10^2-6^2}=\sqrt{64}=8$となる。よって，この円錐の体積は，$\dfrac{1}{3}\times\pi\times\mathrm{OA}^2\times\mathrm{PO}=\dfrac{1}{3}\times\pi\times6^2\times8=96\pi\ (\mathrm{cm}^3)$である。

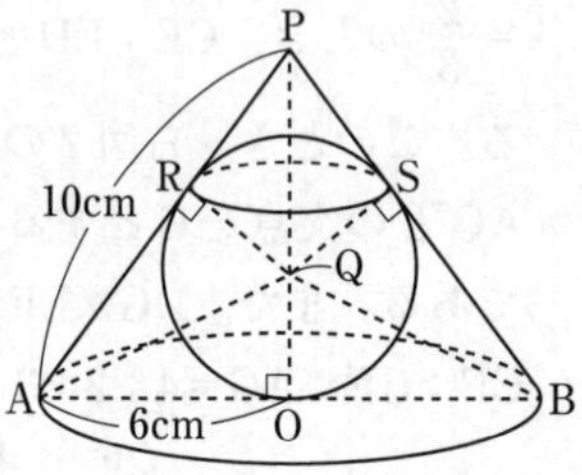

(2)<長さ>右図のように，底面の円Oの直径をABとし，この円錐の底面の中心Oと側面に内側で接する球の中心をQ，球Qと母線PA，PBとの接点をそれぞれR，Sとし，点Qと点O，R，S，P，A，Bをそれぞれ結ぶ。図で，$\triangle\mathrm{QPA}+\triangle\mathrm{QPB}+\triangle\mathrm{QAB}=\triangle\mathrm{PAB}$であり，$\mathrm{QR}=\mathrm{QS}=\mathrm{QO}=r$とすると，$\triangle\mathrm{QPA}=\dfrac{1}{2}\times\mathrm{PA}\times\mathrm{QR}=\dfrac{1}{2}\times10\times r=5r$，$\triangle\mathrm{QPB}=\dfrac{1}{2}\times\mathrm{PB}\times\mathrm{QS}=\dfrac{1}{2}\times10\times r=5r$，$\triangle\mathrm{QAB}=\dfrac{1}{2}\times\mathrm{AB}\times\mathrm{QO}=\dfrac{1}{2}\times(6+6)\times r=6r$，$\triangle\mathrm{PAB}=\dfrac{1}{2}\times\mathrm{AB}\times\mathrm{PO}=\dfrac{1}{2}\times12\times8=48$となるので，$5r+5r+6r=48$が成り立つ。これを解くと，$16r=48$，$r=3$となるので，求める球の半径は3 cmである。

国語解答

一　1　くったく　2　ていけつ　3　こんせつ　4　ふにん　5　とくし　6　封建　7　楼閣　8　追随　9　埋没　10　満悦

二　問一　Ⅰ…エ　Ⅱ…ウ　Ⅲ…ア　Ⅳ…オ

問二　知識・情報～ているから〔からです。〕

問三　知りたい，わかりたい，調べたい

問四　オ　問五　イ

問六　キ→イ→オ

問七　「私」に関することだけでは主観的内容になってしまうから，知識的要素を含んだものやテレビや新聞で評判になっているものがふさわしいと思い込んでしまうこと。（75字）

問八　ア

問九　あなた自身の存在理由

問十　エ

三　問一　A　いうよう　B　たぐい　C　おのれ

問二　a…ウ　b…エ　c…ウ　d…イ

問三　イ…ア　ロ…ウ　ハ…ア

問四　蛙の姿のままで，人間のように立って歩けるようにしてもらいたいということ。

問五　ウ

問六　直立すると目が後方になってしまうため，危なくて一歩も歩けなくなってしまうから。（39字）

問七　ア　問八　ア　問九　ウ

一〔漢字〕

1.「屈託」は，くよくよすること。「屈託のない」は，気がかりがなく晴れやかなさま。　2.「締結」は，条約，協定，契約などを結ぶこと。　3.「懇切」は，心が行き届いて親切なこと。　4.「赴任」は，任地におもむくこと。　5.「篤志」は，社会事業や公共の福祉などに熱心に協力するこころざしのこと。　6.「封建」は，天子，皇帝，国王などが，直轄以外の土地を諸侯に分け与えて領有させること。　7.「楼閣」は，高層の立派な建物のこと。「砂上の楼閣」は，一見立派だが，基礎がしっかりしていなくて長く維持できないこと。　8.「追随」は，他人の業績などをまねて，それに追いつこうとすること。　9.「埋没」は，うずもれて見えなくなること。また，世の中の人に知られないこと。　10.「満悦」は，心が満ち足りて喜ぶこと。

二〔論説文の読解―社会学的分野―コミュニケーション〕出典；細川英雄『対話をデザインする――伝わるとはどういうことか』。

≪本文の概要≫情報の問題において，知識，情報のやりとりのレベルにとどまった人間の好奇心の一端としての意欲だけでは，自分の固有の主張にはなりにくいため，対話は成り立たず，展開される議論そのものも表面的なものになる。自分の考えていることを相手に示し，それについて相手から意見をもらいつつ，さらに考えていくという活動のためには，表層的な情報のやりとりだけでは，相互作用が起こりにくい。話題を自分のものとしてとらえ，自分のテーマと関連づけて，自分の言いたいことを見出すことが，対話活動の出発点となる。自分の問題としてとらえるとは，他人に対して話すという覚悟のうえで，自分の考えを出し，自分の問題意識を持って話すということである。自分の考えを出すとは，資料を集めて客観的な事実を話すことではなく，なぜそれが問題なのかと問い，自分固有の視点で，自分でなければ話せないことを話すということである。このような自己確認と自己表明の繰り返しと，他者とのインターアクション経験によって，自分が新しい自分への変容を自覚する過程で行われる検証的思考が，思考と表現を活性化させる対話活動である。なぜその話題について対話するのかと問うことによって，自分自身の存在理由が生まれる。

問一．Ⅰ**＜表現＞**「知識・情報のやりとりだけ」では，議論が「平面的で薄っぺらなものになって」しまうのではあるが，当然のことだが，「知識・情報を求めることが悪いといっているのでは」ない。　Ⅱ**＜接続語＞**「自分にとって」というのが「個人の利害のことを言っているのでは」なく，「また，個人的な体験を述べればいいというわけでもない」のは，なぜかというと，「そのテーマが『自分にしかできないもの』であることを要求しているかどうかを自分で検証することだから」である。　Ⅲ**＜接続語＞**「自分の問題としてとらえる」とは「必ずしも個人的なこととは関係がない」ので，「たとえ世界の経済問題だって，自分の問題としてとらえられていれば，それでいいはず」だが，「『世界の経済問題』がなぜ『自分の問題』なのかをあなたは考えなければならない」のである。　Ⅳ**＜接続語＞**対話の話題を提案するときは，「知識的な要素を含んだもの」が「課題の解決にふさわしい」と思い込んでいるから，「『私』の視点からテーマを考えるというと，自分のことだけで主観的な問題になってしまい，客観的な結果にならない，という批判を恐れ」ることになるのである。

問二＜文章内容＞「教えてあげたい，知らせたい」という意欲が，「知りたい，わかりたい，調べたい」という意欲と「ほぼ同じ構造を持って」いるのは，どちらも「知識・情報のやりとりのレベルにとどまっているから」である。

問三＜文章内容＞人に「与えよう」とする「教えてあげたい，知らせたい」という意欲は，「得たい」と思う「知りたい，わかりたい，調べたい」とは，反対のベクトルではあるものの，「知識・情報のやりとりのレベルにとどまっているから」という理由で，ほぼ同じ構造を持っている。

問四＜文章内容＞「知識・情報を求めること」自体は，「人間の好奇心の一端としてとても重要」であり，「前向きに考えるための重要なきっかけ」である。

問五＜文章内容＞「情報を提供する／受けとるだけという，表層的なやりとり」では，「相手あっての自分であり，自分あっての相手」という関係性の中にありながらも「相互作用がきわめて起こり」にくい状態になるのである。「膠着」は，ある状態が固定して動かなくなること。

問六＜文章内容＞人間の好奇心の一端としての，知りたいという意欲は，もう一歩踏み込んで，「なぜ」知りたいのかというところまで突き詰めて初めて，「テーマについて自分がどう考えているか」というスタンスが見えてくる(…キ)。「話題を自分のテーマとしてとらえられるか」が，「対話活動の出発点」となる(…イ)。そうして「自己確認と自己表明の繰り返しと，他者とのインターアクション」によって行われるのが，「思考と表現を活性化させる対話の活動」である(…オ)。

問七＜文章内容＞「『私』の視点からテーマを考える」というと，人々は「自分の『考えていること』について話す」だけでは，「結局，自分の個人的なことになってしまい，それは主観的なこと」であると思う。そのため，人々は「文献やテキストあるいは参考書などで紹介されている事例や，テレビや新聞，マスコミで評判になっている」ようなものが「課題の解決にふさわしいのだと思い込んで」しまっているのである。

問八＜文章内容＞「私でなければ話せないこと」という視点，すなわち「オリジナリティ」は，「他者とのインターアクションによって揺さぶられ，場合によっては崩される個としてのアイデンティティといっても」よく(ア…×，ウ…○)，「自己確認と自己表明の繰り返しと，他者とのインターアクション体験によって『私』が，新しい『私』への変容を自覚する過程」で，さまざまな「『私』固有の視点」が出現するのである(イ・オ…○)。このような「『私』固有の視点」こそが，「自分の『考えていること』を発見し，それをことばにして他者に伝えるための対話活動においてもっとも基本的なスタンスとなるもの」である(エ…○)。

問九＜文章内容＞「『なぜ』を問うことによって生まれるもの」は，「なぜこの話題について対話するのか」という「あなた自身の存在理由」である。

問十＜要旨＞「自分の『考えていること』を相手に示し，それについて相手から意見をもらいつつ，また，さらに考えていくという活動のためには，情報を集め，それを提供するという姿勢そのものが相手とのやりとりにおいて壁をつくってしまう」ことに，気づかなければならない(ア…○)。「知りたい」も「教えてあげたい」も，「単なる知識・情報のやりとりだけでは，自分の固有の主張にはなりにくいため，展開される議論そのものが表面的で薄っぺらなものになってしまう」のである(イ…○)。「対話という行為」は，「とてもインターラクティブ(相互関係的)な活動」であり，「単なる知識・情報のやりとりだけ」の膠着状態を根本から揺り動かすものは，「『なぜ』という問い」である(ウ…○)。情報収集するにしても，その前に，「あなた自身の，なぜ○○が問題なのかという『私』の問いがなければ，何も始まらない」のであり，問いによって話題を自分のテーマとしてとらえ，自分の言いたいことを見出すことが「対話活動の出発点」である(エ…×)。こうして確認された「『私』固有の視点」こそが，「自分の『考えていること』を発見し，それをことばにして他者に伝えるための対話活動においてもっとも基本的なスタンスとなるもの」である(オ…○)。

三〔**古文の読解―仮名草子**〕出典；浅井了意『浮世物語』巻第五ノ一。

≪現代語訳≫今となっては昔のことだが，池のほとりに蛙がたくさん集まって言うことには，「ああ生きているものの中で，人ほど羨ましいものはない。私たちは，どうしてこのような生命を受けて，手足を兼ねそろえているのに，水中を泳ぐことをできることとして，陸に上がってはうずくまっていて，出かけるときも思うとおりに走っていくことはできず，ただぴょんぴょんと跳ぶだけで速い動きもできない。何とかして人間のように立って歩くことができたらよいであろう。さあ観音に願をかけて，立つことを祈ろう」と言って，観音堂にお参りして，「願うことは私たちをあわれんでくださり，せめて蛙の身であっても，人間のように立って歩けるようにお守りください」と祈った。(観音は)誠実な祈りをあわれとお思いになったのであろうか，(蛙は)そのまま後ろ足で立ち上がった。「願いがかなった」と，喜んで池に帰って，「それならば連れ立って歩いてみよう」と言って，陸に立ち並び，後ろ足で立って歩くと，目が後ろになって一歩も前の方へ行くことができない。前も見えないので危なさはこのうえもない。「これでは何の役にも立たない。ただ元のとおり這わせてください」と祈り直しましたと言った。浮世房が(この話を)聞いて，世間の人々もこれらのようなことに似たことが多い。とかく身のほどを知らないために，主君を恨み世を嘆く者は皆これのとおりだ。蛙は，自分が鳥や獣でさえもなく，虫の仲間であって，人間を羨み，立って歩こうとしたけれども，生まれつき人間には似つかず，目のついている所が悪いので，立って歩くことができるものではないと，身のほどを知らなかったからである。

問一＜歴史的仮名遣い＞A．歴史的仮名遣いの語頭以外のハ行は，現代仮名遣いでは，原則として「わいうえお」となる。また，歴史的仮名遣いの「au」は，現代仮名遣いでは「ou」となる。

B．歴史的仮名遣いの語頭以外のハ行は，現代仮名遣いでは，原則として「わいうえお」となる。

C．歴史的仮名遣いの語頭の「を」は，現代仮名遣いでは，助詞以外は「お」となる。

問二＜古語＞a．「あまた」は，多く，たくさん，という意味。　b．「つくばふ」は，這いつくばる，うずくまる，という意味。　c．「さらば」は，それならば，そうであるならば，という意味。　d．「かこつ」は，不平を言う，嘆く，という意味。

問三＜古文の内容理解＞イ．蛙が，観音に，「願はくは～守らせ給へ」と祈った。　ロ．「世間の人」が，この話の蛙に似ている。　ハ．蛙が，人間を羨んだ。

問四＜古文の内容理解＞蛙は，観音に，願うことは私たちをあわれんでくださり，せめて蛙の身であっても，人間のように立って歩けるようにお守りくださいと祈った。

問五＜古文の内容理解＞観音が，蛙の「まことの心ざし」による祈りを，「あはれ」とお思いになったのであろうか，蛙の願いはかなって，蛙は，後ろ足で立ち上がったのである。

問六＜古文の内容理解＞後ろ足で立ち上がって歩こうとすると，目が後ろになって，蛙は前が見えず，危なくて一歩も前へ歩けないので，蛙にとって立って歩けるようになったことは，結局，何の役にも立たなかったのである。

問七＜古文の内容理解＞浮世房は，蛙が，「生れつき人に似ず，目のつき所のあしければ，立ちて行くべきものにあらずと，身のほどを知らざる故」に，人間のように立って歩きたいという願いは，かなっても何の役にも立たなかったのだと説いて，世間の人にも同じことがいえるとしている。

問八＜古文の内容理解＞蛙たちは，観音に，人間のように立って歩きたいと祈った願いがかない，「所願成就したり」と喜んだ。

問九＜文学史＞『浮世物語』は，江戸時代前期に成立した，浅井了意の書いた仮名草子。『伊曾保物語』は，安土・桃山時代～江戸時代前期に成立した仮名草子。『太平記』は，南北朝時代に成立した軍記物語。『源氏物語』は，平安時代中期に成立した，紫式部の書いた作り物語。『宇治拾遺物語』は，鎌倉時代に成立した説話集。

2022年度 実践学園高等学校（第2回）

【英　語】（50分）〈満点：100点〉

I　a）３つの単語の下線部の発音が全て同じものを３組選び、記号で答えなさい。

ア．face / paint / nature　　イ．note / point / only　　ウ．place / race / chance

エ．kick / kitchen / kind　　オ．behind / finish / find　　カ．club / duck / cute

キ．weather / father / throw　　ク．check / instead / head　　ケ．steak / near / take

b）次のア～コの単語の中で、第２音節を最も強く発音するものを２つ選び、記号で答えなさい。

ア．be-come　　イ．or-ange　　ウ．gar-den

エ．Jap-a-nese　　オ．hap-py　　カ．pa-per

キ．In-ter-net　　ク．sur-prise　　ケ．coun-try

コ．dif-fi-cult

c）次の語句によって定義されている単語を答えなさい。
なお、その語は（　）内に示されたアルファベットで始まります。

1．the day between Friday and Sunday（S）

2．the last month of the year（D）

3．the first meal of the day, eaten in the morning（b）

4．an electronic machine that has information and uses programs to help you find or change information（c）

5．a large area with houses, shops, offices where people live and work, that is smaller than a city and larger than a village（t）

Ⅱ　各組の英文がほぼ同じ意味になるように、それぞれの（　　）に入る最も適切な単語を書きなさい。

1．Mike swims the fastest in his class.
Mike is the（　　）（　　）in his class.

2．Shall we meet in front of the station?
（　　）（　　）in front of the station.

3．Hana can speak English well. Tomoki can speak it well, too.
（　　）Hana（　　）Tomoki can speak English well.

4．The story was interesting to me.
I was（　　）（　　）the story.

5．Ms. Yamada was our math teacher.
Ms. Yamada（　　）（　　）math.

Ⅲ　日本語の意味になるように英語を並べかえたとき、〔　　〕の中で２番目と４番目と６番目にくる語句の記号をそれぞれ答えなさい。ただし、文頭にくるべき語も小文字で記してあります。

1．ジェフは３日間寝込んでいて今日は休みです。
Jeff〔ア．for　／　イ．absent　／　ウ．has　／　エ．sick　／　オ．three days　／　カ．been　／　キ．he is　／　ク．and〕today.

2．電車やバスではお年寄りに席を譲るべきです。
〔ア．should　／　イ．old people　／　ウ．you　／　エ．offer　／　オ．on　／　カ．your seat　／　キ．trains　／　ク．to〕or buses.

3．この記事はインドのジャーナリストによって書かれました。
〔ア．written　／　イ．this　／　ウ．was　／　エ．Indian　／　オ．article　／　カ．by　／　キ．journalist　／　ク．an〕.

4．カナダに着いたら葉書を送ります。
I〔ア．send　／　イ．you　／　ウ．will　／　エ．when　／　オ．get　／　カ．to Canada　／　キ．I　／　ク．a postcard〕.

5．電車で読む本を持ってきました。
〔ア．some　／　イ．I　／　ウ．to　／　エ．brought　／　オ．the　／　カ．read　／　キ．books　／　ク．on〕train.

Ⅳ 次の対話文を読んで、（ ① ）～（ ⑤ ）に最も適切なものを、下のア～キの中からそれぞれ１つずつ選び、記号で答えなさい。ただし、同じ記号を２度答えてはいけません。

A：We finally finished our exams. （ ① ）

B：You should rest for a while. What do you usually do to relieve stress?

A：I usually play the violin. （ ② ）

B：That's nice! I can't play any instruments, but I like listening to classical music.

A：I'll lend you some of my favorite CDs. I think you'll like them.

B：Oh, thanks! I'll listen to them in my free time.

A：（ ③ ）

B：I often spend time with my dog. （ ④ ）

A：I see. I love animals too, but we are not allowed to have pets in our apartment.

B：How about watching videos of the world's cute animals on the Internet? I'll send you some links.

A：（ ⑤ ） Thanks!

ア．But I don't like playing with him.

イ．That's a good idea!

ウ．I like playing with him.

エ．How do you deal with stress?

オ．I'm really tired now.

カ．The sound is really relaxing.

キ．I'm not tired at all.

V　a）次のグラフは、中学生の Junko が市販されている飲料について調べた結果を表したものです。彼女がクラス発表のために使ったグラフと解説した英文を読んで、後の問いに答えなさい。

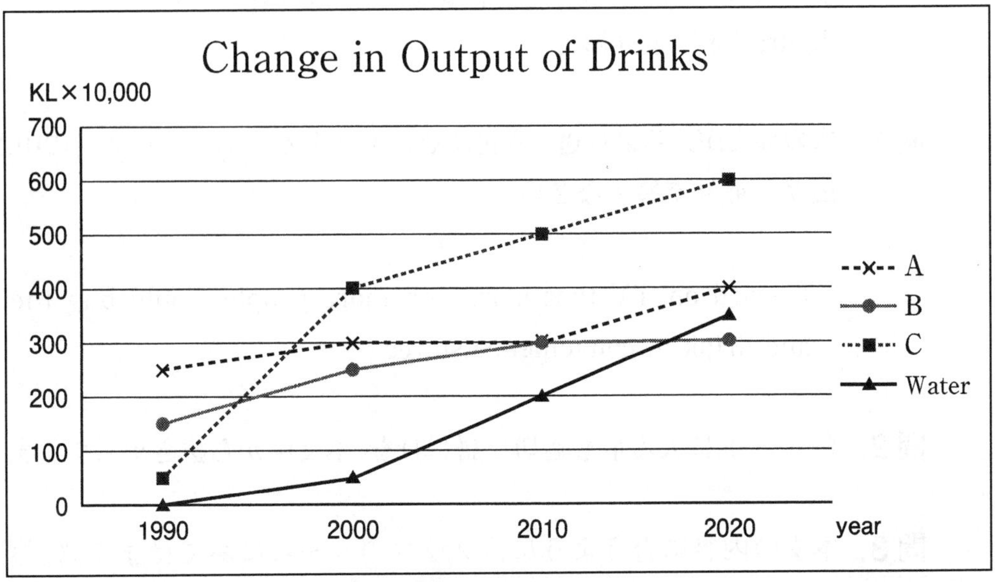

Look at the graph. [①] It shows that sodas were the most ※produced of the four drinks about thirty years ago. However, every year, tea drinks become more and more popular. About twenty years ago, they became the most popular. Since then, they have always been the top drink. Also more and more bottled water is produced now.

Why do Japanese people buy and drink tea now?

One reason is that many Japanese people always drink tea with their meals. [②] This may also help the ※popularity of tea drinks.

Another reason may be that sodas and coffee drinks were things to enjoy before, but bottled drinks, especially tea drinks are used for ※hydration now. This idea makes me excited because I can also understand the popularity of (　　　) over the last twenty years. In 2020, they were produced more than coffee drinks for the first time. Maybe sports drinks are popular too, because we often drink them for hydration after playing sports.

The third reason is that we can select hot or cold ; in winter we like to get hot drinks, and in summer, we like to get cold ones. Hot drinks make us warm and cold ones make us cool. [③] I don't make tea, and I often buy cold bottled teas there.

※ produce　生産する　　popularity　普及、人気
hydration　水分補給

問１．次の英文が入る最も適切な箇所を、本文中の [①] ～ [③] の中から１つ選び、番号で答えなさい。

I heard on TV that more and more people would buy their lunch and drink in convenience stores.

問２．（　　　）に入る最も適切な語(句)を、本文中から抜き出して答えなさい。

問３．本文の内容に合うように、グラフのＡ～Ｃにあてはまる語(句)の組み合わせとして最も適切なものを、次のア～エの中から１つ選び、記号で答えなさい。

ア．Ａ．Coffee drinks　Ｂ．Tea drinks　Ｃ．Sodas
イ．Ａ．Coffee drinks　Ｂ．Sodas　Ｃ．Tea drinks
ウ．Ａ．Sodas　Ｂ．Coffee drinks　Ｃ．Tea drinks
エ．Ａ．Sodas　Ｂ．Tea drinks　Ｃ．Coffee drinks

b）以下は観光ツアーの案内です。これを読んで、案内の内容に合う英文を、次のページのア～オの中から２つ選び、記号で答えなさい。

Mt. Takao Nature Tour

※Book Online & Get 10% OFF

This is a hiking tour to enjoy the natural beauty of Mt. Takao. There are many fun activities which you can try.

☆ Tour Route

Nakano Station (9:00 start) → bus → Central Star Hotel in Tachikawa 9:50 [guests only] → bus →

Takaosanguchi Station (30-minute free time) → bus → Mt. Inariyama & Mt. Takao (3-hour guided hike)

→ bus → Takao Visitor Center → bus → Takaosanguchi Station

→ bus → Central Star Hotel in Tachikawa 16:10 → bus → Nakano Station (17:00 finish)

Your guide will be waiting for you at the information counter in Takaosanguchi Station.

☆ Tour Schedule and Times

Month	Price per person
January to February	4,500 yen
March to April	5,000 yen
May to October	5,500 yen
November	4,000 yen

(Bus fare, lunch, guide fee included)
Children of five and under : FREE

※ book　予約する

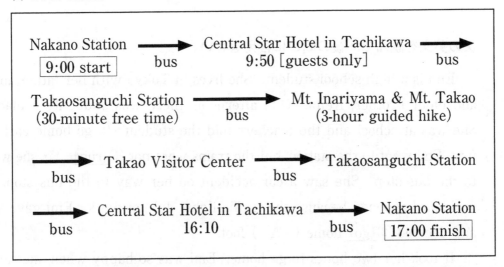

ア. If a man and his wife make a reservation on August 10 online, they have to pay 9,000 yen in total.

イ. Mt. Takao Nature Tour is held every month.

ウ. It will take you 8 hours to be back at Nakano Station in this tour.

エ. You can meet the guide at Mt. Takao.

オ. You can get on the bus in front of the Central Star Hotel if you stay at the hotel.

Ⅵ 次の英文を読んで、後の問いに答えなさい。

Emi is a high school student. She lives in Tokyo with her father, mother and older brother, Keita. One afternoon, there was suddenly a blackout. She was at school and the teachers told the students to go home early. At first, Emi went to the station, but the trains were not ①(run). So, she walked to the bus stop. She saw a car accident on her way to the bus stop. The accident happened because the traffic lights did not work. Emi gave a sigh and decided ②(go) home (A) foot.

It took her two hours to go home. Emi was so happy when she saw her apartment building. However, she was surprised that she couldn't use the elevator because the electricity was down. She was so tired, but walked up to the eighth floor. Her mother was happy to see her and gave her a bottle of water. Later Emi found out that the air conditioner was not working so she opened the window. She was disappointed (B) the fact that the toilet did not ※flush. She did not know that the water was moved into the toilet with electric power.

One hour later, Keita came home. Before he came home, he thought he had (C) buy something to eat and drink in this situation. He stopped at a convenience store to buy bottles of water and food. 〔 ③ 〕 He bought plastic bottles of tea and canned tuna. 〔 あ 〕 After he came home, he said, "I should have also bought batteries and flash lights." They were tired and hungry. In the dark room, the family ate the snacks and canned tuna silently. 〔 い 〕

〔 ④ 〕 The news said that the blackout happened because (D) an earthquake. Then the lights came on again. They were totally relieved to get their electricity back. 〔 ⑤ 〕 This was the first blackout for Emi. At last, Emi's father came home. He stayed at his office and checked the safety of the other workers. ⑥It took a long time to do it. He was happy to see his family. 〔 う 〕 And he found that the apartment was not broken.

The next day, Emi's family had a meeting. Emi said to them, "⑦〔ア. for イ. we ウ. earthquake エ. be オ. an カ. prepared キ. should〕. Let's think about what to buy, where to escape and how to contact each other when there is a big earthquake." After the meeting, they started making ⑧the plan. They made a list of food to buy. They also found an ※evacuation place near their apartment. 〔 え 〕 They got the good smartphone ※apps.

Emi said to her father, "During the blackout, we were so ※scared and uneasy. But, 〔 ⑨ 〕" Emi's father was glad to know Emi became smarter through the blackout.

※ flush 流す　　evacuation 避難　　app アプリ
scared おびえた

問1. 下線部①②の語をそれぞれ適切な形にするとき、正しい組み合わせを次のア～エの中から1つ選び、記号で答えなさい。

ア. ① run ② going　　イ. ① running ② to go
ウ. ① run ② to go　　エ. ① running ② going

問2. 本文中の（ A ）～（ D ）に最も適切な単語を、次のア～エの中からそれぞれ1つずつ選び、記号で答えなさい。ただし、同じ記号を2度答えてはいけません。

ア. of　　イ. to　　ウ. with　　エ. on

問3. 本文中の〔 ③ 〕、〔 ④ 〕、〔 ⑤ 〕に次のa～cの英文を入れるとき、最も適切な組み合わせを、下のア～カの中から1つ選び、記号で答えなさい。

a. The people near their family also seemed happy.

b. However, most of them were already sold out.

c. Seven hours later, the blackout was over.

ア. ③a. ④b. ⑤c.　イ. ③a. ④c. ⑤b.　ウ. ③b. ④a. ⑤c.

エ. ③b. ④c. ⑤a.　オ. ③c. ④a. ⑤b.　カ. ③c. ④b. ⑤a.

問4. 次の英文が入る最も適切な箇所を、本文中の〔 あ 〕～〔 え 〕の中から1つ選び、記号で答えなさい。

He walked around the apartment.

問5. 下線部⑥の to do it の内容を具体的に表しながら、日本語に直しなさい。

問6. 下線部⑦の〔　　〕内の語を適切に並びかえたとき、〔　　〕内で2番目と4番目と6番目にくる語の記号を答えなさい。ただし、文頭にくるべき語も小文字で記してあります。

問7. 下線部⑧の the plan とは何か、具体的に3つ日本語で答えなさい。

問8. 〔 ⑨ 〕に入る最も適切なものを、次のア～エの中から1つ選び、記号で答えなさい。

ア. I've learned why an earthquake happens and how we should communicate on the phone.

イ. I've learned how far my house is from the evacuation place and how much it costs to get the app.

ウ．I've realized how necessary electricity is and how important it is to get ready for when there is an emergency.

エ．I've realized how kind people near our family are and what we should buy for our health.

問9．本文の内容に合う文を、次のア～カの中から２つ選び、記号で答えなさい。

ア．Emi's father lived in another house, but after the earthquake, he came home.

イ．Emi's mother was happy to know that Emi went to the supermarket.

ウ．Keita finally bought bottles of water, canned tuna, and batteries at the convenience store.

エ．Emi's father continued staying at his company and did not come home before Keita.

オ．The blackout gave Emi the chance to think about what she should do in an emergency.

カ．Emi told her family that they should always enjoy their lives even without electricity.

【数 学】（50分）〈満点：100点〉

1 次の計算をしなさい。

(1) $2-0.125\div(-0.75)^2$

(2) $\left(-\dfrac{3}{2}xy\right)^2\div\left(-\dfrac{6y^2}{x}\right)\times\dfrac{8x^2}{3}$

(3) $(x-y-3)^2-(x-y)(x-y-7)$

(4) $\dfrac{-1+\sqrt{6}}{\sqrt{2}}-\dfrac{\sqrt{15}+\sqrt{10}}{\sqrt{5}}$

(5) $(3\sqrt{3}-\sqrt{2}-\sqrt{12})^2$

2 次の問いに答えなさい。

(1) 連立方程式 $\begin{cases} 2\times\dfrac{y+1}{x-4}=-1 \\ 4\times\dfrac{x+4}{2}-2\times\dfrac{y-1}{2}-3=0 \end{cases}$ を解きなさい。

(2) $(3x-1)^2-(x-2)^2$ を因数分解しなさい。

(3) ２次方程式 $x^2-6x+9=81$ を解きなさい。

(4) a は８より小さい整数とする。関数 $y=2x^2$ において x の値が a から８まで増加するとき，変化の割合が最大となる整数 a の値を求めなさい。

3　次の問いに答えなさい。

(1) $1! = 1$

$2! = 1 \times 2$

$3! = 1 \times 2 \times 3$

$4! = 1 \times 2 \times 3 \times 4$

のように1から n までの n 個の正の整数の積を $n!$ で表すとする。

このとき，$15!$ は一の位から0が連続して □ 個続く。

□ にあてはまる数を答えなさい。

(2) 大中小3つのさいころを同時にふったとき，大中小のさいころの出た目の数をそれぞれ a，b，c とする。

$a \times b \times c$ が偶数となる確率を求めなさい。

(3) ある規則に従って左から順に数が並んでいる。

3，2，1，6，5，4，9，8，7，12，……

このとき，左から50番目の数を求めなさい。

(4) ある店では，AとBの2種類の使い捨てマスクをそれぞれ1箱400円，700円で合わせて1000箱仕入れた。A，Bともに，仕入れ値の30％の利益を見込んで定価をつけて売り出したところ，Aはすべて売ることができたが，Bは仕入れた箱数の4割が売れ残った。

そこで，売れ残ったBを定価の100円引きで売り出したところ，すべて売ることができた。

A，B両方を売って得た利益は全部で137500円であった。

AとBをそれぞれ何箱仕入れたか求めなさい。ただし，消費税は考えないものとする。

(5) 下の図は，△ABC において，辺 BC を C の方向に延ばした直線上に点 D をとり，∠ABC の二等分線と∠ACD の二等分線の交点を E とする。
∠BAC = 80° のとき，∠BEC の大きさを求めなさい。

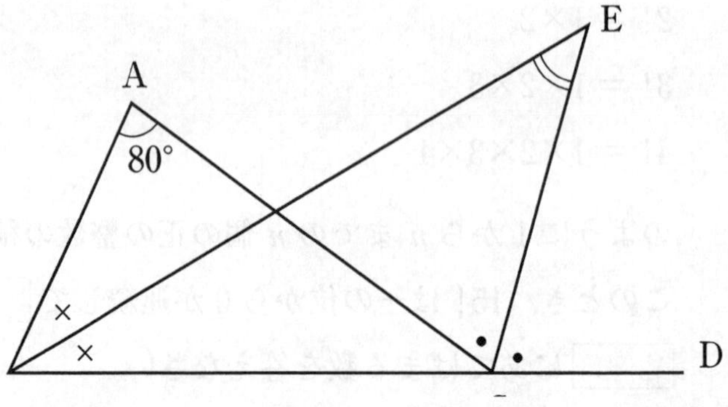

4

A さんと B さんが，先生から出題された問題について会話をしている。
［①］～［④］にあてはまる式を，［⑤］については，あてはまる語句を答えなさい。

問　題

右の図で，直角三角形 ABC の 3 つの辺すべてに接する円の中心を I，半径を r とする。半径 r を a，b，c を使って表しなさい。

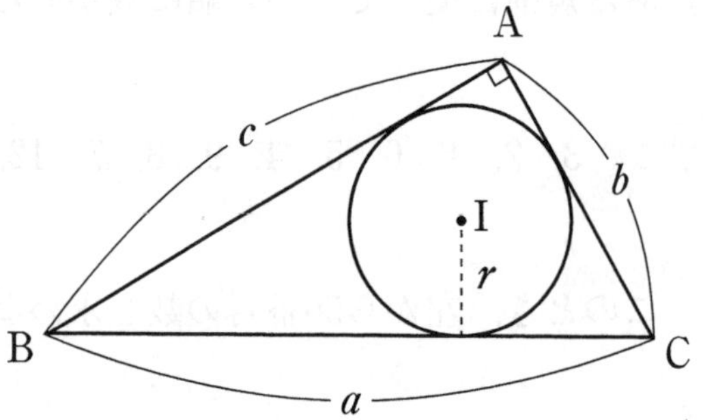

先　生　『この問題を解いてみましょう。』
A さん　『私は，このように解いてみました。』

A さんの解答

右の図のように，中心 I から各辺に垂線をひき，各辺との交点をそれぞれ P，Q，R とする。
四角形 ARIQ は正方形，

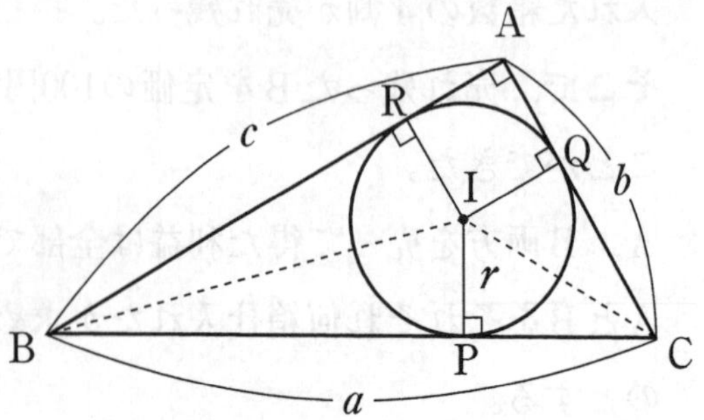

△IRB ≡ △IPB

△IQC ≡ △IPC であるから，

BC = BP＋PC = BR＋CQ となるので，この式を a，b，c，r を用いて表すと $a =$ ① となる。

よって，$r =$ ② と表される。

先　生　『Aさん，いいですね。Bさんはどうですか？』

Bさん　『私は，このように考えました。』

Bさんの解答

Aさんの解答と同様にP，Q，Rをとる。△ABCの面積を3つの三角形の面積の和で表すと

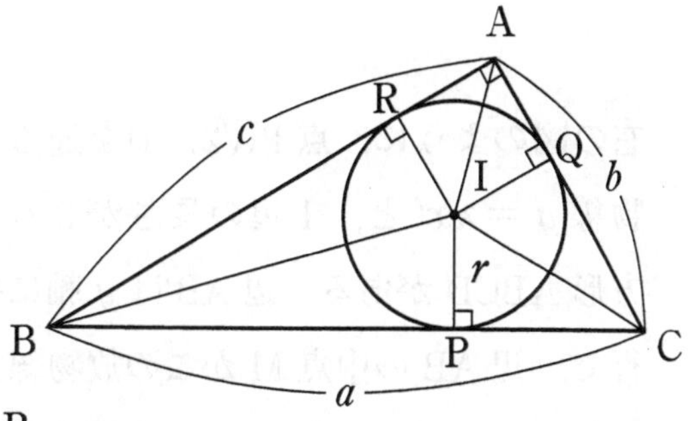

△ABC = △IBC＋△ICA＋△IAB

であるから，この式を a，b，c，r を用いて表し，r について解くと，$r =$ ③ となる。

先　生　『Aさんとは違う解法ですね。』

Aさん　『先生！ Bさんと答えが違います。どちらかの解答が間違っているということですか？』

先　生　『考え方はどちらも正しいですが，解答が違いますね。ということは両方とも正しい解答だけど，式の表現が違っているということじゃないかな？』

Aさん　『a，b，c に適当な数を代入してみると……。同じ数になるから，先生のおっしゃる通り，表現が違うだけの可能性が高いですね。』

先　生　『じゃあ，どうやって同じ解答であることをいえばいいのかな？』

Bさん　『解答が同じなら，差を計算して0になればいいですよね。計算してみよう。』

Aさん　『通分して分子を計算すると，

$$\boxed{②}-\boxed{③}=\frac{\boxed{④}}{2(a+b+c)}$$

となるけど，ここからうまく計算できないな……。』

Bさん　『いや，[⑤]の定理から分子の[④]が0となるので差が0になります。よって[②]＝[③]ですね。』

先　生　『その通りです。Aさんの解答もBさんの解答もどちらも正しいことがいえますね。』

5　右の図のように，点P($\sqrt{2}$，4)を通る放物線 $y=ax^2$ と，1辺の長さが2の正方形ABCDがある。辺ABは y 軸に平行で，辺ABの中点Mがこの放物線上にある。ただし，点Aの x 座標は負であり，点Cの x 座標より小さいとする。次の[①]～[⑤]にあてはまる数，式を答えなさい。

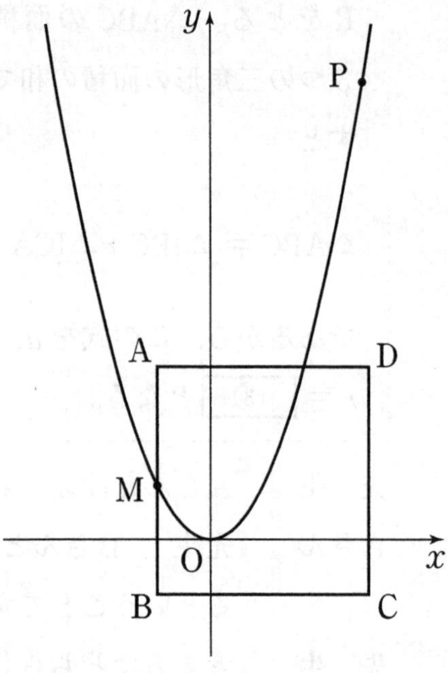

放物線 $y=ax^2$ は点Pを通るから，

$a=$[①]である。

点Mの x 座標を t とすると，点Mの座標は t を用いて（[②]）と表せるから，正方形ABCDの対角線の交点の座標は，t を用いて（[③]）と表せる。

この正方形ABCDの対角線の交点もこの放物線上にあるとき，$t=$[④]であり，辺ADと放物線の交点の座標は（[⑤]）である。

6 右の図の立体ABCDは正四面体である。AL＝2LN＝NBとなるように点L，Nを辺AB上にとる。また，辺BDの中点をMとする。

このとき，次の問いに答えなさい。

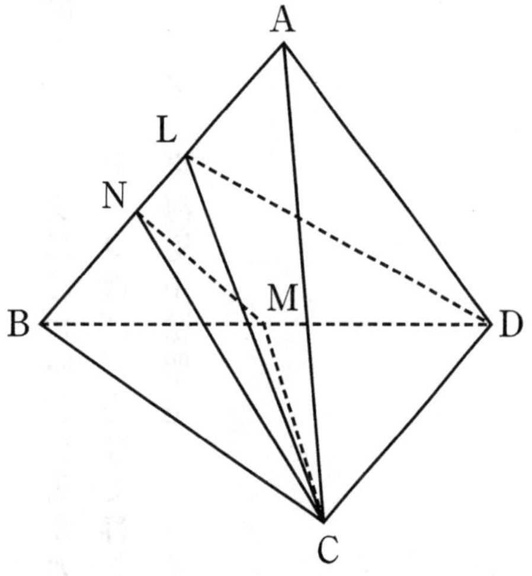

(1) 点L，N，C，D，Mを頂点とする立体の体積は，正四面体ABCDの体積の何倍か求めなさい。

(2) 正四面体ABCDの1辺の長さが8のとき，点L，N，C，D，Mを頂点とする立体の体積を求めなさい。

問九　――線部⑦「其とき心をつくるに」の現代語訳として最も適切なものを次の中から一つ選び、記号で答えなさい。

ア　その時周りを警戒すると
イ　その時やっと我に返ると
ウ　その時怖さをごまかすと
エ　その時精神統一をすると

問十　本文の内容と合致する文を次の中から一つ選び、記号で答えなさい。

ア　侍はこの出来事があってからは一人で狩りに出かけることはやめて友人を誘うようになった。
イ　侍は飼っていた犬の呼び声を聞いたことで家のある方角を知り、無事に帰宅することが出来た。
ウ　侍は狩りに出た夜に山の上で南向きに立っていたところ、正体不明の大きなものに出くわした。
エ　侍は山の中に出る正体不明のものを成敗しようと山にでかけたが、道に迷って心細い思いをした。

問十一　本文は江戸時代に書かれた『御伽物語』からの引用です。次の中から江戸時代の作品ではないものを一つ選び、記号で答えなさい。

ア　東海道中膝栗毛　　イ　南総里見八犬伝　　ウ　奥の細道　　エ　高野聖

問三　本文中の[Ⅰ]～[Ⅳ]に入る言葉の組み合わせとして適切なものを次の中から一つ選び、記号で答えなさい。

ア　Ⅰ―ふく　Ⅱ―ふさぐ　Ⅲ―うつし　Ⅳ―みだせ

イ　Ⅰ―ふく　Ⅱ―うつす　Ⅲ―ふさぎ　Ⅳ―みだせ

ウ　Ⅰ―みだす　Ⅱ―ふく　Ⅲ―ふき　Ⅳ―うつせ

エ　Ⅰ―みだす　Ⅱ―みだす　Ⅲ―うつし　Ⅳ―ふけ

問四　――線部①「かたりしは」とありますが、侍が語ったことが終わる部分を本文中の[ア]～[オ]の中から一つ選び、記号で答えなさい。

問五　――線部②「はやかへるべき」、③「ばけものとはしりぬ」を現代語訳しなさい。

問六　――線部④「かの坊主」の本当の正体を侍は何だと考えましたか。本文中の表現で答えなさい。

問七　――線部⑤「一矢いん」とありますが、侍はこのあとこの動作を失敗してしまいます。侍はなぜこの行動を失敗してしまったのですか。本文の表現を参考にその理由を五十字程度で説明しなさい。

問八　――線部⑥「くちおしく思へども」について次の問いに答えなさい。

⑴　「くちおしく思へども」を現代語訳しなさい。

⑵　侍は何を「くちおしく」思ったのですか。十五字以内で説明しなさい。

注※1　ますらお……若々しく健康な青年。
※2　仕合……狩りの結果。
※3　らうがはしく……うるさく。
※4　ささがに……蜘蛛。
※5　すびき……空引き。弓に矢をつがえずに引く練習をすること。
※6　猪の目すかせるかりまたの矢…矢じりのデザインの一種。猪の足跡の形を透かし彫りにし、先端が二股に分かれている。飛んでいる鳥や走っている獣の脚を射切るのに用いる。
※7　嘯……口笛。

問一　══線部A～Eの読みをそれぞれ現代仮名づかいに直して、すべてひらがなで書きなさい。

問二　〰〰線部a「やすらひ（やすらふ）」、b「まもり（まもる）」、c「影」について次の問いにそれぞれ答えなさい。

(1)　a「やすらひ（やすらふ）」の本文中の意味として適切なものを次の中から一つ選び、記号で答えなさい。

ア　安心する　　イ　休憩する　　ウ　振り返る　　エ　空を見上げる

(2)　b「まもり（まもる）」と似た意味の三字の語を本文中から探し、そのままの形で抜き出して答えなさい。

(3)　c「影」と同じ意味の二字の語を本文中から探し、そのままの形で抜き出して答えなさい。

[三] 次の文章を読んで、後の問いに答えなさい。（答えに字数制限がある場合には、句読点・記号等も一字として数えなさい。）

ある侍《さふらひ》の①かたりしは、我※1ますらおのわかかりしとき、犬をつれて狩《かり》にいでしが、その夜※2仕合《しあはせ》悪《あし》し。[ア]一里ばかりの道こえて、②はやかへるべきとおもひ、山の頂上《ちやうじやう》にaやすらひしに、岩《いは》もるしづく物さびて、篠《しの》[Ⅰ]風も※3らうがはしく、天漢《てんかん》Aほしひままに横《よこたは》りて、昴星《はうせい》[Ⅱ]べき露なし。おち葉《ば》道《みち》[Ⅲ]ては、※4ささがにもまた糸《いと》を[Ⅳ]り。此《この》山西《にし》ひがしにみねつづけるに、きたむきてたちしが、まへの谷《たに》よりなにとなふ大きなるもののたちあがる。そのかたち彷彿《はうほつ》として見わけがたけれど、れん〳〵《れん》に立あがるにぞ、③ばけものとはしりぬ。[イ]かくてbまもりBゐるに、Cむかふの山のいただきより、そのせいなをたかし。星《ほし》の光《ひか》りにすかして見れば、大きなる坊主《ばうず》なり。さては古狸《ふるだぬき》などのばくる、みこしDにうだうといふものにこそ。おそらくはいとめんものをと、ゆみとりなをし、※5すびきして、※6猪《い》の目すかせるかりまたの矢《や》をとり、④かの坊主のつらを目もはなたずにらみゐるに、ひた物たかくなりて、後には見あぐる事、ゆひし髪《かみ》の襟《えり》につくまでせり。「もはや時分《じぶん》もよし。⑤一矢いん」と弓ひきしぼりねらへども、あまり大きにして、矢つぼさだめがたく、案《あん》じわづらふ間に、ふつときえて更《さら》にそのかたちなし。[ウ]このときに見えし星《ほし》のc影もなく、Eにはかにくらふして前《ぜん》後《ご》途《と》をうしなふ。何の害《がい》もなかりしかども、有無《うむ》にみち見えず。めざすとも知《しり》がたし。所詮《しょせん》かへらんとおもひけるにも、ゆくべきかたをしらず。⑥くちおしく思へども、すべきやうなし。つれし犬に※7嘯《うそ》かけてよび、いぬの頸綜《くびたま》にはちまきを結《ゆひ》、わが帯のはしに是《これ》をつけて、ゆくやらかへるやら其方角《そのはうがく》もしらず、犬にまかせてかへるに、ひとつの家みえたり。⑦其とき心をつくるに、くらさもやみて、もとの星月夜《ほしづくよ》となり、見つけし家はわが家なり。そののちは友いざなひて、ひとりはいでず[エ]といへり。[オ]

（新編　日本古典文学全集『仮名草子集』による）

エ　科学的な知見から、哲学のテーマとすべき基礎的な事柄を明白にして、万人に通じるようにしたから。

オ　精神的な観点をもって根本的な課題を根底まで見抜き、その課題の意義と重みとを明確にしたから。

問十　次の一文は、本文中からの抜粋です。これを再び本文中に挿入するとき、最も適切である部分を【A】〜【E】から選び、記号で答えなさい。

この考えは、私たちの現代の物質観にも決定的な影響を与えていることが、すぐにお分かりいただけると思います。

問十一　本文の内容と一致するものを次の中から一つ選び、記号で答えなさい。

ア　ソクラテスとヘラクレイトスは、「フィロソフィー」という学問を作り、あらゆる学問に通底する知的探究という観念を創出した重要人物である。

イ　ソクラテスは神話的宇宙像から科学的宇宙像という新たな視点を作り、ギリシアの科学の原型を打ち立てた。

ウ　ギリシア科学は自然の原理・原因を求めるところから始まり、科学的な宇宙像のような新たな見方までいたった。

エ　ターレスなどギリシアの科学者たちは、善や美、魂なども含め自然界のあらゆる事象を科学的知識で説明しうると考えた。

オ　ギリシア哲学は、精神は世界を説明するうえで必要不可欠であり、魂の微細な運動によってすべての事象は成り立っているとした。

問四　[Ⅰ]～[Ⅳ]に入る語として適切なものを次の中から選び、それぞれ記号で答えなさい。

ア　そして　　イ　もし　　ウ　たとえば　　エ　むしろ　　オ　つまり

問五　――線部③「古代ギリシアの科学的探究」とはどのような科学か、内容を具体的に説明した部分を十九字で本文中から抜き出し、最初と最後の五字を答えなさい。

問六　[X]、[Y]に当てはまる言葉を本文中からそれぞれ漢字二字で抜き出し、答えなさい。

問七　――線部④「魂への配慮」とありますが、魂とはどのようなものか、説明している部分を本文中から四十三字で抜き出し、最初と最後の五字を答えなさい。

問八　――線部⑤「ソクラテスが哲学に託したこの二つの課題」とはどのような課題ですか。それぞれ三十五字程度で具体的にまとめなさい。

問九　――線部⑥「哲学という知的探究の創始者」とありますが、なぜそういえるのですか。適切なものを次の中から一つ選び、記号で答えなさい。

ア　「知恵を愛すること」という新たな意味を、「フィロソフィー」という言葉に付け加え、世に広めたから。

イ　古代ギリシアの科学の原型を形成し、そこから根本的な課題を見出して哲学という学問に発展させたから。

ウ　古代ギリシアの科学的探究から脱却し、哲学が世界の根本をなすものと定め、学問として成立させたから。

問二　――線部①「そうではありませんでした」とはどのような意味ですか。適切なものを次の中から一つ選び、記号で答えなさい。

ア　知恵とは知識のことであり、知識でもって、哲学的課題を解決するという意味ではなかったということ。

イ　知恵とは豊富な知識を蓄えようとする意志であり、知識を哲学へ応用しようという意味ではなかったということ。

ウ　知恵とは豊富な知識のことであり、科学を学び、常に知識を求めていくという意味ではなかったということ。

エ　知恵とは知識の基礎となるものであり、知恵をつけ教養豊かな知識人を目指すという意味ではなかったということ。

オ　知恵とは科学と哲学を分けて考える方法であり、常に知識を追い求めていくという意味ではなかったということ。

問三　――線部②「科学と哲学との非常に微妙な関係」とは、どのような関係ですか。適切なものを次の中から一つ選び、記号で答えなさい。

ア　科学なくして哲学はなく、科学的知識を蓄積していく延長上に哲学が存在するという関係。

イ　自然界の科学的分析によりつちかわれた論理性に基づき、哲学の礎《いしずえ》が築かれたという関係。

ウ　科学の発展に対する疑問と反省があって初めて哲学という学問が発生しえるという関係。

エ　科学的知識を求める姿勢を省みることによって、哲学の知的探究が深まりを得るという関係。

オ　惑星の運動のような新しい科学的な見方により、神話や宗教への哲学的な疑問は誕生するという関係。

反省、「④魂への配慮」ということです。彼はこの反省作業がそれ自体、科学的探究とは独立の、一つのきわめて重要な知的探究であることを強調しました。そして、そのテーマが具体的には、「魂の能力への批判的な吟味」と、「魂が本来求めるべき価値への問い」という、二つの大きな柱からなることを示しました。人間の魂の能力とは、世界についての真理を探究するとともに、われわれの行動の善悪を判断する能力です。そして、魂の求めるべき価値とは、われわれが判断する善悪の究極のもののことです。

⑤ソクラテスが哲学に託したこの二つの課題は、彼以降現代の私たちの時代の哲学にまで、ずっと一貫して伝えられている、哲学のもっとも基礎的なテーマです。彼はたんに「フィロソフィー」という言葉に新たな意味をつけ加えたのではなく、まさにその根本的な課題を根底まで見抜き、その課題の意義と重みとを明確に浮き彫りにしたという意味で、歴史の中に哲学という学問の誕生をしっかりと刻み込んだのです。その意味でソクラテスは、古代のギリシア人やローマ人にとってのみならず、二五〇〇年近く後に生きる私たちにとっても、⑥哲学という知的探究の創始者なのです。

（伊藤邦武『宇宙はなぜ哲学の問題になるのか』による）

問一 ＝＝線部a「好奇心」、＝＝線部b「原理」の意味として適切なものを次の中から選び、それぞれ記号で答えなさい。

a 「好奇心」

ア 思慮分別に富んだ心　イ 未知のことに興味を持つ心

ウ 喜び嬉しいと思う心　エ 深く感服する心

オ 細部まで気を付ける緻密な心

b 「原理」

ア 言葉で明確にした規則　イ 推測していくのに必要な過程

ウ 理論を述べる上で基本的な前提　エ 論理的で基礎的な一つの体系

オ 根源的で根本的な法則

はそれ以上小さい部分に分割が不可能な、究極の物質の単位である原子からできていると考えたのです。

【C】

さて、古代ギリシアの哲学を代表するソクラテスの「哲学」は、このような③古代ギリシアの科学的探究の発展を背景にして、誕生したものです。世界はたしかに、科学者のいうアルケーによって生まれたり、動いたりしているのかもしれない。世界を構成している物質の単位は原子であるかもしれない。それは間違いなく非常に重要な知識であるにちがいない。しかし、これだけで世界の説明はすべて十分だといえるのだろうか。［Ⅳ］、このような説明だけでは、何か決定的に重要なものが抜け落ちているのではないだろうか。

【D】

私たちにとっては、［X］的知識以外にも、もっと重要な知恵が必要なのではないのか――ソクラテスによる［Y］という学問への呼びかけは、このような発想から出てきたものです。よく考えてみると、自然界を物質の要素によって説明する科学だけでは、十分な「知恵」であるとはいえない。なぜなら、私たち人間は、原子の塊でできているというよりも、むしろそのような知識を求める「魂」、あるいは「精神」を中核とした、人格だからです。【E】

そもそも人間の魂の働きがなければ、科学が教える知識というものはありえないだろう。世界についての知識が成り立つのは、それを生み出す魂の活動があるからに他ならないだろう。しかも、魂は物質的な原子のようにただ離合集散を繰り返す、微細な運動体ではなくて、何が正しく、何が誤っているかを反省し、熟考する力をもった一つの特別な存在である。いいかえると、魂は何が科学的に真で、何が道徳的に善で、何が芸術的に美であるかを考える力をもった特別のものである。そうだとすれば、私たちは自然世界の構造や性質にかんする知識を得るよりも前に、まず、それを追求することのできる魂の能力について徹底的に吟味し、それが判定する真・善・美の意味についても、十分にしっかりとした理解を身につける必要があるのではないのか――。

ソクラテスが考えた「知恵を愛すること」としての「哲学」とは、非常に単純にいうと、この魂をめぐるソクラテスやプラトンはそういう意味で「哲学」という学問を作り出したのでしょうか。①そうではありませんでした。そして、ここに②科学と哲学との非常に微妙な関係が隠されているのです。哲学は科学なしには誕生しなかった。このことは間違いがありません。しかし、哲学は科学とは別の、独特な知的探究として考えられた。あるいはむしろ、科学の発展だけでは、知恵はえられないのではないかという反省から、哲学が生まれた。

彼らの「哲学＝フィロソフィー」という言葉の創造には、このような複雑な考えが潜んでいます。そして、このことが、この本でのこれからの議論にとって、とても大事な点になります。

まず、ギリシア哲学の祖ともいうべきソクラテスと、科学との関係は次のようなものでした。先に見たように古代ギリシアでは、神話や宗教の語る宇宙像とは別の、科学的な宇宙像として、地球を中心にした惑星の運動システムという新たな見方を生み出したのですが、このような天文学の発想が初めからギリシアの科学の原型だったというわけではありません。ギリシアの科学の原型は、「自然界の物質とその変化は、何を原因にして生じるのか、あるいは、何を元素として生じるのか」、という問いの形をとりました。【B】

神話の世界では海も川も山も谷も、神々が創造し、人間がそこに住んで神々とのさまざまなドラマを演じていきます。しかし、次第に自然をそうした神や人間の産物とは考えないで、あくまでも石や水や火などの物質からなる「自然界」と見る見方が出てきます。これが、ギリシアにおける科学の最初の形態でした。自然界を形成する物質の元素、そしてその変化や運動の原理、原因は何なのか。そう問うところから、神や人の意図や行動を離れた、科学としての自然の見方が生まれます。そしてギリシアの科学者たちは、自然世界のb原理や原因を世界の「アルケー（究極原因、あるいは究極の元素）」と呼びました。

[Ⅰ]、ターレスという紀元前六世紀の科学者は、「世界のアルケーは水である」といいました。[Ⅱ]、自然界のあらゆる現象を作り出している根源は、水の作用だということです。同じころのヘラクレイトスは、「世界のアルケーは火である」といいました。[Ⅲ]、少し後のデモクリトスは、「世界のアルケーは原子＝アトムである」といいました。アトムとは分割できないものという意味です。つまり、世界

二　次の文章を読んで、後の問いに答えなさい。（答えに字数制限がある場合には、句読点・記号等も一字として数えなさい。）

「哲学」という言葉は、西周《にしあまね》によって「フィロソフィー」という語の翻訳として作られた。江戸時代から明治時代にかけ活躍した西は、「哲学」という東洋にはない学問の見方が、西洋の諸学問の中心となっており、科学分野の基礎となっていることを明らかにした。

さて、西は「フィロソフィー」という西洋の言葉を「哲学」という日本語に移し替えたのですが、この哲学という意味での「フィロソフィー」という言葉そのものを生んだのが、まさしくソクラテスとその弟子のプラトンです。古代のギリシアの言葉では、「フィロ」は「愛する」を意味していて、「ソフィア」は「知恵」を意味しています。そこで、ギリシア語で「フィロソフィア」は「知恵を愛すること」を意味します（英語での「フィロソフィー」、ドイツ語での「フィロゾフィー」などは、この言葉を受け継いでそれぞれの国語の発音に置き直したものです）。【A】

もう少し詳しくいうと、ソクラテスやプラトンは「フィロソフィア」という言葉そのものを作ったのではありません。この言葉は彼ら以前には、ギリシア語で「知りたがり」とか「a好奇心」を意味していました。それを別の意味に変えて、「知恵を愛すること」という特別の言葉に作り変えたのが彼らなのです。

それでは、ソクラテスやプラトンのいう「知恵」とは何でしょうか。それはいわゆる「知識」のことでしょうか。私たちはいろいろな科学を学んで、豊富な知識をえます。もしも知恵が知識のことであれば、「知恵を愛すること」は「知識を愛すること」ですから、少し乱暴にいえば、哲学とは科学のような知的探究のことだということになりそうです。

二〇二二年度 実践学園高等学校（第2回）

【国語】（五〇分）〈満点：一〇〇点〉

一 次の1～10の――線部のうち、漢字はひらがなに、カタカナは漢字に直して書きなさい。

1 西洋と東洋の文化が合わさった顕著な例として、明治の建築がある。

2 彼女の昭和モダンに対する憧憬は、ファッションにも表れている。

3 子ども時代の戯れが、この小説を生み出したのだ。

4 自分を鼓舞しながら、山を登っていく。

5 その利便性から、スマートフォンはすぐに普及した。

6 部活の見学に来た新入生をカンゲイする。

7 貴重な絵画のウンパンを行う。

8 バラの花をサイバイすることは難しい。

9 タイダでだらしない生活であったことを反省する。

10 これまでの政治は地方分権を進めることをショウレイしていた。

英語解答

Ⅰ a) ア，エ，ク　b) ア，ク

c) 1 Saturday　2 December

3 breakfast　4 computer

5 town

Ⅱ 1 fastest swimmer

2 Let's meet　3 Both, and

4 interested in　5 taught us

Ⅲ 1 ２番目…カ　４番目…ア

６番目…ク

2 ２番目…ア　４番目…カ

６番目…イ

3 ２番目…オ　４番目…ア

６番目…ク

4 ２番目…ア　４番目…ク

６番目…キ

5 ２番目…エ　４番目…キ

６番目…カ

Ⅳ ①オ　②カ　③エ　④ウ

⑤イ

Ⅴ a) 問１ ③　問２ water　問３ ウ

b) ウ，オ

Ⅵ 問１ イ

問２ A…エ　B…ウ　C…イ　D…ア

問３ エ　問４ う

問５ 事務所〔仕事場〕に残り，他の従業員の安全を確認するのに長い時間がかかった。

問６ ２番目…キ　４番目…カ

６番目…オ

問７ ・買うべき食料品のリストをつくる

・アパートの近くの避難所を見つける

・よいスマートフォンのアプリを手にする

問８ ウ　問９ エ，オ

数学解答

1 (1) $\frac{16}{9}$　(2) $-x^5$　(3) $x-y+9$

(4) $-\frac{3\sqrt{2}}{2}$　(5) $5-2\sqrt{6}$

2 (1) $x=-2$, $y=2$

(2) $(4x-3)(2x+1)$

(3) $x=12$, -6　(4) 7

3 (1) 3　(2) $\frac{7}{8}$　(3) 50

(4) A…650箱　B…350箱　(5) 40°

4 ①…$b+c-2r$　②…$\frac{b+c-a}{2}$

③…$\frac{bc}{a+b+c}$　④…$b^2+c^2-a^2$

⑤…三平方〔ピタゴラス〕

5 ①…2　②…t, $2t^2$　③…$t+1$, $2t^2$

④…$-\frac{1}{2}$　⑤…$\frac{\sqrt{3}}{2}$, $\frac{3}{2}$

6 (1) $\frac{2}{5}$倍　(2) $\frac{256\sqrt{2}}{15}$

国語解答

一 1 けんちょ　2 しょう〔どう〕けい
3 たわむ　4 こぶ
5 ふきゅう　6 歓迎　7 運搬
8 栽培　9 怠惰　10 奨励

二 問一 a…イ　b…オ　問二 ウ
問三 ウ
問四 Ⅰ…ウ　Ⅱ…オ　Ⅲ…ア　Ⅳ…エ
問五 自然界を物～明する科学
問六 X 科学　Y 哲学
問七 何が科学的～特別のもの
問八 ・世界の真理を探究し，行動の善悪を判断する魂の能力を批判的に吟味する課題。(36字)
・魂が本来求めるべき，人間の判断する善悪の究極は何かと問いかける課題。(34字)
問九 オ　問十 C　問十一 ウ

三 問一 A ほしいままに　B いる
C むこう　D にゅうどう
E にわかに
問二 (1)…イ　(2) にらみ　(3) 光り
問三 イ　問四 エ
問五 ② 早く帰ろう〔帰るべきだ〕
③ ばけものとわかった〔わかる〕
問六 古狸
問七 あまりにもみこし入道が大きくて矢の狙いが定めにくく手間取っているうちに，坊主が消えてしまったから。(49字)
問八 (1) くやしく思うが
(2) 帰宅途中で迷ってしまったこと。
問九 イ　問十 ア　問十一 エ

二〇二二年度 実践学園高等学校（推薦）

【作　文】（五〇分）

次の一～四の課題のうち一つ選択し、原稿用紙に書きなさい。

一．新型コロナウイルス感染拡大防止対策の観点から、オンライン教育が本格的に導入されるようになりました。今後さらに教育のＩＣＴ化が進むことにより、オンライン教育によるメリットもあれば、デメリットも考えられます。オンライン教育についてあなたの考えを六〇〇字以内で述べなさい。

二．この約二年間のコロナ禍において、学校行事や部活動など様々な学校での活動が制限されてきました。このような状況においても、あなたが中学校の生活において特に力を入れてきたことや挑戦したこと、身につけたことについて、具体的な工夫例を挙げて六〇〇字以内で述べなさい。

三．昨年ノーベル物理学賞を受賞した真鍋《まなべ》淑郎《しゅくろう》さんは「何が得意かを見つけること、好奇心を持って研究を進めることが重要だ」と学生にアドバイスをしたそうです。そこで、あなたが学問や社会の出来事で「好奇心」を持っていることは何ですか。またそのことについて、今後どのように好奇心を深めていきたいと考えていますか。具体例を挙げて六〇〇字以内で述べなさい。

四．実践学園では、今年４月から女子の制服にスラックスを導入することが、生徒会の発案で決定しています。これは、特に冬の時期に足が冷えるのを防ぐという理由と、「多様性」を認めようという理由もありました。このような価値観や考え方の多様性について、あなたが普段の生活の中で感じることを、その問題点もふまえ、具体例を挙げて六〇〇字以内で述べなさい。

〈編集部注：作文の解答例は省略してあります。〉

Memo

Memo

2025年度用

高校スーパー過去問

■編集人 声の教育社・編集部
■発行所 株式会社 声の教育社
〒162-0814 東京都新宿区新小川町8-15
☎03-5261-5061㈹ FAX03-5261-5062
https://www.koenokyoikusha.co.jp

※本書の内容についての一切の責任は当社にあります。内容・解説・解答その他の質問等は文書にて当社に御郵送くださるようお願いいたします。

カコを追いかけ
ミライをつかめ

実践学園高等学校

別冊 解答用紙

丁寧に抜きとって、別冊としてご使用ください。

★教科別合格者平均点＆合格者最低点

第１回

年度	英語	数学	国語	合格者最低点
2024	66.1	60.8	51.2	男 155 女 164
2023	76.8	53.9	65.0	男 174 女 171
2022	63.9	55.8	55.6	男 129 女 125

第２回

年度	英語	数学	国語	合格者最低点
2024	53.5	62.3	58.3	男 141 女 152
2023	76.1	43.4	63.1	男 162 女 160
2022	73.7	44.8	56.9	男 122 女 111

注意

○ 解答用紙は、収録の都合により縮小したものや、小社独自に作成したものもあります。
○ 学校配点は学校発表のもの、推定配点は小社で作成したものです。
○ 無断転載を禁じます。
○ 解答用紙を拡大コピーする場合、表示した拡大率に対応する用紙サイズは以下のとおりです。
101%～102%＝B5　103%～118%＝A4　119%～144%＝B4　145%～167%＝A3
（タイトルと配点表は含みません）

２０２４年度　実践学園高等学校　第１回

英語解答用紙

番号		氏名		評点	／100

Ⅰ

a）

b）

c）

1	2	3	4	5

Ⅱ

1	2	3
4	5	

Ⅲ

1			2			3			4			5		
2番目	4番目	6番目	2番目	4番目	6番目	2番目	4番目	6番目	2番目	4番目	6番目	2番目	4番目	6番目

Ⅳ

①	②	③	④	⑤

Ⅴ

a）

問１	問２	問３

b）

Ⅵ

問１

問２			
A	B	C	D

問３	問４

問５		
２番目	４番目	６番目

問６

問７	問８

問９	

（注）この解答用紙は実物を縮小してあります。A３用紙に152％拡大コピーすると、ほぼ実物大で使用できます。（タイトルと配点表は含みません）

推定配点		計
	Ⅰ，Ⅱ　各２点×15　Ⅲ　各３点×５　Ⅳ　各２点×５ Ⅴ，Ⅵ　各３点×15〔Ⅵ問２，問５はそれぞれ完答〕	100点

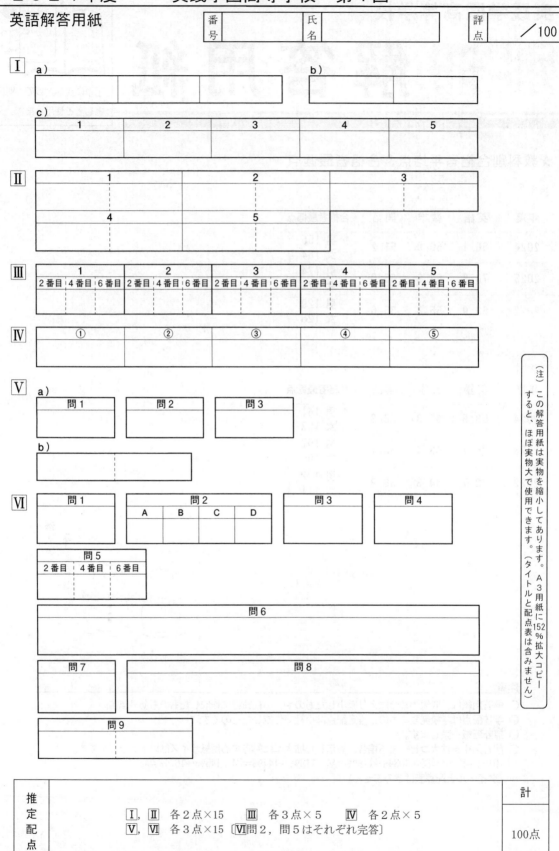

２０２４年度　実践学園高等学校　第１回

数学解答用紙

番号		氏名		評点	／100

1	(1)	
	(2)	
	(3)	
	(4)	
	(5)	
2	(1)	$x=$　　, $y=$
	(2)	
	(3)	$x=$
	(4)	$a=$
3	(1)	
	(2)	
	(3)	
	(4)	g
	(5)	$\angle x=$

4	ア	
	イ	：
	ウ	：
	エ	倍
	オ	
5	(1)	A(　　,　　)
	(2)	
6	(1)	cm^2
	(2)	cm

（注）この解答用紙は実物を縮小してあります。Ａ４用紙に114%拡大コピーすると、ほぼ実物大で使用できます。（タイトルと配点表は含みません）

推定配点		計
	1 各４点×５　2, 3 各５点×９ 4 各３点×５　5, 6 各５点×４	100点

二〇二四年度　実践学園高等学校　第一回

国語解答用紙

番号		氏名		評点	／100

一

1　2　3　4　5　6　7　8　9　10

い　て

二

問一　Ⅰ　Ⅱ　Ⅲ

問二　a　b

問三

問四

問五

問六

問七

問八

問九　生徒：

三

問一　A　B　C　D

三

問二　a　b　c　d

問三

問四

問五

問六

問七

問八　(1)　(2)

問九

問十

問十一

（注）この解答用紙は実物を縮小してあります。Ａ３用紙に147％拡大コピーすると、ほぼ実物大で使用できます。（タイトルと配点表は含みません）

推定配点		計
	一　各１点×10　二　問一，問二　各２点×５　問三　４点 問四～問七　各６点×４　問八　12点　問九　５点 三　問一，問二　各１点×８　問三～問五　各２点×３　問六　６点 問七，問八　各２点×３　問九　４点　問十　３点　問十一　２点	100点

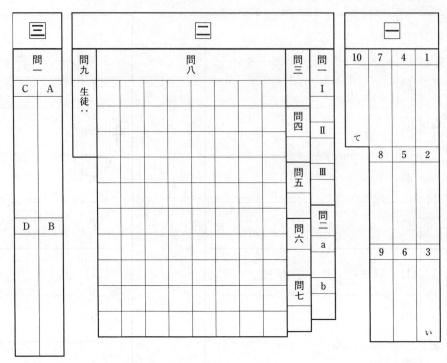

２０２４年度　実践学園高等学校　第２回

英語解答用紙

番号		氏名	

評点	／100

Ⅰ

a)

b)

c)

1	2	3	4	5

Ⅱ

1	2	3

4	5

Ⅲ

1			2			3			4			5		
2番目	4番目	6番目	2番目	4番目	6番目	2番目	4番目	6番目	2番目	4番目	6番目	2番目	4番目	6番目

Ⅳ

①	②	③	④	⑤

Ⅴ

a)

問1	問2	問3

b)

Ⅵ

問1	問2

問3			
A	B	C	D

問4

問5

問6		
2番目	4番目	6番目

問7

問8	問9

（注）この解答用紙は実物を縮小してあります。Ａ３用紙に152％拡大コピーすると、ほぼ実物大で使用できます。（タイトルと配点表は含みません）

推定配点		計
	Ⅰ，Ⅱ　各２点×15　Ⅲ　各３点×５　Ⅳ　各２点×５ Ⅴ，Ⅵ　各３点×15〔Ⅵ問３，問６はそれぞれ完答〕	100点

２０２４年度　実践学園高等学校　第２回

数学解答用紙

番号		氏名		評点	／100

1	(1)	
	(2)	
	(3)	
	(4)	
	(5)	
2	(1)	$x=$　　　, $y=$
	(2)	
	(3)	$x=$
	(4)	
3	(1)	
	(2)	
	(3)	人
	(4)	人
	(5)	$\angle x=$

4	ア	
	イ	
	ウ	cm
	エ	cm
	オ	cm^2
5	(1)	$a=$
	(2)	P(　　　,　　　)
6	(1)	cm
	(2)	cm^2

（注）この解答用紙は実物を縮小してあります。Ａ４用紙に114%拡大コピーすると、ほぼ実物大で使用できます。（タイトルと配点表は含みません）

推定配点		計
	1 各４点×５　2，3 各５点×９ 4 各３点×５　5，6 各５点×４	100点

二〇二四年度　　実践学園高等学校　第二回

国語解答用紙

番号		氏名		評点	／100

一

1　2 しい　3　4　5 す　6　7　8　9　10

二

問一　A　B

問二　Ⅰ　Ⅱ　Ⅲ　Ⅳ

問三

問四

問五

問六

問七

問八

問九

問十　X　Y

三

問一　A　B　C

問二　a　b　c

問三

問四

問五　③　⑦　⑨

問六

問七　⑤　⑩

問八

問九

問十

問十一

（注）この解答用紙は実物を縮小してあります。B4用紙に143％拡大コピーすると、ほぼ実物大で使用できます。（タイトルと配点表は含みません）

		計
推定配点	一　各1点×10　二　問一　各3点×2　問二　各2点×4　問三　4点 問四　3点　問五～問八　各4点×4　問九　10点　問十　各4点×2 三　問一　各1点×3　問二～問四　各2点×5　問五　各1点×3 問六　2点　問七　各1点×2　問八　6点　問九～問十一　各3点×3	100点

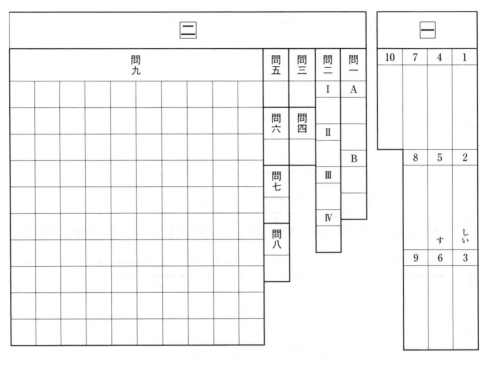

２０２３年度　実践学園高等学校　第１回

英語解答用紙

番号		氏名		評点	／100

Ⅰ

a）

b）

c）

1	2	3	4	5

Ⅱ

1	2	3
4	5	

Ⅲ

1			2			3			4			5		
2番目	4番目	6番目	2番目	4番目	6番目	2番目	4番目	6番目	2番目	4番目	6番目	2番目	4番目	6番目

Ⅳ

①	②	③	④	⑤

Ⅴ

a）

問１	問２	問３

b）

Ⅵ

問１	問２				問３	問４
	A	B	C	D		

問５

問６		
2番目	4番目	6番目

問７

問８	問９	

（注）この解答用紙は実物を縮小してあります。A３用紙に152％拡大コピーすると、ほぼ実物大で使用できます。（タイトルと配点表は含みません）

推定配点		計
	Ⅰ，Ⅱ　各２点×15　Ⅲ　各３点×５　Ⅳ　各２点×５ Ⅴ，Ⅵ　各３点×15〔Ⅵ問２，問６はそれぞれ完答〕	100点

２０２３年度　　実践学園高等学校　第１回

数学解答用紙

番号		氏名		評点	／100

1	(1)	
	(2)	
	(3)	
	(4)	
	(5)	
2	(1)	$x=$　　　，$y=$
	(2)	
	(3)	$x=$
	(4)	
3	(1)	
	(2)	
	(3)	g
	(4)	｜
	(5)	$\angle ADC =$

4	①	個
	②	個
	③	倍
	④	cm^3
	⑤	cm^3
5	(1)	
	(2)	$p=$
6	(1)	cm^2
	(2)	cm

（注）この解答用紙は実物を縮小してあります。Ａ４用紙に114％拡大コピーすると、ほぼ実物大で使用できます。（タイトルと配点表は含みません）

推定配点		計
	1　各４点×５　　2，3　各５点×９ 4　各３点×５　　5，6　各５点×４	100点

二〇二三年度　実践学園高等学校　第一回

国語解答用紙

番号		氏名		評点	／100

一

1　2　3 う　4 げ　5　6 てる　7　8　9　10

二

問一　A　B

問二

問三

問四　Ⅰ　Ⅱ　Ⅲ　Ⅳ

問五

問六

問七

問八　⑤　⑦

問九

問十

問十一

三

問一　A　B　C

問二　a　b　c

問三

問四

問五　Ⅰ　Ⅱ　Ⅲ　Ⅳ

問六

問七

問八

問九

問十

（注）この解答用紙は実物を縮小してあります。B4用紙に143%拡大コピーすると、ほぼ実物大で使用できます。（タイトルと配点表は含みません）

推定配点		計
	一　各1点×10　二　問一　各2点×2　問二，問三　各3点×2　問四　各2点×4　問五，問六　各3点×2　問七　8点　問八　各2点×2　問九　4点　問十　2点　問十一　3点　三　問一～問三　各2点×7　問四　3点　問五　各2点×4　問六　6点　問七，問八　各3点×2　問九　6点　問十　2点	100点

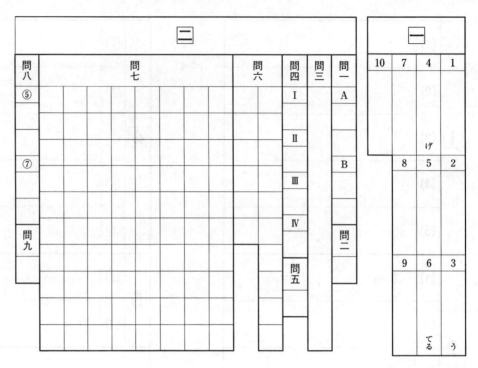

２０２３年度　　実践学園高等学校　第２回

英語解答用紙

番号		氏名	

評点	／100

Ⅰ

a)

b)

c)

1	2	3	4	5

Ⅱ

1	2	3

4	5

Ⅲ

1			2			3			4			5		
2番目	4番目	6番目	2番目	4番目	6番目	2番目	4番目	6番目	2番目	4番目	6番目	2番目	4番目	6番目

Ⅳ

①	②	③	④	⑤

Ⅴ

a)

問１	問２	問３

b)

Ⅵ

問１	問２	問４

問３			
A	B	C	D

問５		
2番目	4番目	6番目

問６

問７

問８

問９

（注）この解答用紙は実物を縮小してあります。Ａ３用紙に152％拡大コピーすると、ほぼ実物大で使用できます。（タイトルと配点表は含みません）

推定配点		計
	Ⅰ，Ⅱ　各２点×15　Ⅲ　各３点×５　Ⅳ　各２点×５ Ⅴ，Ⅵ　各３点×15〔Ⅵ問３，問５はそれぞれ完答〕	100点

2023年度　実践学園高等学校　第2回

数学解答用紙

番号		氏名		評点	／100

1	(1)	
	(2)	
	(3)	
	(4)	
	(5)	
2	(1)	$x=$　　　, $y=$
	(2)	
	(3)	$x=$
	(4)	$a=$
3	(1)	
	(2)	
	(3)	g
	(4)	
	(5)	∠BAD =

4	①	
	②	
	③	
	④	
	⑤	
5	(1)	
	(2)	P(　　　,　　　)
6	(1)	
	(2)	

(注) この解答用紙は実物を縮小してあります。Ａ４用紙に114%拡大コピーすると、ほぼ実物大で使用できます。(タイトルと配点表は含みません)

推定配点		計
	1　各４点×５　　2, 3　各５点×９ 4　各３点×５　　5, 6　各５点×４	100点

二〇二三年度　実践学園高等学校　第二回

国語解答用紙

番号		氏名		評点	／100

一

1　2　3　4 わしい　5　6　7 んだ　8　9　10

二

問一　Ⅰ　Ⅱ　Ⅲ

問二　A　B

問三

問四

問五

問六

問七

問八

問九　はじめ　終わり

問十　生徒：

三

問一　A　B　C

問二　a　b　c

問三　Ⅰ　Ⅱ　Ⅲ

問四

問五

問六

問七

問八

問九

問十

（注）この解答用紙は実物を縮小してあります。B4用紙に143%拡大コピーすると、ほぼ実物大で使用できます。（タイトルと配点表は含みません）

推定配点		計
推定配点	一 各1点×10　二 問一，問二　各2点×5　問三～問五　各3点×3　問六，問七　各4点×2　問八　10点　問九，問十　各4点×2 三 問一～問三　各2点×9　問四　6点　問五～問七　各3点×3　問八，問九　各5点×2　問十　2点	100点

2022年度　　実践学園高等学校　第1回

英語解答用紙

番号		氏名	

評点	／100

Ⅰ

a）

b）

c）

1	2	3	4	5

Ⅱ

1	2	3

4	5

Ⅲ

1			2			3			4			5		
2番目	4番目	6番目	2番目	4番目	6番目	2番目	4番目	6番目	2番目	4番目	6番目	2番目	4番目	6番目

Ⅳ

①	②	③	④	⑤

Ⅴ

a）

問1	問2	問3

b）

Ⅵ

問1	問2				問3	問4
	A	B	C	D		

問5

問6			問7
2番目	4番目	6番目	

問8

問9

（注）この解答用紙は実物を縮小してあります。A３用紙に152%拡大コピーすると、ほぼ実物大で使用できます。（タイトルと配点表は含みません）

推定配点		計
	Ⅰ, Ⅱ　各２点×15　　Ⅲ　各３点×５ Ⅳ　各２点×５　　Ⅴ　各３点×５ Ⅵ　問１～問７　各３点×７　問８　各１点×３　問９　各３点×２	100点

2022年度　　実践学園高等学校　第1回

数学解答用紙

番号		氏名		評点	／100

1	(1)		
	(2)		
	(3)		
	(4)		
	(5)		
2	(1)	$x=$　　　, $y=$	
	(2)		
	(3)	$x=$	
	(4)	$a=$　　　, $b=$	
3	(1)		
	(2)		
	(3)	%	
	(4)		
	(5)	CD＝	

4	①		
	②		$a=$
	③		倍
	④		
	⑤		倍
5	(1)	①	(　　　,　　　)
		②	$y=$
		③	$y=$
	(2)	④	(　　　,　　　)
		⑤	$p=$
6	(1)		cm^3
	(2)		cm

（注）この解答用紙は実物を縮小してあります。Ａ４用紙に114％拡大コピーすると、ほぼ実物大で使用できます。（タイトルと配点表は含みません）

推定配点		計
	1〜3　各５点×14　　4, 5　各２点×10　　6　各５点×２	100点

二〇二二年度　実践学園高等学校　第一回

国語解答用紙

番号		氏名		評点	／100

一

1　2　3　4　5　6　7　8　9　10

二

問一　Ⅰ　Ⅱ　Ⅲ　Ⅳ

問二　最初　最後

問三

問四

問五

問六　↓　↓

問七

問八

問九

問十

三

問一　A　B　C

問二　a　b　c　d

問三　イ　ロ　ハ

問四

問五

問六

問七

問八

問九

（注）この解答用紙は実物を縮小してあります。B４用紙に143％拡大コピーすると、ほぼ実物大で使用できます。（タイトルと配点表は含みません）

推定配点		計
	一　各１点×10 二　問一　各２点×４　問二～問五　各３点×４　問六　５点　問七　10点 問八，問九　各３点×２　問十　４点 三　問一～問三　各２点×10　問四　７点　問五　２点　問六　７点 問七～問九　各３点×３	100点

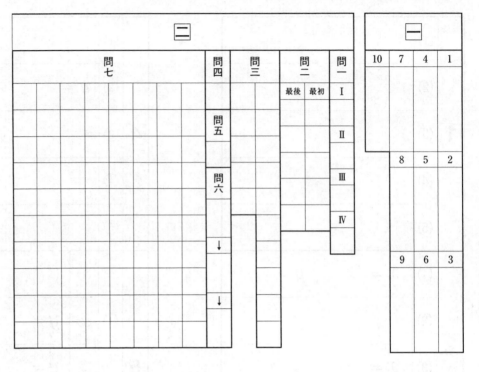

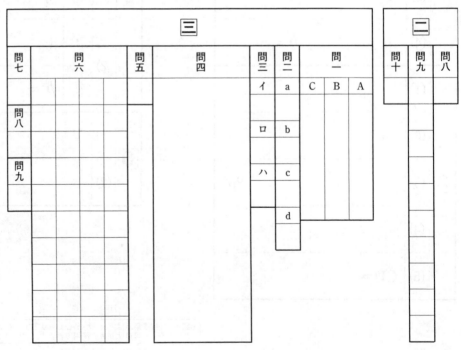

２０２２年度　実践学園高等学校　第２回

英語解答用紙

番号		氏名	

評点	／100

Ⅰ

a）

b）

c）

1	2	3	4	5

Ⅱ

1	2	3

4	5

Ⅲ

1			2			3			4			5		
2番目	4番目	6番目	2番目	4番目	6番目	2番目	4番目	6番目	2番目	4番目	6番目	2番目	4番目	6番目

Ⅳ

①	②	③	④	⑤

Ⅴ

a）

問1	問2	問3

b）

Ⅵ

問1	問2				問3	問4
	A	B	C	D		

問5

問6		
2番目	4番目	6番目

問7		

問8	問9	

（注）この解答用紙は実物を縮小してあります。Ａ３用紙に152％拡大コピーすると、ほぼ実物大で使用できます。（タイトルと配点表は含みません）

推定配点		計
	Ⅰ，Ⅱ　各２点×15　Ⅲ　各３点×５ Ⅳ　各２点×５　Ⅴ　各３点×５ Ⅵ　問１～問６　各３点×６〔問２は完答〕　問７　各１点×３ 問８，問９　各３点×３	100点

２０２２年度　実践学園高等学校　第２回

数学解答用紙

番号		氏名		評点	／100

1	(1)	
	(2)	
	(3)	
	(4)	
	(5)	
2	(1)	$x=$　　　, $y=$
	(2)	
	(3)	$x=$
	(4)	$a=$
3	(1)	個
	(2)	
	(3)	
	(4)	A：　箱　B：　箱
	(5)	

4	①	$a=$
	②	$r=$
	③	$r=$
	④	
	⑤	
5	①	$a=$
	②	(　　　,　　　)
	③	(　　　,　　　)
	④	$t=$
	⑤	(　　　,　　　)
6	(1)	倍
	(2)	

（注）この解答用紙は実物を縮小してあります。Ａ４用紙に114%拡大コピーすると、ほぼ実物大で使用できます。（タイトルと配点表は含みません）

推定配点		計
	1～3　各５点×14　　4, 5　各２点×10　　6　各５点×２	100点

二〇二二年度　実践学園高等学校　第二回

国語解答用紙

番号		氏名		評点	／100

一

1　2　3　4　5　6　7　8　9　10

3 …… れ

二

問一　a　b

問二

問三

問四　Ⅰ　Ⅱ　Ⅲ　Ⅳ

問五　最初　最後

問六　X　Y

問七　最初　最後

問八

問九

問十

問十一

三

問一　A　B　C　D　E

問二　(1)　(2)　(3)

問三

問四

問五　②　③

問六

問七

問八　(1)　(2)

問九

問十

問十一

（注）この解答用紙は実物を縮小してあります。A3用紙に147％拡大コピーすると、ほぼ実物大で使用できます。（タイトルと配点表は含みません）

推定配点		計
	一　各1点×10 二　問一～問四　各2点×8　問五　3点　問六　各2点×2　問七　3点 問八　各5点×2　問九～問十一　各3点×3 三　問一　各1点×5　問二～問四　各2点×5　問五　各3点×2　問六　2点 問七　8点　問八　各3点×2　問九　2点　問十　4点　問十一　2点	100点

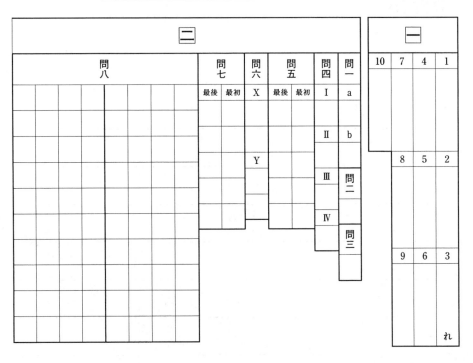

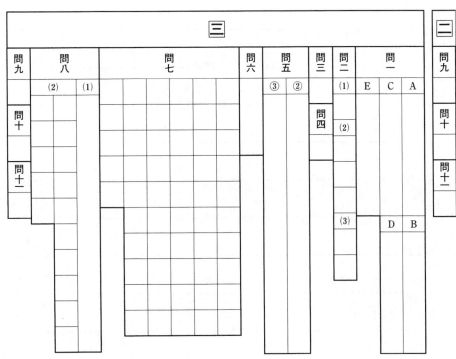

Memo

社会情勢の影響で中止の可能性がございます。必ず弊社HPをご確認ください。

◯首都圏最大級の進学相談会

第43回　中・高入試
受験なんでも相談会

主催 声の教育社

1都3県の有名校が参加‼

会場 新宿住友ビル三角広場

交通●ＪＲ・京王線・小田急線「新宿駅」西口徒歩8分
●都営地下鉄大江戸線「都庁前駅」A6出口直結
●東京メトロ丸ノ内線「西新宿駅」2番出口徒歩4分

日時 6月22日㈯…**中学受験**のみ
6月23日㈰…**高校受験**のみ

中学受験 午前・午後の2部制
高校受験 90分入れ替え4部制

特設ページ

入場予約6/8～（先行入場抽選5/31～）
当日まで入場予約可能（定員上限あり）
詳しくは弊社ＨＰ特設ページをご覧ください。

新会場の三角広場は天井高25m、換気システムも整った広々空間

●参加予定の中学校・高等学校一覧

22日（中学受験のみ）参加校
麻布中学校
跡見学園中学校
鷗友学園女子中学校
大妻中学校
大妻多摩中学校
大妻中野中学校
海城中学校
開智日本橋学園中学校
かえつ有明中学校
学習院女子中等科
暁星中学校
共立女子中学校
慶應義塾中等部（午後のみ）
恵泉女学園中学校
晃華学園中学校
攻玉社中学校
香蘭女学校中等科
駒場東邦中学校
サレジアン国際学園世田谷中学校
実践女子学園中学校
品川女子学院中等部
芝中学校
渋谷教育学園渋谷中学校
頌栄女子学院中学校
昭和女子大学附属昭和中学校
女子聖学院中学校
白百合学園中学校
成城中学校
世田谷学園中学校
高輪中学校
多摩大学附属聖ヶ丘中学校
田園調布学園中等部
千代田国際中学校
東京女学館中学校
東京都市大学付属中学校
東京農業大学第一中等部
豊島岡女子学園中学校
獨協中学校
ドルトン東京学園中等部
広尾学園中学校
広尾学園小石川中学校
富士見中学校
本郷中学校
三田国際学園中学校
三輪田学園中学校
武蔵中学校
山脇学園中学校
立教女学院中学校
早稲田中学校
和洋九段女子中学校
青山学院横浜英和中学校
浅野中学校
神奈川大学附属中学校
カリタス女子中学校
関東学院中学校
公文国際学園中等部
慶應義塾普通部（午後のみ）
サレジオ学院中学校
森村学園中等部
横浜女学院中学校
横浜雙葉中学校
光英VERITAS中学校
昭和学院秀英中学校
専修大学松戸中学校
東邦大学付属東邦中学校
和洋国府台女子中学校
浦和明の星女子中学校
大妻嵐山中学校
開智未来中学校

23日（高校受験のみ）参加校
岩倉高校
関東第一高校
共立女子第二高校
錦城高校
錦城学園高校
京華商業高校
国学院高校
国際基督教大学高校
駒澤大学高校
駒場学園高校
品川エトワール女子高校
下北沢成徳高校
自由ヶ丘学園高校
潤徳女子高校
杉並学院高校
正則高校
専修大学附属高校
大成高校
大東文化大学第一高校
拓殖大学第一高校
多摩大学目黒高校
中央大学高校
中央大学杉並高校
貞静学園高校
東亜学園高校
東京高校
東京工業大学附属科学技術高校
東京実業高校
東洋高校
東洋女子高校
豊島学院・昭和鉄道高校
二松学舎大学附属高校
日本大学櫻丘高校
日本大学鶴ヶ丘高校
八王子学園八王子高校
文華女子高校
豊南高校
朋優学院高校
保善高校
堀越高校
武蔵野大学附属千代田高校
明治学院高校
桐蔭学園高校
東海大学付属相模高校
千葉商科大学付属高校
川越東高校
城西大学付属川越高校

22・23日（中学受験・高校受験）両日参加校
【東京都】
青山学院中等部・高等部
足立学園中学・高校
郁文館中学・高校・グローバル高校
上野学園中学・高校
英明フロンティア中学・高校
江戸川女子中学・高校
学習院中等科・高等科
神田女学園中学・高校
北豊島中学・高校
共栄学園中学・高校
京華中学・高校
京華女子中学・高校
啓明学園中学・高校
工学院大学附属中学・高校
麴町学園女子中学校・高校
佼成学園中学・高校
佼成学園女子中学・高校
国学院大学久我山中学・高校
国士舘中学・高校
駒込中学・高校
駒沢学園女子中学・高校
桜丘中学・高校
サレジアン国際学園中学・高校
実践学園中学・高校
芝浦工業大学附属中学・高校
芝国際中学・高校
十文字中学・高校
淑徳中学・高校
淑徳巣鴨中学・高校
順天中学・高校
城西大学附属城西中学・高校
聖徳学園中学・高校
城北中学・高校
女子美術大学付属中学・高校
巣鴨中学・高校
聖学院中学・高校
成蹊中学・高校
成城学園中学・高校
青稜中学・高校
玉川学園　中学部・高等部
玉川聖学院中等部・高等部
中央大学附属中学・高校
帝京中学・高校
東海大学付属高輪台高校・中等部
東京家政学院中学・高校
東京家政大学附属女子中学・高校
東京成徳大学中学・高校
東京電機大学中学・高校
東京都市大学等々力中学・高校
東京立正中学・高校
桐朋中学・高校
桐朋女子中学・高校
東洋大学京北中学・高校
トキワ松学園中学・高校
中村中学・高校
日本工業大学駒場中学・高校
日本学園中学・高校
日本大学第一中学・高校
日本大学第二中学・高校
日本大学第三中学・高校
日本大学豊山中学・高校
日本大学豊山女子中学・高校
富士見丘中学・高校
藤村女子中学・高校
文化学園大学杉並中学・高校
文京学院大学女子中学・高校
文教大学付属中学・高校
法政大学中学・高校
宝仙学園中学・高校共学部理数インター
明星学園中学・高校
武蔵野大学中学・高校
明治学院中学・東村山高校
明治大学付属中野中学・高校
明治大学付属八王子中学・高校
明治大学付属明治中学・高校
明法中学・高校
目黒学院中学・高校
目黒日本大学中学・高校
目白研心中学・高校
八雲学園中学・高校
安田学園中学・高校
立教池袋中学・高校
立正大学付属立正中学・高校
早稲田実業学校中等部・高等部
早稲田大学高等学院・中学部
【神奈川県】
中央大学附属横浜中学・高校
桐光学園中学・高校
日本女子大学附属中学・高校
法政大学第二中学・高校
【千葉県】
市川中学・高校
国府台女子学院中学・高等部
芝浦工業大学柏中学・高校
渋谷教育学園幕張中学・高校
昭和学院中学・高校
東海大学付属浦安高校・中等部
麗澤中学・高校
【埼玉県】
浦和実業学園中学・高校
開智中学・高校
春日部共栄中学・高校
埼玉栄中学・高校
栄東中学・高校
狭山ヶ丘高校・付属中学校
昌平中学・高校
城北埼玉中学・高校
西武学園文理中学・高校
東京農業大学第三高校・附属中学校
獨協埼玉中学・高校
武南中学・高校
星野学園中学校・星野高校
立教新座中学・高校
【愛知県】
海陽中等教育学校

※上記以外の学校や志望校の選び方などの相談は